# 戦後改革と民主主義

―経済復興から高度成長へ―

浅井良夫著

吉川弘文館

# 目次

# 挿図・挿表目次

# 序論

本書の課題は、占領期の経済改革および戦後の経済再建過程の歴史的特質を、国外からの衝撃とその受容（民主化とアメリカナイゼーション）、戦後の欧米先進国型の経済社会システム（ケインズ主義的福祉国家体制）を目標とする経済復興という二つの側面から明らかにすることにある。

占領改革を、日本の近現代史を二分する画期とみる断絶説と、一九三〇年代または一九四〇年ごろにはじまった変化の過程で偶然に国外からもたらされた、本質的でない歴史上の事件と考える連続説とが存在する。(1) このような対立については、そもそも歴史における断絶と連続は相対的なものであり、連続か、断絶かを争うこと自体には積極的な意味はないという見方もありえよう。

しかし、歴史学の固有の課題は、特定の時代・時期を、ある歴史的特徴を持つ時代・時期として総体的に把握すること、つまり時代像を描くことにあるというのが本書の立場である。こうした立場に立てば、断絶の画期を問うことは、歴史学にとって本質的な問題となる。すなわち、「歴史を考えることは、時代区分すること」(2) であり、連綿と続く歴史の流れを、歴史研究者が、それぞれの視点から区切るという作業を通じて、みずからの歴史像を示すことになるからである。

本書では、一九四五年の敗戦による戦時経済・明治憲法体制の崩壊をもって近現代日本の歴史は二分されるという見解をとり、一九四五年から一九八〇年ごろまでを、ケインズ主義的福祉国家体制の時代としてくる。ケインズ主義的福祉国家体制の終焉を、特定の年をもって示すのは困難であるが、グローバリゼーションが本格的に進み、「新自由主義」（ネオ・リベラリズム）が台頭する一九八〇年代と考える。

ケインズ主義的福祉国家体制という用語は、広く流布しているが、(3) 本書では次のように定義する。

私企業を主体とする資本主義経済活動に対し、政府が完全雇用と所得水準の向上を目的として恒常的に介入する、国民国家を単位とする社会経済システム。このシステムは、政党政治にもとづく大衆民主主義的な政治制度を基盤とする。

資本主義と民主主義とは、必然的に結びつくわけではない。クラウス・オッフェのいうように、「民主制と共存しうるものは、資本主義の特殊な類型」である。(4) 経済発展と民主主義との関係は、これまでにも数多くの研究者が論じてきた。(5) しかし、従来の議論は、マクロ的な経済成長と、民主主義一般とを対応させながら、両者の発展の一致やズレを論じる傾向があった。そこには、経済発展と民主主義とは本来的に一致するという暗黙の前提があったように思われる。本書では、経済発展一般ではなく、資本主義というシステムのもとでの経済成長と、政党政治を基盤とする大衆民主主義との歴史具体的な関係を描いてみたい。

戦後復興期から高度成長期の日本は、完全雇用と高い生活水準の実現という経済政策目標と、政党政治にもとづく大衆民主主義的な政治制度とが結びついた時期であったので、前記の定義によるケインズ主義的福祉国家体制の条件を満たしていると考えられる。

ケインズ主義を、不況期における有効需要拡大のための財政支出というように狭義に定義すれば、「日本にケインズ主義は存在しなかった」という解釈も成り立ちうる。(6) また、「福祉国家元年」が宣言されたのが、高度成長の最末期の一九七三年であったので、高度成長期までの日本は福祉国家ではなかったという議論もある。[7]しかし、ケインズ主義的福祉国家体制を、上記のように定義するならば、戦後復興期から高度成長を経て一九八〇年代初めまでをケインズ主義的福祉国家体制と名付けることは妥当だろう。[8]

ケインズ主義的福祉国家体制への移行の条件は、日本でも一九三〇年代から内発的に形成されはじめていたが、戦時体制期に中断した。戦時期(一九三七〜一九四五年)には、戦後の諸制度の端緒が見出されるとはいえ、この時期はケインズ主義的=福祉国家体制とは異質である。[9]ケインズ主義的福祉国家体制は、政党制にもとづく民主主義政治と表裏一体の関係にある点で、政党制民主主義を排除するファシズム体制とは異なる。[10]根底的な政治変動なしに、ファシズム体制からケインズ主義的福祉国家体制への移行はありえない。[11]

ケインズ主義的福祉国家体制は、戦後、占領権力によって実施された戦後改革、国際経済秩序(IMF=GATT体制)への編入という、国外からの衝撃を受けて生まれたものである。

第二次世界大戦終結の前後に、完全雇用と生活水準の向上が国際的な規範として確立した影響は大きかった。[12]「国際通貨基金協定」(一九四四年七月)は「国際貿易の拡大及び均衡のとれた増大を助長し、もって経済政策の第一義的目標たる全加盟国の高水準の雇用及び実質所得の促進及び維持並びに生産資源の開発に寄与すること」を目的として掲げ、GATT協定(一九四八年一〇月三〇日採択)も、「貿易及び経済的努力の分野における相互関係が、生活水準を高め、完全雇用並びに高度の且つ着実に増加する実質所得額及び有効需要量を確保し、世界の資源の完全な利用を発展させ、並びに貨物の生産及び交換を拡大する」ことを目的とした。

本書は、一九四五年の画期を重視するが、決して、戦前・戦中を暗、戦後を明とする二分法で描き分けようとするものではない。むしろ、大衆民主主義と資本主義経済との関係を、抽象的な次元ではなく、歴史具体的に吟味し、両者の矛盾と均衡点を歴史的経験のなかから探ることが本書の目的である。

一では、占領当局者のうち、占領改革に積極的役割を果たしたニューディーラーの政策思想を具体的に分析する。従来、改革派とか統制論者とかという呼び方で一様に語られる傾向があったが、ニューディーラーの思想は多様であり、決して一枚岩ではなかった。社会主義に近いビッソンと、反独占論者であるウェルシュとの間には大きな距離がある。また、典型的ケインジアンのファインも、この二人とは異なる。ここでは、それぞれのニューディーラーにとって民主化とは何であったのかを明らかにし、その内在的矛盾や限界にも言及する。

また、それらの思想が日本側にどのように受け止められたのかを論じる。マルクス主義の影響が強かった日本では、ビッソンの思想は受け入れられやすかったが、ウェルシュの反独占思想は日本の知的伝統とは異質であった。その思想的な類似性をみれば、ファインと石橋湛山とは共鳴しそうにも思われるが、経済統制について決定的な対立があった。思想のレベルの親和・反発と、占領する側と占領される側との立場の違いが交錯するさまを描いてみたい。

二では、占領期の銀行の再編と金融制度改革を分析する。従来、金融制度改革は、占領改革において、あまり重要ではない改革だとされてきた。ここでは、金融制度改革が、財閥解体・集中排除・独占禁止政策の一環であったことを明らかにする。戦後補償債務問題、大銀行の分割問題、金融制度改革を反独占政策という一つのコンテキストのなかに位置づけることにより、占領側の反独占思想と政策を従来よりも深く、また具体的に把握することができると考える。

三では、占領期の日本側の政策思想・政策構想を、「社会化」をキーワードにして読み解く。労働者の企業経営や経済政策運営への参加を意味する「社会化」こそ、日本側の諸勢力がこぞって重視した「民主化」政策であった。社会民主主義政党や労働組合は「社会化」を掲げ、経済団体の経済同友会も、「経営民主化」という表現で、企業の経営への「参加」を唱えた。しかし、同じく「参加」「社会化」を唱えても、意味するところはそれぞれに異なり、「同床異夢」であった。経営者は、労働者の「参加」を促すことにより、経営者を株主と労働者の仲介役としつつ、経営者支配の確立を狙った。社会民主主義者は、重要産業における企業の国有化こそが「社会化」であると考えた。[13] 労働組合の指導者は、企業、事業所ごとの経営協議会というミクロ・レベルでの労働者の「参加」を重視した。

本章では、戦後初期に「社会化」を民主化のシンボルとして掲げた諸勢力の対抗と協調の中から、「法人資本主義」が出現した歴史的過程を叙述する。[14]

四では、ドッジ・ラインによる経済安定化政策を歴史的にとらえ直すことを課題としている。

従来、ドッジ・ラインは、「一挙安定」（急激な引締め政策）か「中間安定」（漸次的なインフレ収束）かという経済政策論のレベルで、矮小化されて論じられてきたように思われる。ここでは、ドッジ・ラインを世界史的な文脈に位置付け直し、たんなる通貨安定ではなく、アメリカを中心とする世界資本主義体制＝IMF・GATT体制への組み込みとしてとらえる。ドッジ・ラインの目的は、ドルと円との固定相場を安定的に維持しつつ、日本経済の資本主義的再建を図り、自由貿易にもとづく国際分業体制のなかに日本を復帰させることであった。

ドッジ・ラインでは、私企業の政府の援助からの自立が図られ、そのなかで賃金の統制が焦点となった。[15] 賃金統制は民主主義と直接にかかわりのある問題であり、本書ではその問題への対処の歴史的経緯とその対処策が与えた影響について検討する。ドッジ・ラインの経済安定化は、市場経済化政策であり、一九八〇〜九〇年代のIMFや世界銀行による援助プログラムと類似する面が多い。しかし、決定的に異なるのは、IMF＝GATT体制が資本移動の制限を正当だと認めていたこと、財・サービスの貿易の制限も一定の条件で認めたことである。ドッジ・ラインの一環として、厳格な為替管理・外資規制が実施されたことは特徴的である。

五では、アメリカの援助政策とドッジ・ラインとの関係を、マーシャル・プランと比較しつつ論じる。(16)

ドッジ・ラインの経済安定化は、経済復興のための対日援助(エロア援助)の条件としてアメリカ政府が日本に課した条件であった。経済復興という目的、安定化という条件は、西欧に対するマーシャル援助でも基本的に同じであった。マーシャル援助を経済復興、ドッジ・ラインを経済安定として対照的に描くのは誤りだというのが本章の基本的な立場である。

ドッジ・ラインは、復興を阻害するデフレ政策として描かれがちであるが、経済復興を目指した改革であることを強調する必要がある。経済援助は成長を促進するが、また、インフレをもたらしドル本位制を揺るがしかねないという危険性も孕む。この二面性を、いかにコントロールするかが、ドッジにとっての主要な関心事であったのである。

マーシャル・プランとドッジ・ラインと大きな相違は、前者が西欧諸国間の地域経済協力を促進するプランを含んでいたのに対して、対日援助には、東アジア・東南アジアの多角的地域経済協力の構想が存在しなかったことである。この相違は、のちの両地域の経済発展のあり方にも影響を与えたと思われる。

六では、戦後改革がどのように制度化され定着したのかを論じる。占領期の改革についての研究は汗牛充棟であるにもかかわらず、検討の対象は占領期に限定されがちであり、占領期以降の改革の結末について充分に検討されることは少なかった。本章では、非軍事化政策と民主化政策の両面から、非軍事化については、軍需産業の解体と「復活」を中心に検討し、また民主化については、財閥解体・独占禁止政策を検討する。

七では、高度経済成長にいたる経路を、当時のさまざまな経済プランを跡づけながら、経済実体と政策の両面から分析する。戦後日本の重化学工業化ははじめから自明と考えられていたわけではなかった。戦後の世界貿易の見通しについてもさまざまな見解があり、資源を海外に依存することについても是非の議論が存在した。また、軍事工業の復活に日本経済の活路を求める構想もあった。諸構想が対立し、競合し、最終的に高度成長型経済・産業政策が選び取られていった過程を、歴史具体的に辿る。

注

（1）学説史的には、戦後改革はブルジョア革命か否かを争点とした大石嘉一郎、大内力の論争（本書第一章参照）が重要であるが、最近の焦点は、戦後体制は戦時期にはじまったとする、いわゆる「一九四〇年体制論」の当否に移っている。戦時体制と戦後との連続性を早くから強調し、榊原英資・野口悠紀雄「大蔵省・日銀王朝の分析——総力戦経済体制の終焉」『中央公論』一九七七年八月（のちに『一九四〇年体制』東洋経済新報社、一九九五年）を公表して、この説の代表的論者となったのは野口悠紀雄である。しかし、経済史学への影響力という点では、野口とほぼ同じ時期に、連続性に着目した中村隆英の役割が大きい（中村隆英『日本経済』東京大学出版会、一九七八年、第四章「戦時経済」）。また、連続説を学界に定着させたのは、岡崎哲二・奥野正寛編『現代日本経済システムの源流』日本経済新聞社、一九九三年である。断絶説の立場からの包括的な議論には、原朗「戦後五〇年と日本経済」（『年報　日本現代史』創刊号、一九九五年）がある。

（2）Benedetto Croce, *Teoria e storia della storiografia*, Laterza, 1976, p. 103（邦訳『歴史の理論と歴史』〈羽仁五郎訳〉岩波文庫、一四七頁）.

（3）田口富久治編著『ケインズ主義的福祉国家』（青木書店、一九八九年）参照。これは、本来のケインズ自身の政策思想よりも広い概念であり、ケインズ自身が強調していない面まで含むので、ケインズの名前を付すのは厳密ではないという批判もありうる。「後期資本主義」などの用語で置き替えることも可能である。しかし、本書では、具体的なイメージが湧き、この時代を一言でイメージできる用語として、これが、もっとも適切な表現であると判断した。

（4）クラウス・オッフェ『後期資本主義システム』（寿福真美編訳、法政大学出版局、一九八八年）二七九頁。

（5）日本に関する最新の研究としては、南亮進・中村政則・西沢保編『デモクラシーの崩壊と再生——学際的接近』（日本経済評論社、一九九八年）がある。

（6）野口悠紀雄「日本でケインズ主義は行われたか」（『季刊　現代経済』第五二号、一九八三年。同『日本財政の長期戦略』日本経済新聞社、一九八四年に再録）。なお、戦後日本におけるケインズ政策についての筆者の評価については、拙稿「政策思想としてのケインズ主義の受容―日本の場合―」(中村政則編『近現代日本の新視点―経済史からのアプローチ―』吉川弘文館、二〇〇〇年)を参照されたい。

(7) 「現代資本主義国家は、軍事国家、福祉国家、企業国家という三つの性格を同時にも」ち、戦後復興期から高度成長期の日本は「企業国家」であったという宮本憲一の見解がその一例である(宮本憲一「現代日本財政の基本構造」『講座　今日の日本資本主義』大月書店、一九八二年)。

(8) 一九八〇年代以降も、ケインズ主義的な政策が引き続き実施され、福祉国家は攻撃を受けつつも、変容し、生き残っているという現状からすれば、一九八〇年代以降もケインズ主義的福祉国家体制が継続しているようにもみえる。これに対する反論は、歴史家の守備範囲を超える仕事であり、十分な論拠を示して答える用意はない。とりあえず、①経済的側面において国民国家の枠が厳然として存在していた一九七〇年代までとは異なり、一九八〇年代以降は、国際化の進展によってその枠が希薄化した点で大きな変化があったこと、②支配的イデオロギーが、ケインズ主義から「新自由主義」に移ったこと、の二点を指摘しておきたい。

(9) ファシズム体制とニューディール体制を「システム社会」の成立として一つにくくる山之内靖の見解に対し、本書は、基本的に批判的である(山之内靖、ヴィクター・コシュマン、成田龍一編『総力戦と現代化』柏書房、一九九五年、山之内靖『日本の社会科学とヴェーバー体験』筑摩書房、一九九九年)。なお、山之内に対する批判としては、赤澤史朗・高岡裕之・大門正克・森武麿「総力戦体制をどうとらえるか―『総力戦と現代化』を読む―」(『年報　日本現代史』第三号、一九九七年)がわれわれの見解にもっとも近い。

(10) 福祉国家という名称は、一九三〇年代にファシズムの権力国家の対抗語として作られたという(毛利健三『イギリス福祉国家の研究』東京大学出版会、一九九〇年、七九頁)。

(11) 早い時期から戦後に繋がる戦時期の変化に注目し、連続説にヒントを与えた中村隆英は、両義的な描き方をしている。一方では、戦時期の「多様な変化が、戦後の経済と社会の出発点」となり、「戦争はのちのちまでも日本経済に大きな影を落としている」と述べ、他方では、戦後改革は、「部分的ないし表面的なものではなく、明治維新にも比すべき全面的かつ根底的なもの」であり、「少なくとも筆者はこれを『革命』と呼んでもよい」としている(中村隆英「概説　一九三七―五四年」中村隆英編『日本経済史7　「計画化」と「民主化」』岩波書店、一九八九年、三七、四一頁)。

（12）国際連盟の時代にも社会福祉政策への関心はあったが、基本的には、戦後と断絶していた（金井雄一「国際連盟における社会福祉政策への志向」藤瀬浩司編『世界大不況と国際連盟』名古屋大学出版会、一九九四年）。

（13）本章でとりあげた炭鉱国家管理問題は、片山内閣の重要政策であったが、片山内閣については、本章が論文として発表されたあとで、福永文夫『占領下中道政権の形成と崩壊』（岩波書店、一九九七年）が発表されている。

（14）本章の経済同友会の「経済民主化論」の評価については、論文として発表した段階で、菅山真次から批判を受けている（菅山真次「企業民主化」岡崎哲二・菅山真次・西沢保・米倉誠一郎『戦後日本経済と経済同友会』岩波書店、一九九六年、七七頁）。今後十分に検討する余地はあるが、今のところ、本書の説を変更する必要はないと考えている。

（15）賃金統制問題を含む片山＝芦田内閣の経済復興政策を、社会党を中心に論じたすぐれた研究、中北浩爾『経済復興と戦後政治―日本社会党一九四五―五一年―』（東京大学出版会、一九九八年）が最近刊行された。この研究は、賃金統制問題については、基本的に本書と同一の見解に立っていると思われる。

（16）原朗の、本書第五章と同一のテーマに関する論文、Akira Hara, "The American aid and the reconstruction of Japanese Economy," Ministère de l'Économie, des Finances et du Budget, Le Plan Marshall et le relèvement économique de l'Europe, Paris,1993 が存在する。本章の執筆時には参照できなかったが、この論文はマーシャル援助と対日援助の違いを強調する内容となっており、本章とは力点の置き方が異なる。

# 一　経済改革と戦後民主主義

## ㈠　半世紀を隔てた二つの経済改革

本章においては、一九八〇年代の福祉国家の危機、ケインズ政策の後退、一九八〇年代末以降の旧ソ連・東欧の民主化と経済改革を念頭におきながら、占領期日本の経済改革を検討する。

東欧やロシアなど旧社会主義国で、社会主義権力の崩壊をきっかけに、一九九〇年代に怒濤のような勢いで進んだ経済改革と民主化は、日本の思想界にも大きな波紋を投げかけた。膨大な飢餓人口の存在や、ジェノサイドの横行といった第三世界の惨状に目をやれば、第三世界における経済発展の遅れと民主主義の未発達との悪循環という昔から未解決の問題の方が深刻であるかもしれない。しかし、先進国への思想的インパクトの点では、東欧やソ連の社会主義体制の崩壊の衝撃の方が大きかった。それは、第三世界の民主化の問題は、先進国においては、すでに解決済みだとして受けとめられがちであったのに対し、社会主義の崩壊から生じた東欧やロシアの民主化は、みずからの存立基盤を問われる問題であったからである。先進資本主義国には、社会主義を支持する広範な勢力に存在したばかりでなく、社会主義に批判的な勢力も、社会主義思想から多くのものを摂取してきたからである。

東欧やロシアの経済改革のインパクトを、歴史に立ち戻って考察することは意味があるが、その場合、日本の戦後占領期はもっとも適切な舞台の一つである。ロシア・東欧で実施された「市場経済化」は、一九四九年に実施されたドッジ・ラインと基本的に同じである。もちろん、後に述べるように、いくつかの大きな相違点はあるが、改革の方向は一致している。双方とも、統制経済（計画経済）から市場経済への移行、私企業を中心とした経済システムの構築を目指した改革である。

しかし、民主化と改革との関係については、半世紀を隔てたこの二つの経済改革は、同時代の人々から、まったく異なる受けとめ方をされた。ロシア・東欧の場合には「市場経済化」と民主化はイコールである。しかし、ドッジ・ラインは、一九四五年から四八年にかけて占領軍によりドラスチックに実施された民主化の停止ないし後退と考えられた。

一九四八年のアメリカの対日占領政策の転換は「逆コース」（＝改革の後退・否定）ではなかったとする論者も、改革の停止は認めている。すなわち、予定した改革が完了したので、必然的に経済復興という他の目標に力点が移ったのだと主張するのである。(1) 占領政策の転換に際して、アメリカ政府の当事者たちは、占領初期の改革にピリオドを打つ意図をはっきりと表明していた。そもそも、当時、だれもドッジ・ラインを「民主化」と呼ばなかった事実は、「市場経済化」は民主化と無関係と思われていたことを示している。

今日、占領改革と民主主義との関連を論じる場合、農地改革や財閥解体が日本を民主化する意図を持っていたことを明らかにするだけでは、誰も満足しない。

占領期の経済改革は、農地改革、財閥解体・独占禁止、労働改革の三大改革を中心とする占領初期の改革（いわゆる「民主化」）と、「経済安定九原則」およびドッジ・ラインを中心とする占領後期の改革（「市場経済化」）の、性格の異なる二つの改革からなっていた。この二つの占領期の経済改革の相互関連、双方の改革と民主主義との関係を問うことに今日的な意味があると思われる。

## (二)　戦後改革の評価をめぐって

戦後改革期の経済民主化についての評価は、長い間、戦前の日本資本主義論争の延長線上にあった。社会主義革命か、ブルジョア革命から社会主義革命への二段階革命かという日本の社会主義革命の戦略をめぐる周知の論争のなかで、もっぱら、「民主化」は「反封建」の同義語として扱われてきたため、戦後改革の評価が一面的となったことは否めない。

戦前の日本資本主義を、「半封建的土地所有制＝半隷農的零細農耕の土壌の上に構築されたところの軍事的半封建的日本資本主義」ととらえる講座派の山田盛太郎にとっては、農地改革こそが「民主主義革命」(＝民主化)であった。(2) 山田説を基本的に受け継ぐ大石嘉一郎によれば、「戦後改革は、日本資本主義自体の歴史にそくしてみれば、戦前来のブルジョア民主主義革命の課題を、敗戦・占領という特殊な条件のもとで、占領軍に主導されて、ドラスチックなかたちで――ただしあくまでもブルジョア民主主義の枠内で――実現したもの(3)」ということになる。

これに対する、労農派マルクス主義者の見解は次のようなものであった。(4)

戦後改革を実施した占領軍には、「封建制除去」という意図があったのは事実であるが、これは、戦前の日本を封建的とみるような、「事実の歴史的認識を誤っ」たアナクロニズムにもとづくものであった。しかし、戦後改革は、その意図とは別に、結果的には満州事変以降の国家独占資本主義化の方向を推し進める役割を果たした。財閥の家族主義的封鎖性の払拭により、独占の組織はより合理的な形態に再編された。農地改革による地主制の廃止を通じて、独占資本は「小農民を小農民として安定」させることができた。「占領政策の歴史的意義」は、「日本の資本主義のなかから、独占資本主義にとって不合理なものをいっきょに洗いさり、国家独占資本主義をしていっそう緊密な安定性のある体制をきずきあげる役割を果たした」ことにある。

現在の時点からみて興味をひくのは、両説の相違点よりも、共通点である。

占領期の民主化を、資本主義的発展を阻害する前近代的な要素を排除することだと考える点では両説は一致する。戦後改革をブルジョア革命とはみなさない労農派も、戦後改革は戦前の日本の前近代的な要素のうち、国家独占資本主義にとって不合理な部分を除去したことは認めた。

両説ともに、資本主義が封建社会を超克する過程が民主化であり、いったん確立した資本主義においては、民主化はそれ以上進展しないと理解した。マルクス主義においては、資本主義は独占資本主義、国家独占資本主義へ移行するにつれて反動化し、さらなる民主化の課題は社会主義革命でのみ果たされるというのが常識であった。労農派の論者が、戦後改革は現代資本主義化を促進したというとき、そこには現代資本主義が民主化を推進するとは想定されていない。講座派は、戦後改革をブルジョア民主主義化ととらえたが、民主化はそこで終わりその後の日本資本主義は、アメリカ独占資本主義に従属的な国家独占資本主義に再編され、反動化したとみた。

社会主義よりも現代資本主義（＝ケインズ主義的福祉国家体制）のほうが、民主主義と親和的なシステムであることが明らかとなった今日の時点において、一昔前のマルクス主義にもとづく学説を取り上げることは、超越的・後知恵的な批判に終わるという意見もありうる。現に、最近の占領期研究では、大内力・大石嘉一郎論争(5)にあえて触れない傾向さえ認められる。しかし、本章の課題を論じるためには、過去の論争の評価から出発することは、やはり必要な作業である。

最近、この論争に言及した、三和良一と中村政則の議論を手がかりとしたい。

三和は、占領政策の第一義的な目的が日本の非軍事化であったことに着目し、民主化を強調しすぎる占領改革の理解を修正しようと試みた(6)。民主化は非軍事化のための手段にすぎなかったが、「『民主化』キャンペインが、日本人の熱狂的ともいえる支持を獲得して、成功裏に進行するなかで、占領政策の主目的であるかのような錯覚が生じた」のだと述べている。そして、最終的にはそうした錯覚は修正され、本来の非軍事化という目的が貫かれたとする。

一般に占領の第一義的な目的が被占領国の非軍事化にあるという点では三和説は妥当性を持つ。しかし、第二次世界大戦後の占領において民主化が強調されるのは、第二次大戦が民主主義対ファシズムのイデオロギー上の対立でもあったとされるからである。第二次大戦の性格の根本的再検討を抜きにした評価は説得力を持たない。しかし三和説が、従来の民主化の理解に新たな視点を示したことは評価されるべきだろう。占領軍の「封建」規定は、「アメリカ的でないものを指す形容詞に近」く、ほとんど「無概念」であり、講座派の封建的と占領軍の封建的とは違うという指摘は、十分に受け入れられる。

他方で、三和説は占領改革を「現代資本主義化」政策、すなわち、「資本主義社会が、階級対立の内圧上昇による社会崩壊（極限は社会主義革命）を回避しようとして採用する政策的対応」と位置づける点で、大内説を踏襲している。だが、ここからは戦後民主主義との関わりを問う視角は生まれてきにくい。

中村政則は、戦後改革は一つの性格で規定するには多面的すぎるとし、「近代化」（農地改革、家族制度の改正、教育改革）、「現代化」（労働改革、財閥解体、独占禁止法）、「前近代残存」（天皇制イデオロギー、前近代的人間関係）の「三層の重層的改革」として把握すべきだという(7)。占領改革は「近代化」「現代化」の二重の側面を持つが、外からの改革であったがゆえに、前近代的要素が残存したというのが中村の主張である。これは、「現代化」の民主主義的な側面を指摘する点で、現代資本主義の反動性を強調する大内説や三和説とは異なる。中村の主張はその限りでは妥当なものであるが、指摘はあまりにも一般的な形にとどまっている。具体的に、「現代化」と民主主義との矛盾と調和の諸側面を明らかにする必要がある。

その問題に入る前に、占領当局者が、日本の封建的性格をどのように認識していたのかについて、再考してみたい。われわれは、占領当局の封建性規定が講座派的な概念の引き移しであり、占領政策に大きな影響を与えたという主張は誇張されたものであると考える。

占領政策に関与した者の多くは、戦前の日本の伝統的要素を本格的に検討したことはなかった。そもそも、GHQ／SCAP（連合国最高司令官総司令部――以下GHQと略す）の係官や、アメリカ政府で極東政策の策定に影響力のあった人たちのなかで、日本についての深い知識を持つ者はきわめて少なかった。たしかに、占領関係文書中には、戦前の日本について、封建的という表現はしばしば現われるが、具体性には乏しく、三和の指摘するように、多くの場合、改革を要するネガティブな要素を漠然と言い表わす「形容詞」にすぎなかった。改革の力点は反封建よりもニューディール期のアメリカの制度の導入にあったのである。「直訳の改革」と表現してもよいだろう。

日本に関する専門知識を持つ者が希少であっただけに、一握りの極東問題の専門家の影響力が大きかったのは事実であろう。(8) しかし、講座派の日本観が、E・H・ノーマンを通じて占領政策の立案・実施に大きく反映されたというのは誤解である。冷戦期のアメリカの歴史学界において、ノーマンはマルクス主義者のレッテルを貼られ、否定されたが、そのときにノーマン＝講座派という一面的な図式が作られた。ノーマンの名誉回復を図るために、かつて遠山茂樹は、ノーマン史学はマルクス主義とは異なることを証明しようとした。(9) その後、若き日のノーマンのマルクス主義への傾倒を明らかにした研究の出現により[10]、非マルクス主義者ノーマン像は修正を迫られた。しかし、ノーマン史学は講座派とは異なるという遠山の指摘は今でも有効である。講座派理論は特殊日本的なマルクス主義であり、明らかにノーマンの関心とはズレていた。

占領関係者のなかで、封建的要素を強調した人物としては、ノーマンのほかにマッカーサーが有名である。マッカーサーは、ことさらに日本を遅れた封建的な国として描いた。彼によれば、「日本は二十世紀文明の国とはいうものの、実態は西欧諸国がすでに四世紀も前に脱ぎ捨てた封建社会に近いものであった[11]」。袖井林二郎が、「マッカーサーにとって農地改革の成果がはなばなしいものであるためには、日本の農村はきわめて後進的なものでなければならなかった[12]」と述べているように、後進性の強調はマッカーサーが自分の業績を輝かしくみせるための演出であったのかもしれない。また、そこには日本人・東洋人に対する人種差別の意識をうかがうこともできよう[13]。

これに対して、ノーマンは、「日本帝国主義の暗黒の記録は日本人の本来もっている民族的特質に起因する」と説くような「本能的人種差別感にかたまった人びと」の偏見を批判するために、日本における封建的要素の残存を強調した。

ノーマンは、「日本の封建制を神秘的、東洋的なもの、不可解で類型を絶したものと考えるのは、歴史からみて、素朴な見方であろう」と述べ、日本の封建制が「過酷」であったのは、それが『自然』の生命以上にながく生きのびたことから説明されるのではあるまいか」としている[14]。このようにノーマンは、日本社会は基本的に欧米と同じ歴史的発展の道を歩んできたという認識に立っており、それがゆえに変革は可能だとの結論を下したのである。ノーマン史学にとって、マルクス主義は普遍的な歴史発展法則の基準を示すものであった。彼は、アジア社会を西欧とは異質だととらえるアジア的停滞性論者とは異質であった。

## (三) ビッソンとウェルシュ――企業国有化か独占禁止か

### 1 ビッソンの国有化論

GHQには「ニューディーラーと呼ばれる革新分子が、特に占領の初期の頃に多く入り込んできて」「彼等が日頃抱懐する進歩的な革新論を実行してみる試験場として、占領中の日本を利用した」というのは、吉田茂『回想十年』の表現だが、[15] 多少の言い回しの違いはあれ、こうした表現は占領史の記述には必ず使われ、われわれには耳慣れたものである。

しかし、ニューディーラーとはどのような思想を持った人々なのかを定義しようとするとき、改めてその多様さに気がつく。「ニューディール連合」という言葉があるように、ニューディールというのは多様な政治勢力、社会思想の集まりであり、一つのイデオロギーではない。GHQのニューディーラーたちも十把一絡げにすることはできない。ここで取り上げようとしている二人の人物はともにニューディーラーと呼ばれてきたが、社会主義者に近いビッソンと、自由競争の賛美者であるウェルシュとの距離はきわめて大きい。

トーマス・A・ビッソン(一九〇〇―七九)は、戦前のアメリカでは数少ない中国・日本研究者の一人であり、戦時中には『アメレシア』の編集者として占領政策の形成に影響を与え、戦後は戦略爆撃調査団の団員(一九四五年一〇月―一二月)およびGHQ民政局(GS)の職員(一九四六年三月―四七年五月)として占領政策にかかわった。ビッソンについては、すでに彼の書簡を中心に編集された回想記と、[16] ショーンバーガーのすぐれた研究があり、[17] その全体像を容易に知ることができる。[18]

ビッソンは、保守派とニューディーラーという二分法に従えば、明らかにニューディーラーに分類されるが、GHQのなかでは、もっとも左派であり、マルクス主義に近かった。ビッソンの思想的原点は、若い時代を過ごした中国にあった。日本の中国侵略に対する厳しい批判、中国共産党への共感が彼の主張の基底にある。彼は、もともと古代中国史の研究家であり、現代政治・経済の専門家ではなかった。しかし、一九三〇年代に日本の中国侵略政策に反対する運動に加わるなかで、日本の政治・外交についての研究をはじめ、第二次世界大戦中にIPR（太平洋問題調査会）に勤務したさいには、『日本の戦争経済』と題する著書も著わした。戦後は、『日本における民主主義の展望』と『日本の財閥解体』の二冊の著書を刊行している。戦後に著わされた二冊の著書を中心に、彼の戦後改革観をみてみよう。

ビッソンにとって、民主化とは、旧支配体制の徹底的な破壊であり、旧体制と完全に断絶した新たな体制の構築であった。『日本における民主主義の展望』（一九四九年）[19]のなかで、彼は、戦前の支配階級は軍、財閥、高級官僚、政党政治家、地主の五つの集団であり、敗戦により軍は解体されたものの、財閥、官僚、政友会・民政党の流れを汲む戦前の保守政治家の権力は温存され、占領政策は失敗に終わったと、厳しく批判した。失敗の理由は、ビッソンによれば、占領が間接統治であったために、戦前・戦中の日本の統治機構が存続したこと、また、占領政策が本格的に始動するまでに時間がかかり、旧勢力の権力保持の策動を許してしまったことにあった。

GHQで占領政策にたずさわった者は、ニューディーラーも保守派もこぞって占領政策を擁護し、その成果を高く評価する傾向がある。占領政策はほぼ失敗に終わったなどという、ビッソンのような厳しい評価はめずらしい。

ビッソンは、経済改革を政治改革の一部とみていた。財閥は、単に「事業・金融面の勢力」であるにとどまらず、「旧体制の中枢」であったがゆえに、解体されなければならないと考えた。また、地主制は経済制度であるだけでなく、農村における封建的な社会・政治秩序の土台でもあった。だから、地主制の廃止だけでは不十分であり、旧体制の支配の道具である農業会の民主的改組によって補完されなければならなかった。

ビッソンは、「封建的で権威主義的」な旧支配者は民主化の担い手とはなりえず、民主化の担い手は過去と断絶した勢力に求めるべきだとした。戦前の支配体制と無縁な勢力は、社会党左派と共産党だったので、ビッソンは、両者のうちでより多くの大衆的な支持を集めている社会党に戦後民主化のリーダーの役割を期待したのである。

ビッソンは、占領後の一九五四年に、『日本における財閥解体』を出版した。[20] この著書を準備中の一九五三年に、マッカーシズムの攻撃を受けて、カリフォルニア大学バークレー校を追われ、彼の学術的著作はこれが最後となった。

この著書の財閥解体政策に対する評価は独特である。アメリカとは歴史的な土壌がまったく異なる日本に反独占政策を持ち込んでも失敗するのは当然なのだから、反独占政策の代わりに国有化政策を採用すべきであったと主張する。広範な所有権の分散の基礎の上に、競争的な私的企業体制を確立することを目的として実施された財閥解体は、ビッソンによれば、アメリカでうまくいった方法は日本でもうまくいくはずであるという誤った確信にもとづくものであった。

財閥解体政策においては、アメリカと日本との重大な差異が見逃されていた。アメリカは、「個人主義にもとづく民主主義」を基礎としており、他方、日本は「私的な集団主義」(private collectivism) を特徴としている。財閥解体政策の持つ個人主義的な傾向は日本には適していない。現に、保守政党の自由党、民主党も、また、共産党や社会党も、すべての勢力が反独占政策を支持しなかったではないか。そもそも、日本には自由企業システムを受け入れる基盤はなく、こうした社会様式は短期間には変えられない。反独占政策をとるということは、「流れに逆らって泳ぐ」ようなものである。

このように考えたビッソンは、財閥解体後の企業システムとしては、国有企業の方が利点が多いとした。国有化すれば、反独占政策をとった場合よりも、占領終結後の財閥の復活は困難になるというのがその一つの論拠であった。

また、アメリカが国有化政策を支持すれば、GHQの反独占政策と社会党の国有化政策が対立する事態には至らず、「日本における唯一の真の民主主義者」である社会党のレーゾン・デートルを奪わずにすんだだろう、というのがもう一つの論拠である。事実、一九四七年の五月から秋にかけての時期は、一方では片山内閣の成立により、石炭産業を始めとする重要産業の国家管理論が頂点に達し、他方では、ウェルシュの着任後、急速な勢いで過度経済力集中排除法が準備されていき、この二つの改革路線が競合する形になった。改革の担い手としての社会党に期待していたビッソンにとっては、民主化推進勢力が二つに割れることは残念な展開であった。

ビッソンの国有化論は、GHQのなかでは孤立していた。彼とともに民政局で財閥解体政策に関与し、ビッソンを高く評価していたハードレーも、国有化には賛成ではなかった。しかし、ビッソンの議論がまったくの空論であったと見るのは誤りである。GHQやアメリカ政府は、財閥解体後の企業形態についての明確な方針を、最初から持っていたわけではなかった。

財閥解体・独占禁止・集中排除に関する包括的な方針案である「日本の財閥に関する調査団報告書」(エドワーズ報告書)をまとめた、コーウィン・エドワーズは、財閥解体後の企業形態について次のように説明している。(21)

「財閥の資産の支配権を誰が獲得すべきかという問題は、この計画(財閥解体計画＝引用者)において、重大な問題である。というのは、それは、日本の将来の産業組織の性格を大部分決定するからである。理論的にいえば、財閥企業の国有化は社会化ないし国家資本主義への大きな一歩となりうる。また、財閥系企業の労働組合への譲渡は労働組合国家の基礎となりうる。さらに、協同組合へ譲渡するならば、協同組合的社会のための核を提供するかもしれない。

個人や中小企業に委譲すれば、日本の中産階級と競争的資本主義の基礎を提供するだろう」。このようにさまざまな選択肢を提起したうえで、エドワーズは、そのいずれにも難点があるという。すなわち、国有化は軍国主義的全体主義の解体政策と矛盾しかねないし、労働組合や協同組合は受け皿としての能力に問題があり、また、個人や非財閥系企業のなかに財閥系企業を経営できる力量のあるものを見出すのも困難である。そして、エドワーズは、「イデオロギー上の問題はともかくとして、権限の移行は折衷的で非体系的なものになるだろう」と予想している。

ＧＨＱが、企業形態の一つとして国営方式を排除していなかったことは、一九四六年九月四日に、マッカーサーが対日理事会に対して、炭鉱国有化の是非を諮問したことからも明らかである。[22]対日理事会では、英連邦、中国、ソ連の代表（すなわちアメリカ以外の国のすべて）が国有化に賛意を表明した。[23]しかし、提案者であるＧＨＱ自身が、ＧＨＱは国有化を可とするものでもないし、否とするものでもないというコメントを発表して、トーンダウンし、以後ふたたび、国有化がＧＨＱの側から示唆されることはなかった。

このＧＨＱの提案をきっかけとして、日本側では、社会党を中心に重要産業の国家管理論が盛んになった。[24]社会党案は、各工場（各炭鉱）の「経営委員会」を基礎とする労働者自主管理型の経営を構想していた。労働者の参加（「社会化」）を重視する労働者自主管理的な構想であると同時に、統一的・総合的な計画生産と配給、一元的な金融国家管理を目標とする点で中央集権的構想でもあった。

総じて、社会党の国家管理案は、十分な準備なしに作成された案であり、観念的であった。とくに、「社会化」を前面に押し出し、軍国主義時代の官僚的国家管理との違いを強調しようとした結果、各工場、各地方、中央の各段階での「参加」（労働組合・市民・農民・技術者・経営者・他の産業の関係者などの「参加」）の規定が網羅的に盛り込まれた。これだけの錯綜した利害関係者が合議によって意思決定するのは、まず不可能であろう。

戦前においては、社会主義者たちが、企業形態を具体的に構想できるような歴史的な条件はほとんど存在しなかったから、構想が観念的であったことを責めるのは酷であるかもしれない。しかし、ビッソンが戦後改革の担い手として期待したほどの力量（構想力）を、社会民主主義勢力が持っていなかったことは否定しがたい事実である。

## 2　ウェルシュと反独占政策

エドワード・ウェルシュ（一九〇九年生）は、一九四七年四月にGHQ反トラスト・カルテル課長として着任した。ちなみに、ウェルシュと入れ替わるように、ビッソンが五月に帰国している。

ウェルシュは、一九三〇年以降オハイオ州立大学等で経済学を教えたのち、一九四二年以降物価局（OPA）に勤務し、一九四七年四月に来日した。OPAが廃止された後に、OPAに勤務していたニューディーラーたちが大挙してGHQへ流れ込んできたといわれるが、ウェルシュはまさにその一人であった。反トラスト・カルテル課長時代には、峻厳な独占取締官《トラスト・バスター》として、日本の企業家から恐れられた。岡野保次郎（過度経済力集中排除法で三分割される直前の三菱重工業社長）は、ウェルシュのことを「非常に官僚的な男で」「あまり尊敬できるタイプの人ではありませんでした」と酷評する。(25) 他方、野田岩次郎（当時、持株会社整理委員会常務委員）は、ウェルシュは「財閥解体の仕事をあまりにも覚書に忠実に論理的に進めようとしたため、日本に対して厳しいものとなった」と観察している。(26)

ウェルシュが来日したときには、財閥解体政策はすでに軌道に乗り、(27) 独占禁止法も公布されていた（一九四七年四月）ので、彼は、残された課題であった過度経済力集中排除法の制定に力を注いだ。一九四七年七月、三井物産、三菱商事の二大商社を超法規的な命令によって突然解体し、同年一二月には、消極的な片山内閣を促して過度経済力集中排除法を制定させた。

ウェルシュ自身が、「私は、財閥の罪悪は戦争の原因となったことにあるという考え方には興味がなかった。日本経済を改革し、国内に競争状態を創出することが、私の関心のすべてであった」と述べているように[28]、彼は日本についての知識を持っていたわけではなく[29]、ニューディールの反独占政策を日本で実施することに使命感を抱いていた。「一日一六〜一八時間も働いた」[30]というウェルシュの言葉どおり、彼はじつに精力的に働いた。今日、われわれがGHQ文書をひもとくとき、他のGHQのセクションからの批判に反論するさいのウェルシュの猛烈さ、執拗さには驚かずにはいられない。コーエンがウェルシュの反論に辟易としたと述懐しているのも、うなずける[31]。ウェルシュの独断専行に対して、マーカットやファインが遠慮がちにふるまったのは、彼がリベラルの主流にいた著名なアメリカ上院議員とコネクションを持っていたからでもあった[32]。

しかし、ウェルシュが実行しようとした政策は、彼みずからの構想にもとづくものではなく、アメリカ政府の政策である「日本の過度経済力集中に関する米国の政策」(FEC二三〇)に沿ったものであった。FEC二三〇は、一九四六年一月に来日したエドワーズ調査団の報告をもとに立案された。財閥に関するこの調査団の団長を務めたコーウィン・エドワーズ(ノース・ウェスタン大学教授)は、独占問題の専門家であり、ニューディール期の連邦政府の反独占政策においても活躍した人物である。

したがって、日本における反独占政策の構想は、エドワーズ報告書にさかのぼらなければならない[33]。エドワーズは、二十世紀はじめの「革新主義」の時代の代表的なイデオローグであり、ウィルソン大統領のブレーンとして反独占政策に腕を振るったブランダイスや、F・ローズヴェルトのブレーンであったフランクファーターの思想的潮流に位置していた。ブランダイス=フランクファーターの哲学は、「一言で表現するならば『集中排除』(de-centralization)」[34]であった。

エドワーズによれば、反トラスト法の思想は経済学の自由競争の理論よりも古く、イギリスのコモン・ローにさかのぼり、また、反トラストの意味する範囲は、たんなる競争の維持よりも広い。「反独占諸立法は、生産の制限や、一方的な交渉力に対する反感だけではなく、富や権力の過度の集中を防止し、機会の公平を維持しようとする意欲にも基盤を置いている」(35)。それは、「権力の集中に対する不信感、および権利と機会をできるだけ広く分散することに対する信念を基礎としている」(36)。

この学派は、たんなる市場の占有度を超えた大企業の持つ構造的な力に着目した。具体的には、企業の規模自体の制限（企業合同の制限や企業分割）、株式所有・役員派遣による企業支配の排除、中小業者の保護などの政策を重視した。財閥は、まさにこうした大企業による構造的な力であった。「戦前の日本は、少数の大企業があらゆる経済分野において重要な地位を獲得したときに生じる力についての恰好の事例を提供している」と、エドワーズはいう(37)。「大部分の重要産業で大部分の財閥が互いに礼儀正しく競争をしていたので、独占はほとんど存在しなかった。しかし、いずれの産業を調べても、同じ少数のコンツェルンの傘下の寡占企業によって組織されていた。財閥は、集団として、日本の信用、新規参入の機会、産業の成長率とその性格を支配していた」。

ニューディール期の反独占論者は、独立自営農の精神を反映した十九世紀以来のポピュリズムを引き継いではいたものの、ニューディールの経済思想を吸収した新時代のイデオローグに変身していた(38)。彼らは、不況の原因を独占に求めるガーディナー・ミーンズらの学説や、ブルッキングス研究所の過少消費説を支持し、ケインズ的な財政政策を受け入れた。この時代の反独占論をアナクロニズム、ニューディール思想の傍流とみるのは適当ではない。

エドワーズも、ニューディールの経済学の支持者であった。彼は、反トラスト法は、まったく相反する二つの経済思想、すなわち「競争の経済学」とも「統制の経済学」とも協調できるといいながらも、消費・生産・雇用を高水準に維持するには、反トラスト法のような予防的政策だけでは不十分であり、財政政策のような積極的な政策を併用すべきだと、ケインズ経済学を明確に支持した[39]。

エドワーズ報告書は、財閥解体後の企業の所有形態・経営者はどのようにすべきか、財閥解体後に競争条件を保ち、財閥の復活を防ぐためにはどうすべきかについて、次のように考えていた。

まず、財閥解体後はできるだけ早く（二年以内）に、財閥の保有していた株式を処分することを提言していた。日本政府の改革担当者としての適格性に疑念を持ち、政府の財閥を優遇する傾向や、軍国主義的傾向は簡単には払拭されないと予想していたので、政府（持株会社整理委員会）が財閥株式を保有する期間はできるだけ短くすべきだとした。財閥保有株式の売却により、所有者も経営者も一新されなければならないが、この膨大な株式を短期間に処分するのが容易でないことは十分認識されていた。企業結合を防止するために企業の株式保有を認めないという独占禁止政策の方針に従い、企業へ売却できないとすれば、処分はますます困難となる。そこで同報告書は、一般の個人投資家、その企業の従業員および役員、財閥系企業により合併された企業の旧経営者[40]、労働組合[41]、農業協同組合[42]、政府[43]など、可能なあらゆる売却先を想定したのである。

他方、経営者の供給については、楽観視していた。所有形態が変われば、内部昇進の財閥系企業の経営者もそれに順応するだろうから、彼らを交替させる必要はない。財閥系企業のトップの一部は追放を要するが、その欠員は、閉鎖機関の経営者や、近い将来禁止される軍需産業の経営者など、敗戦により失職した経営者で容易に埋め合わせがつくだろう、と考えた。

またエドワーズ報告書は、戦前・戦中に財閥が金融面で特別に有利な扱いを受けていたことを重視し、こうした優遇の廃止が、戦後における企業間の競争条件の平等化に不可欠であるとした。そのためには、株式所有などを通じた企業と銀行との結合を切断し、戦時期に合併された銀行の再分離や、大銀行の分割により金融機関数を増やす必要があるとした。

財閥のような企業結合の復活を防ぐための独占禁止法は、アメリカのそれよりも厳しいものにすべきだと主張した。アメリカの反独占諸法は大規模なコンツェルンに対しては不十分であり、独占禁止法には、事業会社の株式保有の禁止が盛り込まれるべきだとされた。また、商法を改正し、監査役の権限強化や、企業の情報開示も図るべきだとした。

エドワーズ報告書が目標とした日本の戦後経済は、要するに、独立した企業が互いに競争状態にある経済システムであった。

しかし、占領後に実際に形成された経済システムは、エドワーズ報告書が描いた姿とはまったく異なるものとなった。このシステムは、株式持合いにもとづく企業グループ、系列融資、経営者の強い権限、弱体な「株式民主主義」などの特徴を持ち、「法人資本主義」とも呼ばれている。

この経済システムの形成に大きな意味を持ったのが、占領後期の二つの法改正であった。まず、一九四九年の独占禁止法改正では、一九四七年の独占禁止法が禁じた事業会社の株式保有を原則として自由にした。事業会社が他の事業会社の株式を保有できなければ、株式持合いにもとづく企業グループは成立しえないから、これは、きわめて重大な法改正であった(44)。また、一九五〇年の商法改正においては、日本政府は、少数株主の保護規定の導入を中心とするGHQの案を換骨奪胎して、取締役会の設置による取締役の権限強化を中心とした改正案を成立させた(45)。この改正は、GHQの狙った「株主民主主義」の方向を挫折させ、経営者の権限強化を促進する役割を果たした。

反独占思想は、戦前の日本には存在しなかったので(46)、占領側の意図を日本側が理解できずに齟齬が生じる局面もしばしばあった。この点と関連して興味深いのは、敗戦直後の商工省の構想である。商工省は、戦時中の経済諸団体を再編するプランを立てた（「戦後産業組織の再編成に関する基本構想」一九四五年一〇月二八日）[47]が、このプランは、戦時中に官僚による統制機関と化した資本組織を、私的な性格の組織に置き換えようとする構想であった。この案は、カルテルなど「当事者間における自由なる結合又は組織を容認」するものであった。また、商工省の「産業秩序法案」（一九四六年初めごろ）は、「価格・生産・販路統制、経理の統制、特許・発明・技術に関する統制を通じて自主的統制、カルテル統制を推進することを認め」ていた。[48]

このように、商工省は、私企業による経済の組織化こそが、戦後体制にふさわしい民主的な方法と考えた。この発想は、一九二〇年代のアメリカでフーヴァー商務長官（のちに大統領）が推進した、政府による統制を避け、資本による「自治統制」を援助する政策と共通する点がある。[49]また、一九二〇年代ドイツの「産業合理化運動」とも通じる。要するに、私的資本の組織化が自由であった戦前の状態への復帰が目標とされたのである。こうした考え方が根強かったために、占領政策が転換し、経済復興を優先する観点からアメリカが独占禁止・集中排除政策を緩和すると、政府や経済界は一斉に独占禁止政策の緩和に走ることになった。

反独占思想の受容が困難であったことは、日本側の要因だけに帰せられるものではない。反独占思想には、アメリカの地域性が色濃く刻印されており、普遍性に欠ける面があったことも指摘する必要があろう。

とくに、ウェルシュの構想には、ポピュリズム的、ないし特殊アメリカ的な発想が見受けられる。

ウェルシュは極度の経済力の分散を理想とした。ウェルシュが集中排除の対象として想定した企業は、当時の日本の企業の資本金総額の三分の二に及んだが、それらのなかには、小規模で知名度の低い企業も多くリスト・アップされた。そして、企業分割の基準の一項目に示された、本社の存在が経営能率の促進につながることが証明されなければ本社を廃止するとの原則は、企業を工場単位に分割する可能性をも示唆していた。[50]

また、地域主義的な発想も強い。銀行分割計画では、アメリカ型の小規模銀行（ユニット・バンク）を理想とした。大銀行は地域別に分割し、銀行が支店を設置できる地域を限定して、資金の中央への集中を防ごうと意図した。[51]これは、アメリカの十九世紀末から二十世紀初頭にとくに強かった反ウォール街意識を引き継ぐものである。

独占禁止政策は、経済合理性を高め、市場メカニズムを円滑に機能させることを目的とした政策であると同時に、市民に対して機会の平等を保護する民主主義的な意図にもとづく政策でもある。この民主主義は、ジャクソニアン・デモクラシーと呼ばれるアメリカ的な民主主義であった。アメリカ合衆国の歴史を貫く「『経済合理性』を求める『資本の論理』と『民主主義の論理』とのたえざる緊張と対立」を、独占禁止政策はもっとも典型的に反映してきた。[52]

独占禁止政策は、もともとアメリカ固有の政策ではないが、十九世紀末から二十世紀にアメリカで発展したので、地域的性格が強く反映されている。しかし、第二次世界大戦後にヨーロッパ諸国が独占禁止政策、競争政策を採用し、この思想は普遍性を獲得していった。日本の場合も、半世紀に及ぶ独占禁止政策の歴史は、定着というには程遠いが、受容の一過程とみることができる。

## (四)　ファインとドッジ——経済安定をめぐる二つの構想

占領期における経済安定の問題は、たんなるインフレ収束ではなく、経済システムの転換（戦時統制経済から市場経済へ）であり、また体制安定の問題（資本主義体制の安定化）でもあった。そうした点では、一九九〇年代の東欧やロシアの経済改革と基本的に同じである。

安定化をめぐっては、アメリカの占領政策と、日本側の政策とが複雑に交錯したが、一九四八年一二月の「経済安定九原則」の中間指令で最終的に方針が決まり、一九四九年二月にドッジが来日し、プランが実行に移された。

アメリカにとって、日本経済の安定化は、まず援助供与国(債権国)としての債権保全・回収のために必要な措置であった。[53] 被援助国を、援助を必要とするような国際収支の不均衡から早期に脱出させ、債務を返還させるためには物価の安定、輸出競争力の増大が不可欠である。効果が上がらない援助は、納税者であるアメリカ国民(=議会)の厳しい批判にさらされる(いわゆる「納税者の論理」)。

アメリカの援助は、また、戦後世界政治・経済におけるヘゲモニーの確立という戦略にもとづいていた。したがって、経済安定化はたんに債権保全にとどまらず、アメリカを中心とする世界資本主義体制に日本を組み込むための安定化という意味も持った。そのためには、日本の工業生産を復興させるとともにインフレを収束させて、日本経済を固定為替レートでドル本位制(IMF=GATT体制)に組み込まなければならない。

こうした戦略的な視点が明確な形で打ち出されてくるのは、アジアにおいて冷戦がはじまり、アメリカが日本を極東の工場として明確に位置づけた一九四八年である。日本の経済復興を目的とする新たな援助供与の構想と、援助供与の条件としての安定化の構想とが一対のものとして立案された。

一九四八年三月に来日したジョンストン使節団は、ドル不足による原料輸入の困難が工業生産回復の隘路となっていることを指摘し、飢餓の救済を目的としたガリオア援助に加えて、経済復興のための新たな経済援助の実施が必要であると説いた。

援助供与の条件となる安定化措置については、同年五月に来日したヤング使節団が、一〇月までに単一為替レートを施行すること、そのために至急国内の安定化措置を講じることを提言した。社会不安を引き起こしかねない急激な経済安定化に反対であったマッカーサーは、ヤングの方針に反発し、GHQとアメリカ政府との調整の必要からヤングの提案の実施は延期された。しかし、結局はアメリカ政府はマッカーサーに譲歩することなく、新たな対日政策の基本方針（ＮＳＣ一三／二）が国家安全保障会議で決定（同年一〇月）した後、一二月に「経済安定九原則」の実施を命令するに至った。

ドッジ・ラインの実施までにも、ＧＨＱや日本政府においてさまざまな経済安定化のプランが検討された。これらは、しばしば一挙安定論と中間安定論の二つのカテゴリーに区分される。通説的な理解に従えば、一挙安定論は、急激な金融・財政の引締め政策によって一挙にインフレの根を絶つという議論であり、中間安定論は、急激な安定化措置に伴う経済混乱を避けるために、生産の復興を優先させ、生産の一定の回復の後に安定化措置を実施するという議論である。

しかし、経済安定化の諸プランを、この二つのカテゴリーに強引に分類するのは、歴史的な位置づけを混乱させ、好ましくない。たとえば、一九四七年秋の経済安定本部の都留重人らの案とドッジ・ラインとを、一挙安定論として一つのグループにくくるのは、どうみても適切ではない。

まず、経済安定化をめぐる諸プランを、時代順に概観しておこう（一挙安定か中間安定かの二分法に従った区分はカッコ内に付記する）。

(1)一九四七年秋　経済安定本部「七人委員会」案[54]（一挙安定論）

都留重人が中心になって極秘裏に作成した経済安定化案。通貨措置による購買力の切捨てによりインフレを収束させ、単一為替レートの設定へ導くという案。現金通貨の全部と預金通貨の一部の切捨て、戦時国債の切下げなどの通貨措置により、ヤミ経済で肥大化した「新円階級」の所得を再分配することに狙いがあった。

その根底には、公定価格が守られれば、所与の賃金で生活必需品がまかなえるはずであるという統制経済的な発想があり、流通過程にヤミ取引が介入するからインフレが起き、一般大衆の生活が困窮するのだという認識があった。通貨措置は、一九四七年七月の『経済実相報告書』(第一回経済白書)が説いたような、「ヤミ利潤を圧縮し、できればゼロに」し、「勤労の果実をそのまま働くものの生活内容に結びつける」ための政策、「正直者が馬鹿をみたり、まじめに働《(ママ)》らくものが損をしたりする現実」を改めるための政策の一環であった。

(2)一九四七年一二月―四八年一月 「有沢＝木村論争」[55](有沢広巳＝中間安定論、木村禧八郎＝一挙安定論)

有沢広巳は、インフレの収束は、安定恐慌を引き起こし、生産の激減、失業の急増をもたらすので、現在の経済状態では耐ええない、生産を戦前の六〇％以上に回復させたのちに安定化を図るべきである、と主張した。

それに対して、木村禧八郎は、投機的需要により需要が生産を上回ったことから悪性インフレが生じ、そのために生産が阻害されているのだから、まず通貨措置により安定化を図るべきだとした。

木村の議論は、通貨の切下げ、固定為替レートへの移行を説く点で、基本的に都留案と同一の一挙安定論である。有沢は中間安定論だが、賃金統制に批判的であった点で経済安定本部の中間安定論とは一線を画していた。有沢は、経済安定本部の構想を、急激な通貨安定が企業経営に与える打撃を回避しつつ、賃金統制により労働者にしわよせをしながら、なし崩し的インフレ収束を図る「金融資本的＝官僚的政策」と批判した。[56]有沢は戦時債務の切捨てを是とする点では木村と一致していた。[57]

(3)一九四八年六月 経済安定本部「中間安定第一次試案」[58](中間安定論)

大蔵省・経済安定本部の中堅幹部が作成したプランであるが、閣議決定を経た正式の案とはならなかった。中間安定という言葉は、もともとこの政策に由来する。安定恐慌を避けつつ、徐々にインフレを政府がコントロールできる範囲内に収めることを目的とした。そのためには、アメリカの経済援助により国民の生活水準を確保したうえで、賃金の統制を実施し、あわせて、賃金引上げに関する労働争議の禁止、共産主義勢力の影響を排除するための労働組合法規の改正を行う、という内容であった。

この案は、インフレ対策として賃金安定を重視し、通貨措置を用いない点で都留、木村、有沢の案とは異なり、統制経済を前提とする点でヤング報告書やドッジ・ラインとも異なる。

(4)一九四八年六月　ヤング報告書（一挙安定論）(59)

連邦準備制度理事会調査局次長ラルフ・ヤングを団長とする、単一為替レート設定に関する調査団の報告書。一九四八年一〇月一日までに単一為替レートを設定し、それに先だって、経済安定措置を実施する。政府補助金により、労働者や企業家が付加価値以上の所得を得ることから生じたコストプッシュ・インフレであるという認識から、それを可能にしている複数為替レートのもとでの「隠れた補助金」を一掃しようとした。

(5)一九四八年七月　「経済安定一〇原則」（中間安定論）(60)

マッカーサーは、早急な単一為替レート設定は、失業や社会不安をもたらすとして強硬に反対し、単一為替レートの設定をわざと抜かした「経済安定一〇原則」を日本政府に指示した。

(6)一九四八年一一月　「賃金安定三原則」（一挙安定論）(61)

直接的には炭鉱の労働争議に関してＧＨＱから出されたメモランダム。賃金引上げの方策として、復興金融金庫の赤字融資、政府の補助金支出、物価の引上げの三つの措置をとることを禁止した。その政策意図は、恒常的に赤字を政府に埋めてもらう放漫な企業の財務体質（いわゆるsoft budget）を改めさせ、資本主義的な経営体としての自立を図ることにあった。この三つのルートは、傾斜生産方式のもとでのインフレ昂進の主要な原因であった。

(7)一九四八年一二月　アメリカ政府のマッカーサー宛「経済安定九原則の中間指令」（一挙安定論）

目的は、早期（安定化措置実施後三カ月以内）に単一為替レートを設定することにあった。九原則のうち、財政の均衡、徴税の強化、信用の制限の三つに重点があった。

(8)一九四八年春　ドッジ・ライン（一挙安定論）

一九四九年二月に「経済安定九原則」の実施を監督するためにデトロイト銀行頭取ジョゼフ・ドッジがトルーマン大統領から派遣されて来日した。

(7)(8)は、ＩＭＦや世界銀行が、途上国や東欧諸国に対して、経済援助の条件として求めた政策と似ており、国際収支の赤字状態の解消を目的とする、主として短期的な金融・財政政策である。ＩＭＦ・世界銀行の安定化政策は、次のようなプログラムを含んでいる。①財政赤字の削減や、金融引締めを通じて、国内価格を引き下げ、為替相場を安定させる。②内外価格体系にゆがみをもたらしている為替管理、貿易規制を撤廃する。③赤字財政の原因となっている国営企業を民営化する。ドッジ・ラインの場合には②が欠けていることが特徴である。

都留重人らの「七人委員会」案とドッジ・ラインを「一挙安定論」として同列に並べられない理由は、ドッジ・ラインが市場経済化を目指したのに対して、都留案は統制経済を前提としており、根本的な部分で両者が異なるからである。

他方、ドッジ・ラインと「中間安定計画」とは、賃金安定を重視する点で一致するが、両者には決定的な違いが存在する。「中間安定計画」は、企業に対する補助金の支出は継続し、統制によって賃金安定を図ろうとしたが、ドッジ・ラインでは、補助金を廃止して、企業に厳格な財務運営（hard budget）を強い、市場メカニズムを通じて賃金の安定を図ろうとした。

このように経済安定化プランが固まっていくなかで、ＧＨＱの政策立案の中心にいたニューディーラーのＥＳＳ経済顧問シャーウッド・ファイン（一九一四年生）が何を考え、どのように行動したのかを追ってみたい。

ファインは、ハーヴァード大学で博士号を取得したエコノミストで、一九三八年から四五年まで財務省、物価局、戦略局に勤務したのち、一九四五年から一九五二年までGHQ・ESS経済顧問などを務めた。ファインはニューディーラーであるが、思想的にはビッソンともウェルシュとも距離があり[62]、労働課長（のちESS経済顧問）のセオドア・コーエンと近かったようである。中村隆英は、ファインを「計画万能の民主主義者」として描いたが[63]、石橋湛山蔵相との以下のやりとりは、そうした側面を端的に示しており、興味深い[64]。

ファイン　自分は今日最も必要なことは、配給の適正を期する為統制を強化することであると思う。世界中で今アメリカ以外は何れも物資の欠乏状態にあるので、かかる状態にあっては何れも統制を必要とすると考える。

（中略）

石橋　戦時中に於いては、何でもかんでも統制しようとしたから結局何も統制が出来なかったと思う。自分は重点的に統制をすることが必要だと考える。

ファイン　自分の印象では、日本政府は少しも統制をやろうとして居らない様に見受けられる。

石橋　自分は決して統制には反対ではない。現に石炭増産の為必要なる坑木の供給については強制伐採その他の強力手段を是非やるように進めている。只、例えば鍋、釜の如きものに至る迄統制すると云う様なやり方には反対なのである。

ファインは、吉田内閣と較べ片山内閣が、GHQの進める経済統制に協力的であることに好意を抱いた。「社会民主主義政府の、賃金・価格統制へのアプローチは、あきらかにその前任あるいは後の政府に比べ、占領軍のアプローチに最も近かったと思います」と述べている[65]。しかしファインは、片山内閣の掲げる炭坑の国家管理政策には強く反対した。[66] 彼は統制論者ではあったが、資本主義的な企業体制の明確な支持者であった。

占領初期のGHQ・ESSは、物価の統制に積極的であったにもかかわらず、労働運動の力を弱めるような措置は避けたいという理由から賃金の統制にはきわめて消極的であった。それが、一九四八年春に、一転して積極論に転じた。[67]

その第一の契機は、二・一スト中止以降も衰える気配をみせず、公務員給与二九二〇円の給与委員会決定(一九四八年二月二日)をめぐる「三月闘争」において頂点に達した労働運動の高揚であった。三月二九日に、GHQは二・一ストに続く第二回目のゼネスト禁止令を出した。こうしたなかで、賃金・物価の悪循環への危機感がGHQのなかで強まってきた。

第二は、ジョンストン使節団の来日(一九四八年三月)であり、使節団の報告書は、極端なインフレが工業生産を阻害し、広範囲な大衆不安を生じさせており、物価統制のために日本国民全体の節度と忍耐とが必要だと述べた。[68]

一九四八年五月六日に、マーカットGHQ経済科学局長の覚書「賃金安定計画」が日本政府に提出された。[69] この案は、ファインが中心となって立案したものと思われる。この「賃金安定計画」は、労働者代表、経営者代表、公益代表の三者が、自発的に賃金安定委員会を作って、賃金水準を決定する計画であった。目標は実質賃金水準の維持にあり、公定価格を改定したうえで、重要産業(電力・石炭・鉄鋼)の賃金水準を釘付けにし、他の産業の賃金水準をこれに連動させるという内容であった。賃金問題に関する団体交渉は、この賃金構造の範囲内に限定されることとされた。

ファインは、日本政府の経済閣僚への説明のなかで、「経済安定のためには物価安定が必要であり、之が為には有効な配給制度のみではなく、更には賃金安定策を講ずべき時期に達した」ことを強調し、実施に際しては、「労働者側が承諾し、労、資、政府一緒になって具体的法案を作成すること」、「物価水準にマッチした」弾力的な統制であることが重要だと述べた。日本政府側は賃金統制には消極的であり、たとえば西尾末広（副総理）は、「賃金統制は窮極に於いては労働者の利益になると理解させることは民主主義の未だ発達していない今日の労働者の実状ではなかなか難しい」と、反論した。[70]

ファインは、少なくとも主観的には、労使双方の合意にもとづいて賃金安定を図る所得政策を狙っていた。

ロナルド・ドーアは、賃金・物価のスパイラルな上昇を食い止めるために、賃金抑制を図る方法として、次の三つを掲げている。[71]

(1)　財政・金融政策を通じての抑制。

(2)　労働市場の構造や、労働組合と経営者の力関係を変えるような法的措置による抑制。

(3)　労働力を売買する当事者に対する直接的な説得による抑制。

ドーアは、このうち、(3)のみを所得政策と呼んでいる。この定義を用いるならば、ドッジ・ラインは、表面的には(1)であったが、実質的には、(1)と(2)の組み合わせであったと言える。ドッジが直接に指示した政策は、特別会計を含めた政府総予算の均衡、見返資金の設置、復興金融金庫の新規貸出の停止といった財政・金融政策のプログラムであった。しかし、このプログラムは、公務員のストおよび団体交渉を禁じた「政令二〇一号」の発令（一九四八年七月三一日）、労働組合法の改正（一九四九年）などの労働関係の法規の再編を通じた賃金抑制によって補完されていたのである。すなわち、一九四七年の二・一スト、一九四八年の「三月闘争」において、もっとも戦闘的な勢力であった公務員の労働基本権を「政令二〇一号」は大幅に制限し、一九四九年の労働組合法改正は、管理職を非組合員とすることにより、戦後初期の労働運動で中心的役割を果たしてきたホワイトカラー管理職を労働組合から排除した。このように、いわば法的な枠組みを再編することにより、労使の力関係を変化させようとしたのである。

他方、ファインが模索したのは(3)の所得政策であった。しかし、ファイン案では賃金安定が、労使に対する説得と合意によって実施されるのか、強制によるのかは曖昧である。ファインの希望は明らかに説得と合意だが、政治的権力の集中と強度の統制経済のもとで現実に動き出せば、強制に傾斜する危険性を含んでいた。

合意と説得による真の意味での所得政策が可能であったとするならば、それは一九四七年二月に結成された経済復興会議においてであろう。(72) 同会議は、総同盟左派（高野実ら）と経済同友会が中心になり、労使双方の主要団体を網羅して結成された。しかし、同会議の主たる目的は、生産復興への労使の協力体制の構築にあり、賃金問題は事実上、この会議の議題からはずされていた。共産党系の産別会議は、賃金交渉に経済復興会議が介入することは、産別系組合が団体交渉権やスト権を放棄して、みずからの主導権が奪われることになると恐れた。また、公定価格制度のもとでは、労使が協力して賃金上昇分を価格に上乗せするように政府に働きかけることができた（「アベック闘争」と呼ばれた）から、経営側は賃金安定を、もっとも重要な問題とは認識しなかった。

ファインらは、「経済安定九原則」が出された直後の一九四九年一月ごろまで、賃金直接統制論に固執しつづけた。しかし、「民主的な統制論者」ファインによって提起された賃金統制は、労働組合のみならず、経済安定本部、GHQ内の強い反発も招くことになり、結局はGHQ内の合意を得ることもできなかった。

前年の一九四八年五月六日にESSは日本政府に対し、賃金安定計画を立案することを要請した。その結果、経済安定本部が検討中の中間安定計画案には賃金統制が盛り込まれたが、(73) 経済安定本部では労働局を中心に反対論も根強かった。五月二九日「賃金安定措置要領」（経済安定本部）は、「賃金の直接的な統制を実施することは現下の情勢よりみて必ずしも適当ではなく」、「かえって労働不安を助長する」と反発しており、(74) 労働省も、賃金直接統制に強く反対した。(75)

ＧＨＱにおいても、「ＧＨＱ内のエコノミストたち」が提起したこの賃金統制政策に、ＥＳＳ労働課は強く反対した。[76]労働課長ヘプラーは、賃金の直接統制の実施は、現在の日本政府では行政的・技術的に困難であり、また賃金統制に伴うストライキ禁止規定は、占領軍がこれまで育て上げてきた労働組合運動に大きな打撃を与えると批判した。[77]

この間、ファインの関与しないところで、すなわちアメリカ政府から派遣された公務員制度に関するフーヴァー調査団により、公務員に対するスト・団体交渉の禁止が計画され、実施に移された（「マッカーサー書簡」七月二二日）。これに抗議して労働課長ヘプラーが辞任したことはよく知られている。[78]

一一月の「賃金安定三原則」はファインの構想とはまったく異なる手法を打ち出した。これは、企業の金融・財務面から間接的に賃金統制を図ろうとするものであった。明らかにファインが意図する、統制と補助金の存続を前提とした賃金安定策とは異なる方法であった。「三原則」を日本側に指示したのは、ＥＳＳ労働課であったが、その発想は銀行家的であり、ＥＳＳ財政金融課が中心的な役割を果たしたものと推定される。[79]「経済安定九原則」以前に、ＧＨＱの内部からそれと同じ発想のプランが出されていたことは、ＧＨＱ内において保守派（反ニューディーラー）が、アメリカ本国の占領政策の転換により、力を増したことを示している。

「賃金三原則」と「経済安定九原則」が出された後にも、ファインは、賃金直接統制は財政金融的手法を補完するために必要な政策だと主張しつづけた。一九四九年一月八日のＥＳＳと大蔵省・商工省の会談のさいにも、マーカットが「民間の賃金問題は労働者と経営者が話し合ってきめることとし、政府が介入しないようにすべきである」と述べたのに対して、ファインは、直接統制よりも「三原則」の方が弾力的であるとしながらも、「三原則」の立法化を示唆し、直接統制的な道を残そうとした。[80]

一九四八年末から四九年にかけて開催された「単一為替設定対策審議会」（主催者＝総理大臣）では、賃金安定問題が一つの焦点となった。経営者の意見は圧倒的に直接統制論であり、間接統制論の労働省や中山伊知郎（一橋大学教授）と対立した。堀文平（富士瓦斯紡織）は、「労働者の賃金要求は依然として圧力を以てなされている。間接統制的な考え方では足りない」と述べ、一万田尚登（日銀総裁）は「今迄のインフレは賃金物価の悪循環であり賃金安定について弱い態度をとるのはいけない」、「一方はストライキの武器がある、経営者には武器がない」と主張した。さらに、長崎英造（経団連顧問）は、「賃金三原則」をとるにしても、法的な裏付けを持たせ、「三原則の法制化」を図ってはどうかと提案した。(81) 長崎の提言は、期せずしてファインの主張と一致したのである。

一九四九年一月二七日―二八日に、GHQ経済科学局の呼びかけにより、中山伊知郎を委員長に、労使の代表を集めて開催された労資協議会は、(82) 一種の茶番劇に終わった。この協議会では、「賃金三原則の遵守」を申し合わせただけで、直接統制については、経営者側の賛成論と、労働者側の反対論が対立して、意見の一致をみなかった。「三原則の遵守」はすなわち市場原理を導入することであるから、労使が一堂に会して遵守を誓う必要はなく、労使の自主的な協議がGHQの主催で行われるというのも奇妙である。

このように、ファインの「民主主義的な統制論」（＝所得政策）は、しだいに、また必然的に、権威主義的な労働組合抑圧論に転化していったのである。

しかし、すでに占領政策の主導権は、ファインらニューディーラーの経済統制論者のもとにはなく、GHQ内のマネタリストやドッジの手に移っていた。「経済安定九原則」で財政金融政策を中心とする経済安定化、市場化プランが始動し、市場化をスムーズに進めるために労働法規等の制度的枠組みが改編された。この改編の内容は、ほぼタフト＝ハートレー法と一致する。

## (四) ファインとドッジ

タフト＝ハートレー法に対する「奴隷労働法」（slave labor act）という当時の非難は誇張されており、同法は、ワグナー法の枠組み（団体交渉制度）を破壊せず、労働組合の組織化や実質賃金上昇にもマイナスの影響を与えなかったというメルヴィン・デュボフスキーの評価がある。(83)

これに対し、ネルソン・リヒテンシュタインは、タフト＝ハートレー法を、ヨーロッパ的な社会民主主義の労資関係(84)（スウェーデン・モデルに典型的な）の導入が挫折したことのシンボルしてとらえた。(85) 戦時期のアメリカには、企業単位の分散的な団体交渉が、全国的な労資コーポラティズムへ発展する契機が存在し、戦時労働委員会は、戦後において所得政策の核となることが期待されていた。一九四六年のGMなどの労働争議の敗北と、一九四七年のタフト＝ハートレー法の制定は、政治的・社会的な環境をまったく変えてしまい、労資関係は偏狭な契約関係に閉じこめられ、全階級的な団結と、労働組合の経済計画への参画は阻まれたというのである。

一九四八―四九年に日本の労働界に起きた事態もほぼ同じものであったといえよう。労働改革の成果は占領後も基本的に引き継がれたが、経済安定化政策を実施するための必要から、また、改革をアメリカの水準に合わせるために、改革がタフト＝ハートレー法の水準を超えることは許されなかった。その結果、労働組合はマクロ政策への関与の道を閉ざされ、いわゆる「労働なきコーポラティズム」（国家と大企業よりなる支配的連合体。農業と小企業部門も劣位のパートナーとして、この体制に組み込まれている）が成立したのである。(86)

## (五)　「市場経済化」と民主主義

一九八九年の「東欧革命」は、社会主義政権下の抑圧的な支配機構を否定し、市民社会の自立性を確保しうる体制として西側の複数政党制にもとづく議会制民主主義体制を志向した。そのさいに、現実に西側世界において、市場経済が議会制民主主義と対応する経済システムであるという事実が、市場経済は社会主義経済システムに代替すべき経済システムだとされる論拠となった。[87]

しかし、急速な市場化を目的とするロシア・東欧に対するＩＭＦのショック・セラピー（ショック療法）は、長期的な構造改革の視点が欠けていたために、多くの混乱をもたらしたと批判された。[88]

ドッジ・ラインもショック・セラピーであり、長期的・構造的な視点は持っていなかった。ドッジ・ラインが経済面への効果の点で成功であったか否かは意見が分かれるところである。ショック・セラピーの実施から一年あまり後に朝鮮戦争が勃発したから、効果の数量的な測定は難しいからである。日本政府がドッジの教えに反した政策を実施したために、高度成長が可能となったという皮肉な評価もある。[89]

日本の経済的成功の理由を、日本側独自の産業政策の存在に求めることは誤りではない。しかし、産業政策が成功しうる条件が、そもそもドッジ・ラインによって与えられたこと、市場移行措置としてのドッジ・ラインが避けられぬ通過点であったことを見逃してはならない。ドッジ・ラインは、一九四九年公布の「外国為替及び外国貿易管理法」、一九五〇年公布の外資法を通じて、厳格な為替管理、貿易統制を日本に対して認めた。そのために、日本は一九六〇年の貿易・為替自由化までの一〇年間以上にわたって、構造的対策（産業政策）を実施することができた。対外的に完全に開放された状態において、競争力のない産業を多く抱える国が産業政策を実施するのは困難である。

ショック・セラピーの政治的コストはどうであろうか？

ペレイラやプルゾワルスキーらは、ＩＭＦのショック・セラピーに忠実であったポーランドを失敗例、社会民主主義的な道をとったスペインを成功例として対比させながら、経済改革が長期的に成功を収めるためには、改革プランに社会政策（とくに失業対策）を含むこと、改革案の決定に際しては、権威主義的方法ではなく議会主義的な方法を用

いることが不可欠だと述べている。(90)

また、コーエンは、占領初期の改革が日本経済の成長に対して長期的にプラスの効果（大衆消費社会を実現した）を発揮したのに対して、ドッジ・ラインの安定化政策は、「政令二〇一号」による労働基本権の制限などによって、日本の政治勢力を相対立する二つの勢力に分裂させ、日本の大衆の三分の一を反米勢力に回すことになったとしている。(91)ドッジ・ラインの政治的コストについては、今後の実証的検討を必要とするが、ただ、朝鮮戦争が起きなかったならば、失業が社会不安を引き起こすほどに深刻化したことは予想される。また、一九六〇年安保闘争まで日本政治が権威主義的な性格を濃厚に帯びた理由として、たんに「逆コース」（戦前の政治勢力の復帰）だけでなく、労働組合の抑圧などの安定化政策の実施方法も影響を及ぼした可能性はあると考えている。

とは言え、現在の先進諸国に目をやれば、半世紀前に隆盛を誇っていたケインズ主義、福祉国家は後退し、経済システムそのものが大きな転換期にさしかかっているようにみえる。

オッフェは、資本主義と民主主義とは両立しうるが、両者は一般的、必然的に結びつくわけではなく、特定の資本主義と、特定の民主主義とが結びつくのだと述べている。オッフェによれば、十九世紀においては、資本主義と民主主義とは相容れないものと考えられており、両者の間に安定的な結びつきが形成されたのは二十世紀に入ってからである。それは、大衆民主制（普通選挙制度にもとづく議会制民主主義）という政治システムと、ケインズ主義的な経済システムとの間に親和性があったからである。両者が親和的であるのは、大衆政党の成立と政党間競争により「競争」概念が政治に、ケインズ主義的福祉国家の出現により、「価値の権威的配分」概念が経済に、それぞれ相互に浸透したためである。その後、時代を経るにつれて、ケインズ主義的福祉国家は、議会制民主主義（「政治的民主制」）を前提としたコーポラティズム体制（「経済民主主義」）へと進化していった。(92)

ケインズ主義的福祉国家が崩壊するとすれば、それとともに民主主義も崩壊するのであろうか?

ケインズ主義的な福祉国家体制は、特定のグループの既得権益の保護、マイノリティーの排除という傾向を持ったために、みずからのうちに分裂・衰退する要因を内在させている。[93] そこで、たとえばマイノリティーや周辺部分を組み入れて、労働組合を活性化するという補強策がとられる可能性はある。

また、西ヨーロッパ型の社会民主主義の「参加型民主主義」スタイル（極度に制度化されたコーポラティズム）の協調性は、競争の排除を招きやすい。これに対して、アメリカの民主主義は、経済的側面においては、公正なルールの維持を尊重する「監視型民主主義」である。「参加型民主主義」の既得権益維持的な閉鎖性を是正するためには、アメリカ的な原理の導入は一定の有効性を持ちうる。[94]

しかし、ケインズ主義的福祉国家を掘り崩している要因は、より深く、経済のサービス化やグローバリゼーションといった構造的な変化（フォーディズムの終焉）に求めなければならないであろう。

こうした構造変化のなかでも、ケインズ主義的福祉国家は崩壊しないと考える人々もいる。たとえば、ネオ・ケインジアンであるポール・デヴィッドソンは、緊縮的な貨幣政策（デフレ政策）は、インフレ抑制に成功するとしても、失業の増大、実質所得の停滞、生産的資本の蓄積の低下といった大きなコストを伴うので、こうした政策は避けるべきだと考える。そして、ケインズ政策のもとでも、「社会の文明的な住民の間で、所得インフレ的な賃金と物価の要求を社会の他の構成員にさせないための社会的な合意」、すなわち所得政策によってインフレを避ける道は存在すると主張する。[95]

またロナルド・ドーアは、『所得政策への回帰』[96]のなかで、一九八〇年代の西ヨーロッパ諸国（とくにスウェーデン、デンマーク、オーストリア、ドイツ、イタリアなど）を検討して、次のように論じている。マネタリズムは雇用の問題を解決できなかったばかりでなく、「弱い政府と財政赤字」をもたらし、インフレの根を残した。近い将来にインフレの再燃が予想されるが、それに対する政策としてはマネタリズムは有効ではなく、所得政策の復活が不可欠である。経済の国際化のなかでケインズ的政策は、財政・経済政策だけをとれば、効力が低下したのは事実だが、その反面、所得政策型の社会的合意の有効性はかえって増している。

ドーアの議論に対しては、そもそも所得政策を実施できるような枠組みを現在でも作ることが可能なのかという疑問が残る。グローバリゼーションのなかでの新たな枠組みをいかに構築するかが問われなければならない。

注

（1）反ニューディーラーのジャスティン・ウィリアムズ（一九四五―五二年、GHQ民政局勤務）は、「民主化政策は、逆転されるどころか、占領の終わる最後の日まで中断せずに続いた」と「逆コース」説を批判しているが、他方では、「かつての敵国が完全に非武装化され、十分に民主化されれば、それはポツダム宣言に規定された占領終結の条件を満たすものであるというのは、一九四八年の経済安定指令が暗黙のうちに認めていたことではなかったろうか？」とも述べている。そして、ウィリアムズが彼の著書において、主張しているのは、占領初期の改革の成果が占領後期に破棄されなかったことであり、占領後期に追加的に新たな民主化政策が実施されたということではない（ジャスティン・ウィリアムズ『マッカーサーの政治改革』〈市雄貴・星健一訳、朝日新聞社、一九八九年〉第一一章）。

（2）山田盛太郎「農地改革の歴史的意義」（矢内原忠雄編『戦後日本経済の諸問題』有斐閣、一九四九年。『山田盛太郎著作集』第四巻、一九八四年）。

（3）大石嘉一郎「戦後日本資本主義の歴史的位置と戦後改革」（『講座　今日の日本資本主義』二、大月書店、一九八一年）四二頁。

（4）楫西光速・加藤俊彦・大島清・大内力『日本資本主義の没落』V（東京大学出版会、一九六五年）。

（5）大内力「戦後改革と国家独占資本主義」、大石嘉一郎「戦後改革と日本資本主義の構造変化」（東京大学社会科学研究所編『戦後改革』第一巻、東京大学出版会、一九七四年）。

(6) 三和良一「戦後民主化と経済再建」(中村隆英編『日本経済史7 「計画化」と「民主化」』岩波書店、一九八九年)。
(7) 中村政則『経済発展と民主主義』(岩波書店、一九九三年)一四四―一四六頁。
(8) 油井大三郎『未完の占領改革』(東京大学出版会、一九八九年)第二章。
(9) 遠山茂樹「ノーマン史学の評価の問題」(『思想』第六三四号、一九七七年四月)。
(10) Roger Bowen, *Innocence is not Enough: The Life and Death of Herbert Norman*, M. E. Sharpe, 1986. 工藤美代子『悲劇の外交官――ハーバート・ノーマンの生涯』(岩波書店、一九九一年)。
(11) 『マッカーサー回想記』下(津島一夫訳、朝日新聞社、一九六四年)一三二頁。
(12) 袖井林二郎『マッカーサーの二千日』(中公文庫、一九七六年)一九二頁。
(13) ジョン・F・ダワー『人種偏見』(斎藤元一訳、TBSブリタニカ、一九八七年)三六二―三六四頁。
(14) E・H・ノーマン『日本政治の封建的背景』(大窪愿二訳、原書、一九四五年刊。『ハーバート・ノーマン全集』第二巻、一九七七年、岩波書店、六一―一一〇頁)。
(15) 吉田茂『回想十年』第一巻(新潮社、一九五七年、一〇九頁)。
(16) T・A・ビッソン『日本占領回想記』(中村政則・三浦陽一訳、三省堂、一九八三年)。
(17) Howard B. Schonberger, Aftermath of War: *Americans and Remaking of Japan, 1945–52*, Kent State University Press, 1989 (邦訳『占領 一九四五~一九五二――戦後日本をつくりあげた8人のアメリカ人』宮崎章訳、時事通信社、一九九四年)第三章。
(18) なお、アメリカ政府の対日占領政策の形成とビッソンとのかかわりについては、油井、前掲書、一六五頁以下で詳しく触れられている。
(19) T. A. Bisson, *Prospects for Democracy in Japan*, Macmillan, 1949.
(20) T. A. Bisson, *Zaibatsu Dissolution in Japan*, University of California Press, 1954.
(21) Corwin D. Edwards, "The Dissolution of the Japanese Combines," *Pacific Affairs*, Sept. 1946, pp. 237–238.
(22) 日本経済研究所編『石炭国家統制史』(一九五八年)七八三頁。
(23) 外務省編『対日初期占領政策―朝海浩一郎報告書―』下(朝日新聞社、一九七九年)一二三―一五四頁。

(24) 本書第三章参照。
(25) 安藤良雄編著『昭和政治経済史への証言』下（毎日新聞社、一九六六年）一七一頁。
(26) 野田岩次郎『財閥解体私記』（日本経済新聞社、一九八三年）七一―七三頁。
(27) 占領初期の反トラスト・カルテル課は、ドラスチックな財閥解体・独占禁止には消極的であり、積極論のエレノア・ハードレーや、ビッソンなど民政局のメンバーの働きかけと、エドワーズ報告書という外圧によって、一九四六年夏から財閥解体・独占禁止政策は軌道に乗った。
(28) エドワード・C・ウェルシュ「反独占政策の展開と対日占領」（インタビュー一九七三年七月一〇日、大蔵省財政史室編『財政史ニュース』第一六号、一九七三年八月）一―三頁。
(29) 「エドワード・C・ウェルシュ氏」（インタビュー一九七四年三月二日、『財政史ニュース』特別第二三号、一九七四年五月）一一頁。
(30) 同上資料、一二頁。
(31) セオドア・コーエン『日本占領革命』下（TBSブリタニカ、一九八三年）二一九―二二〇頁。
(32) ファイン「GHQ経済政策の評価」（竹前栄治『日本占領――GHQ高官の証言』中央公論社、一九八八年）一七四頁。
(33) "Report by the Mission on Japanese Combines," March, 1946（日本銀行金融研究所編『日本金融史資料　昭和続編』第二四巻〈一九九五年〉所収）.
(34) Ellis W. Hawley, *The New Deal and Problem of Monopoly*, Princeton University Press, 1966, pp. 286–287.
(35) Corwin D. Edwards, "An Appraisal of the Antitrust Laws," *Harvard Business Review*, July 1948, p. 172.
(36) Corwin D. Edwards, *Big Business and the Policy of Competition*, The Press of Western Reserve University, pp. 1–2（コーウィン・エドワーズ『大型企業と競争政策』小西唯雄・松下満雄訳、ぺりかん社、一九六九年、一七頁）.
(37) *Ibid*, pp. 41–42（邦訳、七八頁）.
(38) 萩原伸次郎「ニュー・ディールの景気政策と反独占的経済思想」（廣田功・奥田央・大沢真理編『転換期の国家・資本・労働』東京大学出版会、一九八八年。のちに、萩原伸次郎『アメリカ経済政策史』有斐閣、一九九六年に収録）一八五―一九一頁、Hawley, *op. cit.*, pp. 292–301; Alan Brinkley, *The End of Reform: The New Deal Liberalism in Recession and*

*War*, Knopf, New York, 1995, pp. 106–136. この点についてさらに詳しくは、本書第六章参照。

（39）Corwin D. Edwards, "An Appraisal of the Antitrust Laws," p. 173.

（40）戦時中に、企業整備令により、強制的に合併させられた企業の所有者。

（41）ウェルシュは、労働組合に旧財閥保有株を引き渡すことに反対し、この政策は実行されなかった。彼は、次のように述べている。「財閥の株式を労働組合に引き渡すという条項もあったが、私はこれに反対し、マッカーサー将軍もこの点では私を支持してくれた。私は労働組合の存在価値は認めている。労働組合はその成員が最良の賃金と労働条件を獲得できるように闘うべきである。しかし、その機能は企業を所有することと混同されてはならない。このような事態になった場合には、労働者間で利害の衝突が起こるのではないか。つまり、組合は団体交渉において、賃金と同様利潤についても考慮せざるを得なくなるであろう」（前掲、ウェルシュ「反独占政策の展開と対日占領」）。

（42）エドワーズ報告書は、強大な農業協同組合を財閥株式の受け皿として利用できると考え、そのために戦時中の農業会を改組し、政府から自立させることを提言した。農協への売却方針が、ＧＨＱの内部で具体的に検討されたかどうかは不明だが、敗戦直後の農業協同組合は財務状態が著しく悪化していたので、売却はおそらく不可能であっただろう。

（43）エドワーズ報告書は、公益事業に限り国有化を考慮した。

（44）三和良一「一九四九年の独占禁止法改正」（中村隆英編『占領期日本の経済と政治』東京大学出版会、一九七九年）は、従来一九五三年独占禁止法改正と較べて、過小評価されてきた一九四九年改正の意義を正当に位置づけた注目すべき論文である。

（45）三枝一雄「昭和二五年商法改正の歴史的意義」（明治大学『法律論叢』第四六巻第一号、一九七三年二月）、本書一三一―一三三頁参照。

（46）由井常彦「戦前日本における競争と独占ないし統制について」（『公正取引』第三九五号、一九八三年九月、第三九六号、一〇月、第三九七号、一一月）。ドイツについては、柳沢治「ドイツにおける戦後改革と資本主義の転換―独占規制を中心に―」（田中豊治他編『近代世界の変容』リブロポート、一九九一年）参照。

（47）通商産業者編『通商産業政策史』第二巻（一九九一年）、第二章「日本経済の再建と商工・通商産業政策の基調」〈山崎広明〉二二六―二二七頁。

(48) 同上書、二三一頁。
(49) 長沼秀世・新川健三郎『アメリカ現代史』(岩波書店、一九九一年) 第二部第二章。
(50) 大蔵省財政史室編『昭和財政史―終戦から講和まで―』第二巻「独占禁止」〈三和良一〉(東洋経済新報社、一九八二年) 四五八頁。
(51) 本書第二章参照。
(52) 楠井敏朗『アメリカ資本主義と民主主義』(多賀出版、一九八六年) 二四〇頁。
(53) アメリカの対日援助と経済安定化については、本書第五章参照。
(54) 『都留重人著作集』第四巻 (講談社、一九七五年) 序文。
(55) 有沢広巳「ひとすじの道」(『前進』一九四七年一二月号)、木村禧八郎「インフレの収束について」(『前進』一九四八年一月号) によってはじまった論争。詳細については、鈴木武雄編『安定恐慌論』(北陸館、一九四九年) 参照。
(56) 有沢広巳『経済政策ノート』(学風書院、一九四九年) 六三―六六頁。
(57) 有沢広巳『インフレーションと社会化』(日本評論社、一九四八年) 四九―五二頁。
(58) 経済企画庁編『戦後経済史 (経済安定本部史)』(一九六四年) 一一〇―一一二頁。
(59) 前掲『昭和財政史―終戦から講和まで―』第三巻〈秦郁彦〉(東洋経済新報社、一九七六年) 三九六―四〇〇頁、前掲『通商産業政策史』第四巻 (一九九〇年) 第五章第三節「外貨・為替管理と単一為替レートの設定」〈伊藤正直〉三一〇―三一三頁。
(60) 前掲『昭和財政史―終戦から講和まで―』第三巻、三九五頁。
(61) 同上書、第一七巻、八一―八二頁。
(62) 竹前栄治『日本占領―ＧＨＱ高官の証言』一七三―一七四頁。
(63) 中村隆英「ＳＣＡＰと日本―占領期の経済政策形成―」(前掲『占領期日本の経済と政治』) 一〇―一二頁。
(64) 「大蔵省渉外特報」一九四七年四月九日。
(65) 「シャーウッド・ファイン博士とインタビュー」(一九七三年一〇月一二日、『財政史ニュース』特別第二一号、一九七四年一月) 二六頁。

(66) たとえば、「都留重人日誌」のなかの、ファインの「国管問題ハ自分ハ大シテ賛成シナイ」（一九四七年七月一七日）、「国管問題ハソノ後、考エテミタガソノ時期デナイトイウ気ガスル」（同年七月二九日）の発言（経済企画庁『戦後経済復興と経済安定本部』大蔵省印刷局、一九八八年、二五三、二五八頁）。

(67) 芦田・第一次吉田内閣時代の賃金安定政策については、本書第四章を参照。

(68) 『ドレーパー報告』（時事通信社、一九四八年）二〇―二五頁。ジョンストンは、日本政府の関係者に、賃金統制を実施する考えがあるか否かを尋ねたが、彼自身は、必ずしも統制に積極的ではなかった（「大蔵省渉外特報」一九四八年三月二七日）。

(69) 前掲『昭和財政史―終戦から講和まで―』第一〇巻「物価」〈塩野谷祐一〉（一九八〇年）四一九―四二〇頁、「大蔵省渉外特報」第六三号（一九四八年）。

(70) 「日本政府　司令部会談要録」一九四八年五月一八日（総合研究開発機構〈ＮＩＲＡ〉戦後経済政策資料研究会編『経済安定本部　戦後経済政策資料』第一巻、日本経済評論社、一九九四年、六六〇―六七二頁）。

(71) Ronald Dore, "Introduction: Incomes Policy: Why Now?" in Ronald Dore, Robert Boyer, Zoe Mars, *The Return to Incomes Policy*, Pinter Publishers, 1994, p. 6.

(72) 経済復興会議については、本書第三章を参照。

(73) 賃金統制はマーカットから指示が出る以前から、中間安定計画の草案に盛り込まれていた（四月一二日「Primary Stabilization（試案）」、五月六日「中間安定の実現（試案）」）。なお、経済安定本部の中間安定案の原型は、一九四七年一二月二二日の「総合対策要綱」にさかのぼることができる。大蔵官僚が作成したと思われるこの文書には、「能力給を加味した賃金許可制」の実施、「賃金給与に関するストライキの禁止」、「労資代表及び学識経験者で構成する賃金委員会」の設置、労働基準法の一時施行停止などがうたわれており、ファイン案の内容をより権威主義的な形で先取りしていた。ＥＳＳの指示は、日本政府内の賃金統制賛成派に正当性を与えたとみるのが妥当であろう。

(74) 前掲『経済安定本部　戦後経済政策資料』第三八巻、二五五頁。

(75) 金子美雄「賃金問題の過去・現在および未来」（同編『賃金――その過去・現在・未来』日本労働協会、一九七二年）二八六―二八七頁。

(76)　竹前栄治編『証言　日本占領史―GHQ労働課の群像―』（岩波書店、一九八三年）「公務員法改正と賃金――メゾー労働課員」二一八―二二三頁。

(77)　"Wage Stabilization," Memorandum to Chief, ESS from C. W. Hepler, Chief ESS LAB, 17 Dec. 1948（前掲『昭和財政史―終戦から講和まで―』第二〇巻〈英文資料〉七四六頁）.

(78)　竹前栄治『戦後労働改革―GHQ労働政策史―』（東京大学出版会、一九八二年）二〇九頁以下。

(79)　金融課のスミスの言（一九四八年一〇月二五日）によれば、労働課、価格統制課、産業課は赤字融資の停止に反対であった（日銀資料）。しかし、労働課のメゾーの回顧によれば、労働課は「賃金三原則」にイニシアティブを取ったとされている（前掲『証言　日本占領史』二二一―二二二頁）。

(80)　「大蔵省渉外特報」第一一七号（一九四九年一月八日）。なお、ヘプラーのメモ（一九四九年一月八日）も参照（前掲『昭和財政史―終戦から講和まで―』第二〇巻、七四九―七五〇頁）。

(81)　前掲『昭和財政史―終戦から講和まで―』第一八巻「資料(2)」二六八―二八七頁。

(82)　労働省編『資料　労働運動史　昭和二四年』一四―一七頁。

(83)　Melvyn Dubofsky, *The State and Labor in Modern America*, University of North Carolina Press, 1994, pp. 199–208.

(84)　本書では、「労資間の社会関係の総体を一般的に表現する」場合に労資関係、より具体的に「経営者と労働者、経営者団体と労働組合、それらと政府との関係などを表現する」場合には労使関係の用語を用いる（戸塚秀夫・徳永重良編『現代労働問題』有斐閣、一九七七年、一一頁）。本書が対象とする占領期には、労資、労資関係という表現が用いられる場合が多かった。

(85)　Nelson Lichtenstein, "From Corporatism to Collective Bargaining: Organaized Labor and the Eclipse of Social Democracy in the Postwar Era," in Steve Fraser and Gary Gersle (eds.), *The Rise and Fall of the New Deal Order, 1930–1980*, Princeton University Press, 1989, pp. 122–140.

(86)　T・J・ペンペル、恒川恵一「労働なきコーポラティズムか」（シュミッター、レームブルッフ編『現代コーポラティズム』Ⅰ、木鐸社、一九八四年）。高度成長期以後に関してこの概念を用いることには強い批判が存在する（篠田徹『世紀末の労働運動』岩波書店、一九八九年、稲上毅ほか『ネオ・コーポラティズムの国際比較』日本労働研究機構、一九九五年）。

いずれにしても、高度成長期までに関してはこの概念を用いても問題はないであろう。

(87) 家本博一『ポーランド「脱社会主義」への道』(名古屋大学出版会、一九九四年）第五章。

(88) こうした批判は枚挙にいとまがないが、たとえば、代表的な論者である西村可明の『社会主義から資本主義へ』(日本評論社、一九九五年）を参照。

(89) ロンドンエコノミスト特集『驚くべき日本』(河村厚訳、竹内書店、一九六七年)。

(90) Luiz Carlos Bresser Pereira, Jose Maria Maravall, Adam Przeworski, *Economic Reforms in New Democracies*, Cambridge University Press, 1993. ただし、コーポラティズム的な政策決定については、東欧や中南米では成功する条件がないと否定的である。

(91) 前掲『日本占領革命』下、三四八―三五七頁。

(92) クラウス・オッフェ『後期資本制社会システム』(寿福真美編訳、法政大学出版局、一九八八年）二七五―二八〇頁。

(93) そうした観点から占領期の労働問題を論じた研究に、遠藤公嗣「労働組合と民主主義」(『戦後日本――占領と改革』第四巻、岩波書店、一九九五年）がある。

(94) 福祉国家の衰退と軌を一にして、独占禁止政策も後退したことは、独禁政策もケインズ主義的国家の政策体系の一環であることを示している。アメリカでは一九七〇年代中ごろに、ハーバード学派からシカゴ学派（経済学のシカゴ学派とも近い）への支配的な独占禁止法思想の転換が起こった。すなわち、独占の存在自体を罪悪視し、経済力の集中を阻止しようとするハーバード学派から、市場の自立的調整を信頼し、カルテルなど効率化を阻害する行為のみを規制、企業分割には否定的なシカゴ学派への転換である。国際競争の激化のなかでのアメリカの産業の衰退が、この転換の背景にある（村上政博『独占禁止法の日米比較』上、弘文堂、一九九一年、一二七―一三五頁、同『アメリカ独占禁止法――シカゴ学派の勝利』有斐閣、一九八七年)。

(95) P・デヴィッドソン『ケインズ経済学の再生』(永井進訳、名古屋大学出版会、一九九四年)。

(96) Ronald Dore, Robert Boyer, Zoe Mars, *The Return to Incomes Policy*, Pinter Publishers, 1994.

## 二　反独占の思想と政策
### ——金融制度改革と銀行分割政策——

### (一)　独占禁止政策から金融制度改革をみる必要性

戦後の金融制度の枠組みが占領期からその直後にかけて整えられ、一九八〇年代までほとんど変更を加えられなかったことを想起すれば、占領期における金融制度改革を検討することの重要性はおのずから明らかであろう。また、高度成長期の金融システムの原型が戦時期に形成されたのか、あるいは占領期に創出されたのかを明らかにするためにも不可欠の作業である(1)。さらに、系列融資、企業グループなど高度成長の日本経済の特徴をとらえる場合にも、占領期の改革にさかのぼるのは意義のあることである(2)。

占領期の金融制度改革を全般的に考察した研究としては、加藤俊彦とウィリアム・M・ツツイの研究をあげることができる(3)。

加藤俊彦は財閥解体、労働改革、農地改革の主要な戦後経済改革と較べて、金融制度改革は「副次的な性格しかそなえていない」、「一歩内容に立ち入って考察するならば、この改革に『民主化』の名に値するものがあったかどうかは多分に疑わしい」、「たんなる制度いじりにとどまり、ほとんど何らの実績をもあげえなかった」と、金融制度改革の意義をあまり評価しない。そして、改革が内実が伴わないものに終わった理由として、アメリカの金融制度を「民主化」の名において無理に日本に移植しようとしたこと、財政と金融を分離しようとする総司令部の「指針」が時代錯誤的であったことを指摘している。

日銀改革の挫折、大銀行分割の中止、銀行の商業銀行への一本化の失敗（長期信用銀行制度創設）など、確かにGHQの掲げた金融改革は中途半端に終わったものが多い。他面、銀行業と証券業の分離や、特殊銀行制度の廃止などは、その後一九八〇年代に至るまで覆されなかった改革である。

本章は金融制度改革が竜頭蛇尾に終わったことを否定するものではない。むしろ、これまでの研究で必ずしも明らかにされていない側面、すなわち戦後改革全体のなかで金融制度改革がどのような位置を占めたのかを明らかにすることにより、GHQの金融制度改革の意図、改革の影響の範囲を具体的に確定することにある。結論を先取りするなら、GHQによる金融制度改革は、財閥解体、独占禁止、集中排除の政策（以下、これらの政策を一括して述べるときには独占禁止政策と呼ぶ）の一環として理解するならば、その目的、効果を明瞭に把握することができるというのが本章の立場である。

ウィリアム・ツツイの著書は、GHQ史料に依拠して、GHQの側から包括的に金融制度改革を検討したはじめての分析である。大銀行分割の中止の経緯など、これまで知られていなかった側面を解明した意義は大きい。しかし、ツツイの分析の方法と結論は必ずしも納得のゆくものではない。

ツツイは次のように述べている。GHQ・ESS（Economic and Scientific Section. 経済科学局）反トラスト・カルテル課（Antitrust and Cartels Division）の大銀行分割構想、ESS財政金融課（Finance Division）の銀行改革案、ド

ッジの銀行改革案の三つの金融制度改革構想は、表面的には大きな相異があるにもかかわらず、日本の金融制度のアメリカナイゼーションを目指した点で根は同じである。アメリカの制度がもっとも優れているという占領当局者の確信から生まれたこれらの構想は、日本の経済風土に馴染むべくもなかった。しかし、これらの構想は、通説の主張するように、占領政策の転換（「逆コース」）の影響を受けて挫折したわけではなくＧＨＱ内の官僚主義的内部抗争によって結局は失敗した。そして、皮肉なことに、また日本にとって幸いなことに、金融制度改革が挫折したおかげで高度成長を支えた金融制度が実現したのである。

ツツイの分析は、政策原案の作成、決定過程まで詳細にたどることのできる豊富なＧＨＱの一次史料に依拠するときに陥りがちな弱点を持っている。反トラスト・カルテル課と財政金融課の間に激しい対立があったことは事実であるが、それは金融制度改革挫折の直接的原因であったとしても、必ずしも基本的な原因とはいえない。また、上記の三つの改革案をアメリカナイゼーションという共通項でくくることも乱暴である。さらに、金融業における独占禁止政策を大銀行の分割に収斂して理解するのも、問題の広がりを見失う結果となっているように思える。(4)

本章では、占領期の経済改革全体のなかで金融制度改革がどのような位置を占めたのかを分析することを主眼とし、主として一九四八年八月に金融制度改革に関するＧＨＱのメモランダムが出されるまでの歴史的経緯を明らかにすることを課題とする。(5)

## (二)　財閥解体の開始と戦後補償債務問題

### 1　財閥解体政策の形成

財閥解体は占領当初から基本的な占領政策の一つとしてはっきりと位置づけられていた。一九四五年九月二二日に国務省から公表された占領政策全般にわたる方針を定めた文書「降伏後における米国の初期の対日方針」（SWNCC一五〇／四）は、「財閥」という言葉は用いていないが、次のように明瞭な形で財閥解体の方針を示した。すなわち、「民主主義的基礎ノ上ニ組織セラレタル労働、産業及農業ニ於ケル組織ノ発展ハ之ヲ奨励支持スベシ。所得並ニ生産及商業手段ノ所有権ヲ広範囲ニ分配スルコトヲ得シムル政策ハコレヲ支持スベシ」と民主主義的経済制度の促進、生産手段や所得の分散化を挙げたうえで、財閥解体については具体的に、「日本国ノ商工業ノ大部分ヲ支配シ来リタル産業上及金融上ノ大『コンビネーション』ノ解体計画ヲ支持スベキコト」と明記した。

同年一一月の、「初期の基本的指令」（JCS一三八〇／一五）も、連合国最高司令官マッカーサーに対し、「日本の大規模な産業及び金融企業合同体又は他の私的事業支配の大集中を解体する計画」の提出を求めた。

財閥解体は一般に、農地改革、労働改革と並ぶ三大経済改革の一つに数えられているように、他の二つの改革とともに占領期のすべての経済改革、経済政策に陰に陽に影響を与えた。そのさいに、「初期の対日方針」と「初期の基本的指令」の文言は、占領軍の立場から個々の政策をオーソライズする場合に圧倒的な重みを持ったのである。

財閥解体方針が占領開始と同時に明示されたことは、決してアメリカ政府が占領以前から周到に財閥解体の準備を行っていたことを意味するものではない。マーリン・メイヨーの研究[6]やセオドア・コーエンの回想録[7]の示すところによれば、「大コンビネーションノ解体」の条項が陸軍次官補のジョン・マックロイによって「初期の対日方針」に挿入され、アメリカ政府内で承認されたのは日本の敗戦後の一九四五年八月二二日であった。

このように財閥解体が占領の直前になってはじめて占領方針のなかに明示された理由は、財閥解体の必要性をめぐってアメリカ政府内部で意見が一致していなかったためである。ユージン・ドゥーマンなど国務省の日本派は、財閥は軍国主義の推進勢力ではなくむしろ反対勢力であったとして財閥の戦争責任を否定するとともに、財閥解体は戦後の日本の経済復興にマイナスの影響を及ぼすと主張した。彼らは、占領にあたって経済制度の根本的改革は不必要であるとの意見を持っていた。これに対して、国務省の経済専門家グループや陸軍省の対日政策立案者たちは、財閥は軍国主義の推進勢力であっただけでなく、財閥の存在そのものが富の極端な集中という社会的不公正をもたらし、さらには富の集中による国内市場の狭隘が対外侵略に帰結したと考えた。彼らは、戦後日本が再び軍国主義に走らないようにするためには財閥解体は不可欠との立場に立った。

非改革論者の国務省日本派の人々は戦前の日本滞在の体験を有する外交官たちであり、戦争の初期にあっては日本問題のエキスパートとして対日政策に大きな影響力を持った。しかし、一九四四年一二月の国務・陸軍・海軍三省調整委員会（ＳＷＮＣＣ）発足とともに日本問題に関する軍の発言力は増大し、一九四五年八月に日本派のジョゼフ・グルーに代わってアチソンが国務次官に就任したことにより国務省内の日本派の勢力も後退した。また、アメリカ政府内に日本に関するエキスパートが少なかったことから、民間の日本研究者が戦時中に陸軍省や国務省に協力し、調査や政策立案に従事した。これらの日本研究者のなかには、国務省の外交官とは異なり、日本の改革に積極的な人々が多かった。(8)こうした事情が一九四五年八月にアメリカ政府が財閥解体の積極的推進へ政策転換した直接的原因である。

しかし、コーエンの指摘するように、改革路線の方が「米国の普遍的ともいえるムードを代表して」おり、「グルーと彼の一派の穏健的改革派が勝っていたら、そのほうが偶然だったろう」といった状況が存在したことが改革派の勝利のより決定的な理由だったといえよう。(9)アメリカのジャーナリズムの主流は日本派を「日本の支配階級の代弁者」だと批判し、改革派を支持した。(10)

アメリカ政府に財閥解体の具体的プランを練る時間的余裕がなかったために、財閥解体の本格的実施は占領開始から一年も経過した一九四六年夏以降にずれ込む結果となった。一九四六年一月に来日した「日本の財閥に関する調査団」(The Mission on Japanese Combines, エドワーズ調査団)が三月一四日に陸軍省と国務省に提出した報告書が、財閥解体を含む独占禁止政策に関する最初の体系的な分析と指針になった。また、後に詳しく述べるように、独占禁止政策の担当部局であるGHQのESS反トラスト・カルテル課が占領初期には財閥解体の推進に消極的であったことも、財閥解体が占領初期においてスムーズに進展しなかった理由の一つであった。

一九四五年一〇月から一一月に四大財閥の財閥本社が解散を決定する過程で、アメリカ政府の意向はしだいに明らかになった。当初、ESSは四大財閥に対象を絞り、財閥本社を自発的に解体させる方針をとった。ESSの意向を受けて、一〇月一二日にまず安田財閥がGHQに安田保善社の自主的解散の意思を伝えた。ESSは一〇月末までに他の三大財閥の同意もとりつけ、一一月四日に日本政府に「持株会社の解散に関する覚書」を提出させた。

しかし、GHQがアメリカ政府にこの措置の承認を求めると、アメリカ政府はGHQが日本側の同意を得ながら財閥解体を進める方式は好ましくないと注文を加えるとともに、またGHQが財閥解体を財閥本社の解体にとどめず、さらに徹底的に推進することを求めた。そこで、GHQは一一月六日に覚書「持株会社の解体」(SCAPIN二四四)を発し、日本政府の覚書の財閥本社解体は占領軍の財閥解体計画の第一歩であるにすぎないとし、四大財閥以外の企業結合体(combines)の解体、私的独占の制限のための法律の制定などの計画を速やかに提出することを日本政府に求めた(11)。このようにして、アメリカ政府の意図する財閥解体が四大財閥に限定されるものではないこと、独占禁止立法の制定も予定していることが日本側にも明らかになった。

他方、金融機関については、まず金融機関の再建・再編が一九四六年から一九四八年にかけて行われ、金融制度改革はそれが一段落した一九四八年以降に実施された。

## 2　戦時補償債務問題と金融機関

前者の過程を概括的に示せば、次のようになる。軍需企業等に対する戦時補償の事実上の打切り方針が一九四六年五月三一日にＧＨＱから示され、石橋蔵相の抵抗にもかかわらず、七月二六日、政府は戦時補償の全面打切りの方針を出すことを余儀なくされる。戦時補償の打切りに対処し、金融機関を再建するため、一九四五年八月一一日付で金融機関の新勘定と旧勘定が分離され、さらに一〇月一九日には金融機関再建整備法が公布された。一九四八年三月三一日付で金融機関再建整備の最終処理方法書が認可され（提出されたのは五月一五日で、遡って認可された）、金融機関の再建整備は政策上の問題としては一応の決着をみることになる。

この過程では戦時補償打切り問題が、戦後の金融機関の方向を決めるうえでの焦点となった。軍需融資を行ってきた金融機関は、敗戦直後には軍需生産の停止によって多額の固定債権を抱え、その処理方法の如何によっては金融機関の破綻が生じ、金融恐慌の勃発を招く虞もあるという状態にあった。一九四六年三月末に、全国銀行貸出中、軍需融資と戦争保険融資の占める割合は七五・二%に及んでいたが、六大銀行（日本興業銀行と五大銀行）ではこの割合は八三・八%にも達した。また、六大銀行だけで全国銀行の軍需融資、戦争保険融資の七七・四%までを占めた（表1）。

こうした状況のなかで、日本政府による戦時補償の支払い如何は軍需企業だけでなく金融機関の帰趨も決める鍵となっていた。戦時補償とは、戦災を受けた者に保険会社が支払った保険金（戦争損害保険金）に対する補償、軍需会社に対する契約打切りによって生じた損害の補償、国家総動員法・軍需会社法にもとづく各種法令・命令によって生じた損害（命令によって建設された設備が不要になったことによる損害など）の補償などである。

それらの補償の支払いは戦時中の法令によって定められていたが、敗戦で事態が大きく変化したので、国家財政が破綻に瀕しているにもかかわらず、これらの補償を支払うべきか否かについては議論が分かれた。幣原内閣発足直後の一九四五年一〇月一七日に大内兵衛はＮＨＫの放送を通じ渋沢敬三蔵相に対して、一二〇〇億円に達する公債と数百億円と見込まれる軍需会社、保険会社に対する補償を破棄すべく「蛮勇」をふるうことを求め、大きな反響を呼んだ。[12]

表１　５大銀行および日本興業銀行の預金・貸出・資本金
（1946年３月末）（単位：億円）

| 銀行名 | 貸出（うち軍需融資・戦保融資） | 預金 | 払込資本金 | 積立金 |
|---|---|---|---|---|
| 興銀 | 174 (147) | 34 | 0.87 | 0.57 |
| 帝国 | 175 (158) | 131 | 1.48 | 2.26 |
| 三菱 | 115 (107) | 108 | 0.87 | 1.37 |
| 安田 | 133 (103) | 145 | 1.02 | 1.23 |
| 住友 | 94 (75) | 100 | 0.53 | 0.80 |
| 三和 | 79 (55) | 99 | 0.89 | 0.75 |
| 6行合計(A) | 771 (646) | 620 | 5.68 | 7.00 |
| 全国銀行(B) | 1,110 (835) | 1,448 | 27.00 | — |
| (A)／(B) | 69.5% (77.4%) | (42.8%) | (21%) | — |

出所：『富士銀行七十年誌』369頁より作成。

大蔵省は戦時補償支払いは金融機関維持のために不可欠だと考えていた。一九四五年秋における大蔵省の見積りでは戦時補償政府債務は戦争損害保険金を含めて総額五六五億円で、うち軍需企業に対する債務は四三一億円、すでに支払った分を除き軍需企業に対して新たに支払いを要する金額は三〇二億円であった。[13]他方、軍需会社六〇〇社の指定金融機関からの借入総額は三八五億円（金融機関保有の社債六五億円を含む）と推定された。すなわち、政府の軍需補償金が支払われれば、軍需企業の銀行借入の大部分は返済可能となり、その返済金で銀行は二五二億円の日銀借入を返すことができ、金融機関の信用は保持されると考えた。[14]

敗戦直後から東久邇内閣の津島寿一蔵相は戦時補償を支払うという立場を表明していたが、その財源、すなわち誰がそれを負担するかについては十分な検討を加えていなかった。[15]幣原内閣の渋沢蔵相は、「政府ノ信義ヲ維持シ、経済秩序ノ破壊ヲ防止シ且経済活動ヲ運行セシムル」[16]ために、「やるものはやる、しかしとるものはとる」という特別税の課税による戦時補償支払い方針を打ち出した。こうして、一九四五年一一月五日に閣議了解された「財政再建政策大綱要旨」で、個人財産増加税、財産税（法人・個人）の臨時課税賦課により、戦時補償の支払いと公債削減を行うという政策方針が示された。大蔵省の見込みによれば、個人財産増加税、財産税（法人・個人）の合計は九七〇億円余であった。ＧＨＱの指示を受けて大蔵省がこの案を修正したうえで、上記二税にＧＨＱの提示した法人戦時利得税を加えた法案要綱がＧＨＱに提出されたのは一九四五年一二月三一日であった。[17]

渋沢蔵相は、財産税等の特別税の徴収による戦時補償支払い方針により、大内兵衛の提案への対案を示したわけである。この案は財閥解体とは直接的な関係はないが、財閥解体政策に対して抑制的な効果を持つことは確かである。財閥系企業、軍需企業であるかどうかにかかわらず広範囲に企業、個人全般に特別税を課し、それを財源に戦時補償を支払うということは、特定の企業や財閥の再編や所有関係の変更を行わないというニュアンスを含む現状維持的政策であったからである。

政府が戦時補償支払いに関する検討を進めている間にも信用不安は高まっていった。政府が敗戦直後から繰り返しモラトリアムは実施しない旨を公約したにもかかわらず、インフレの昂進、財産税創設の噂などから預金引出しが活発になり、一〇月以降、特殊預金（戦時中に強制的に長期預金にさせられていた預金）を除く全国銀行預金残高は減少しはじめた。この緩慢な取付けが本格的な金融恐慌に発展するのを未然に防止するためにとられた金融上の措置が、一九四六年二月一七日公布・施行の金融緊急措置令であった。

一九四五年から一九四六年にかけて、大蔵省では本格的な金融機関の再建や再編、金融制度改革については論議されなかった。[18]それは、戦時補償支払い問題の解決が金融機関再建の大前提となっていたためであるが、検討がまったくなされなかったわけではない。一九四五年一〇月に大蔵省金融局銀行課が中心となって検討した財閥系金融機関の再編案は、ＧＨＱから財閥解体の方針が最初に示されたさいの大蔵省の対応を知る史料として興味深い[19]。一〇月初旬ごろに作成されたと推定される文書「財閥系金融機関ノ処理方針ニ関スル件」は、金融機関は「高度ノ公共性乃至国家性」を持つので、財閥解体が実施されても「金融事業自体ハ之ヲ存続セシムルノ要アル」との見地から、財閥系銀行の「財閥色ヲ完全ニ払拭シ純粋ナル金融機関タラシ」めようという案である[20]。具体的方策としては次の諸点が掲げられている。

(1) 財閥による資本支配を排除するため、財閥関係者の所有する財閥系金融機関の株式を公開する。そのさい全株式のうち、公開株式の割合が八〇％以上になるようにする。公開株式は預金部、日本証券取引所、その他の金融機関が買い入れ、最終的には一般に公開し、分散する。

(2) 財閥系金融機関の所有する財閥系事業会社の株式も、(1)と同じ要領で公開する。

(3) 財閥系地方銀行等は原則として、「当該地方中心銀行」に合併させる。

(4) 経営権を公開するため、財閥を代表する役員は全員退陣させる。

(5) 財閥系金融機関の称号に財閥を表示する名称が付いている場合には、商号を変更させる。

(6) 財閥系金融機関と同系会社等との投融資を通じての特別の金融上の結合関係を解消させる。

(7) 財閥系金融機関が同系会社の指定金融機関となり、巨額の融資を行っている場合は指定を変更して、指定融資を他の金融機関に肩代わりさせる。

(8) 「株式ノ独占的色彩」を弱め、経営権の分散を図り、「金融機構ノ整備強化ヲ促進スル」ために、財閥系金融機関およびその他金融機関を含めた「大合同」を実施する。

上記案の第二次案（「財閥系金融機関ノ処理ニ関スル件」昭和二〇年一〇月七日）は一〇月一一日省議の決定をみた。[21]第一次案との主な違いは次の点である。(1)の公開株式の割合を九〇％以上に引き上げたこと。(3)の財閥系地方銀行の「当該地方中心銀行」への合併が削除され、地方銀行における財閥系株式の公開、財閥系経営陣の退陣が指摘されるにとどまり、また(8)の財閥系銀行の「大合同」が削除され、銀行合同に関する条項が消えたこと。(6)が削除され、また(7)のうち現存の指定融資残高の他行への肩代わりが削除され、財閥系金融機関の同系事業への投融資関係を解消するための措置が後退したこと。この修正案の要点は、原案の財閥系金融機関の全面的再編案から、財閥系株式の公開と財閥系経営陣の退陣を中心とした案に縮小され、銀行合同や、金融的連係関係の排除の部分が削除されたことである。

修正の理由は詳らかではないが、GHQの意向をうかがいながら立案されたためではないかと思われる。すなわち、GHQの要求してきた財閥解体プランが穏健なものだったので、その範囲に収まる形に縮小したのであろう。

大蔵省がこの案をGHQに示したところ、GHQは次のような修正意見を伝えてきた。[22]財閥系金融機関の株式は全部公開し、政府や現在の株式所有者や株式購入者と関係ない清算機関が公開株式の処理にあたること。株式処分代金は特別勘定に振り込まれ、封鎖されること。銀行は一切の同系会社の株式を処分するとともに、今後は株式一般の所有が禁止されること。

一〇月一八日付で、GHQの修正意見をほぼ全面的に入れて書き改められた第三次案が作成された。[23]

その後、この案がどう取り扱われたのかは不明だが、持株会社解体等の財閥解体措置により財閥系銀行の株式公開、財閥系経営陣の退陣、財閥商号の変更という第三次案の内容は実現された。したがって、この案はより包括的な財閥解体政策に吸収されたものと考えてよいであろう。

途中で削除された財閥系銀行の合同問題の方はどのように処理されたのか。一〇月一六日付の「八大銀行ノ処理ニ関スル件」という大蔵省銀行課の作成した八大銀行の合同案が残されており、第二次案の作成時に合同案がただちに放棄されたわけではなく、原案と切り離されて別個に検討されていたことがわかる。[24]

この合同案は、「軍需融資ノ善後処理ヲ円滑ニ遂行スルト共ニ金融ノ安定ニ資スル」ことを目的とするものであり、「軍需融資処理銀行」の設立案とワン・セットになっている。[25] すなわち、各金融機関（戦時金融金庫を含む）の抱える軍需融資等を一括して「軍需融資処理銀行」へ移管し、軍需金融の整理を統一して行う。それと並行して「軍需融資処理銀行」へ移管されなかった資産・負債をもとに、八大銀行を二行に統合しようというものである。帝国、三菱、安田、東海の四行をもって東京銀行を、住友・三和・野村・神戸の四行をもって大阪銀行を新設する計画である。新設銀行の株式は八大銀行の株主のうち財閥系を除く者に優先的に割り当て、残りは同行の預金者の応募、一般公募、日銀の出資によって埋めるとしている。なお、この案の軍需融資の処理は政府が補償を実施することを前提としている。

財閥系銀行の合同は銀行課内部でこのとき検討されただけで、その後同様の案が作成された形跡はない。この案は最初からきわめて実現性が薄かった。アメリカの占領政策が独占禁止を唱えていたことは別にしても、[26] 国内の事情もそのような構想の実現を許さなかったと考えてよい。資本系列を異にする大銀行間の合併は、第一銀行と三井銀行の合併による帝国銀行の新設（一九四三年三月）、三菱銀行と第百銀行の合併（一九四三年四月）など戦時中に大蔵省の強い勧奨によってなされた合同の系譜を引く発想であり、その種の合併は「非常時」の下でのみ可能であったといえよう。

「軍需融資処理銀行」の方は、一九四六年一月一三日の「復興金融会社設立要綱（試案）」に引き継がれた。「復興金融会社」のなかに復興部と整理部を設け、各金融機関の軍需融資を整理部に移管しようという構想である。[27]この構想のうち復興部だけが復興金融金庫としてのちに実現をみた。統一的な軍需融資処理機関を新設する構想は一九四六年一月の時点で消え、結局、各金融機関がそれぞれ軍需融資を処理することになった。[28]一九四六年一〇月公布の金融機関再建整備法、企業再建整備法はそうした方向での処理を定めたものであった。

### 3　GHQの金融改革構想と戦時補償の打切り

戦時補償問題は、この問題の専門家としてレオ・チャーン（リサーチ・インスティテュート・オブ・アメリカ所長）が一九四六年四月に来日したのを契機にして、従来のGHQの政策が修正され、政策実施の具体化も促進されたことはすでに知られている。しかし、それ以前にGHQ内部で戦時補償、銀行再編に関してどのような政策プランを練っていたかは、これまでほとんど明らかにされていない。

ESS財政金融課銀行係（Financial Institutions Branch）のエヴェレット・シャーボン係長とリチャード・ジョンソンの作成した一九四六年一月一四日付の文書、「日本に対する金融計画（第一稿）」（"A Financial Plan for Japan"）は金融問題に関する初期の包括的なプランとして、興味深い。[29]

この文書が冒頭で次のように述べていることにまず注目したい。

「財閥解体、産業の再編、戦時利得税・財産税、戦時補償支払い、インフレのコントロールは、同一の問題の異なる側面にすぎない。そして、その問題の中心には一八財閥家族が存在するのである」。

すべての経済問題が財閥の問題から派生しているという認識は、「社会経済秩序安定」という視角から一連の問題に対処しようとしていた日本政府の認識とは大きく隔たるものであった。

財閥家族は、直接的には五大銀行を通じて、間接的には金融政策を担当する政府の官僚を通じて、金融支配を行っている。財閥は財閥解体政策の実施を阻止すべく時間稼ぎを狙っており、政府の官僚も事実上何もせず、改革を遅らせようとしている。そこで、ＧＨＱがみずから指揮を取って改革を行う必要がある。

このような判断の下に、次の計画目標を設定している。金融機関の支払い能力の回復。政府が戦時補償を許可することによる公信用の回復。金融機関の信用をＧＨＱと日本政府がコントロールするための手続きの制定。財閥を金融システムおよび産業システムから分離する方法の決定。能率的で、独立的な金融制度の発展を可能にする金融環境の樹立。

以上の目標を実現する具体的プランは、①インフレのコントロール、②金融機関の支払い能力の回復、③金融制度の再編、の三つの柱からなる。そのうち、戦時補償の処理に関する②を中心として全体のプランが構成されている。すなわち、国債の増発による補償支払いは政府の信用の失墜と悪性インフレを招き、逆に、補償打切りは信用崩壊を招くという認識に立って、この案は企業の債務の処理機関の設置を構想する。「産業再建委員会」(Industrial Reconstruction Commission) と名づけけられたこの機関はＧＨＱの「直接的監督」のもとに、日本人によって運営される。「産業再建委員会」は同委員会の管轄下におかれる企業等に対して、その債務を清算するために「再建政府証券」を交付する。この証券は負債の返済、納税等限られた目的にしか用いることはできない。

「再建政府証券」の交付を受けたすべての企業は、その企業の全株式の一％以上を所有する株主の株式のうち、一％を超える部分を同委員会に引き渡さねばならない。貸付金の返済としてこの証券を受け取った金融機関も同様である。この操作を通して財閥系軍需企業および銀行の株式を「産業再建委員会」の手に移すことにより、財閥の支配力を効果的に剝奪することが可能になり、また財閥系経営者が排除された後にこれらの企業の経営を担うことになる小規模の株主を残すこともできる。

金融機関の債務を同委員会が引き受ける必要はない。なぜなら、企業に交付された上記の「再建政府証券」により企業の金融機関に対する債務は返済され、金融機関はその証券を用いて日銀や他の金融機関からの借入れを返済することができるからである。

同委員会に移管された大株主の株式はのちに一般に売却し、その代金で同委員会は「再建政府証券」を償却する。大株主の株式を同委員会に移管したのちのその会社の資産価格の総額が一九三七年一月一日の価格を上回る場合には、超過した部分は一〇〇％課税される。また、財閥家族等の富裕な者に対しては個人資産税を課し、同委員会の負債償却に当てる。

以上紹介してきた「産業再建委員会」案は、財閥を中心とする大株主の負担によって戦時債務等の企業債務を清算すると同時に、債務支払いを限られた目的にのみ用いることのできる政府証券によって行うことにより、債務支払いによるインフレの昂進を抑えようとするものであった。大蔵省の作成した特別税の徴収による債務整理案と較べると、双方ともインフレ抑制、企業・金融機関の支払い能力の回復という目的では一致していたが、大幅な所有関係の変更(財閥支配力の排除)を組み合わせている点がこの案の独自なところである。

具体的プランについては、①のインフレのコントロールの部分はここでは省略して[30]、③の金融制度の再編をみておきたい。金融制度の再編としては、生産活動の再開を促進する金融環境の整備、健全な信用方式の確立、財閥支配力の排除と金融機関に対する独占的支配の復活を防ぐための措置、の三点が挙げられている。

まず、生産活動の再開を促すための金融環境の整備については、上記の戦時債務整理の実施に加えて、将来予想される外国からの戦争賠償の取立てに対しても政府が補償する必要があるとしている。

次に、健全な信用方式の確立という面では、従来の日本の信用制度においては政府や政府系機関が安易に信用を供与したと厳しく批判し、具体的改善策は今後の検討課題だとしながらも、次の二点を提起する。

(1) 「復興金融公社」(Financial Reconstruction Corporation) を創設し、政府の緊急融資機能を集中する。この機関は、それまで特殊金融機関や大蔵省によってなされてきた信用業務や、社会的に必要であるが民間金融機関では十分には対応できない分野の融資等を扱う。

(2) 政府の貸出や預金に対する無制限な保証に代えて、アメリカの連邦預金保険公社(FDIC)に相当する預金保険制度を創設し、アメリカ連邦住宅局(FHA)に相当する住宅貸付保証機関を創設する。さらに、健全な信用政策を維持し、それを民間および半官半民の金融機関に遵守させるために、大蔵省内に独立した部局を創設する。

最後に、財閥支配力の排除と金融機関に対する独占的支配が復活するのを防ぐための措置として、次の点が提案されている。

(1) 金融機関経営者の活性化のために、財閥系経営者を排除する。場合によっては、大金融機関の経営者は全部交替させる必要があろう。

(2) 金融機関を分散化する。大銀行の秩序ある解体を実施し、独立した地方銀行制度を推進する。「支店銀行制度は日本に深く根づいており、独立銀行のみによって構成される非集中的銀行制度に代えることが適当であるかどうかはわからない。しかし、現在のような広範な支店銀行制度や、地方銀行や地方支店と少数の東京の大銀行との関係は、当該地域に充分な金融手段を供給するためには必要ではない。多数の独立した地方銀行の創設と、大銀行の支店数の削減が長期的目標として望ましい」。

(3) 資本市場を育成する。「財閥が支配を確立するのに用いた方法は、資本の独占的支配であった。戦前から『自由な』証券流通があったにもかかわらず、日本人は慣習的に銀行預金と保険によって貯蓄を行ってきた。少数の富裕な者とその関係者のみが株式や債券の取引を行った」。

以上から、ＥＳＳ財政金融課の担当官が、資本市場の育成が必要性であるという認識を持っていたこと、大銀行については支店数を漸次削減するといった程度の穏やかな措置を考えていたこと、がわかる。

このように包括的な構想が一九四六年一月という早い時期にＧＨＱ内で立てられていたことはこれまで知られていなかった。しかし、この案が財政金融課内で、またＧＨＱの他の部局でどのように受けとめられたかはわからない。当面は、財政金融課の仕事は緊急を要する戦時補償債務の処理問題に集中したようである。

次に、一九四六年四月に戦時補償債務問題の専門家としてチャーンが派遣される以前にＧＨＱ内でこの問題についてどのような議論が行われていたかを明らかにしたい。ＧＨＱは一九四五年一一月二四日に覚書「戦時利得の除去及財政の再建」（ＳＣＡＰＩＮ三三七）を出して、大蔵省の戦時利得税、財産税構想を原則として承認し、法案を年末までに提出することを求めるとともに、戦時補償については立法措置が整うまで支払いを停止することと、すでに支払われた戦時補償を封鎖することを指令した。前述のとおり、この覚書の指定した期限に、日本政府は新税の法案を提出した。その後三ヵ月余の間、ＧＨＱからは具体的な指示はなく、四月三〇日にチャーンから突然、戦時補償打切りの意向が示された。

チャーン来日の前と後でＧＨＱに方針転換があったのかどうかについては議論が分かれている。一九四五年一一月時点でＧＨＱは戦時補償打切り方針がすでに決まっていたという鈴木武雄らの通説に対し、加藤三郎はこの時点では「司令部は戦時補償債務の支払いを暗に認めていた」(31)と推定し、チャーンの構想を「一一月二四日の覚書に示された司令部の方針からの転換」(32)だと評価している。

GHQ内部史料は加藤の推定を裏づけるとともに、これまで知られていなかった新事実を浮かび上がらせる。ESS財政金融課財政係（Public Finance Branch）が作成した一九四六年三月二五日付の文書「戦時請求権および補償の処理」（Disposition of War Claims and Indemnities）はこの問題に関する基本的な方針を検討した文書である。(33)

この文書は戦時補償債務を支払うことを基本方針としている。しかし、支払われた補償は日本銀行代理店に封鎖され、軍需品生産の原料代金の支払いや、銀行に対する債務支払い等限られた目的だけに用いることができる、とされる。支払われた補償の封鎖という発想は大蔵省側にもみられ、決して独自な発想とは言えないが、注目されるのは次の点である。(34)

a. 制限会社のリストに記載された企業に対しては補償の支払いは一切認められない。ただし、許可を受けた民需転換計画または、現在行っている生産に関連するものを除く。

b. 補償支払いのためにイヤーマークされている工場に対する補償支払いは一切認められない。ただし、経済的に望ましい生産に現に従事している工場は除く。

c. 単に戦争の集結により設備が遊休化したことに対する請求や、配当支払い補償に対する請求は一切認められない。

このように、チャーン来日前の財政係のプランは、制限会社以外に対しては戦時補償を支払うというものであった。制限会社とは、財閥解体が完了するまでに資産が散逸するのを防ぐことを目的に定められた一九四五年一二月八日の覚書「制限会社の規制」（SCAPIN四〇八）にもとづいて指定された企業で、主として財閥系企業とその子会社が指定の対象となった。一二月八日の第一次指定では三三六社が指定を受け、一九四七年九月までに二九次にわたって追加指定がなされた。(35)

ＥＳＳの調査では、戦時補償債務は、戦争保険が約四〇四億円（企業約二一〇億円、個人約一九三億円）、軍需企業に対する補償が約二六〇億円、合計約六六四億円と見積っていた[36]。そのうち、財閥系企業（＝制限会社）の補償債務は戦争保険約五五億円、軍需補償約一五五億円、合計二一〇億円と推定した（表2）。財閥系企業の戦時補償債務は、全体の三一・七％を占めることになる。

以上みてきたように、ＧＨＱは一九四六年四月初めまでの段階では、戦時補償債務を支払い、財産税等をその財源に当てる方針であった。しかし、同時に戦時補償支払いについて財閥系企業と、それ以外の企業および個人で差別を設けることで財閥解体を進めるための梃子にしようと考えていた。

チャーンは初めから戦時補償打切りの構想をもって来日したのではないと思われる。チャーンは、四月二三日以降なされた大蔵省との会談で、当初は条件付き支払いの考えを示していた[37]。打切りの方針は一九四六年四月二九日のＧＨＱ内の会議において決定したのである。ＥＳＳ財政金融課財政係（Public Finance Branch）の作成したメモによれば、その会議の経過は次のようなものであった[38]。

戦時補償債務の処理を議題としたこの会議にはＥＳＳ経済顧問ファイン、マッカーサーの税制相談役チャーン、反トラスト・カルテル課のシフ、ラン、クーパー、財政金融課通貨銀行係（Money and Banking Branch）のリッケル、財政金融課財政係のハーツマークの七名が出席した。

この会議では反トラスト・カルテル課が、制限会社についてだけ補償を打ち切るという厳しい扱いをすることは公平ではないとして、財政係の案に反対を唱えた。財政金融課は、ＪＣＳ（統合参謀本部）の指令は、ＧＨＱのとるあらゆる金融措置に所得と生産・流通手段の広範な分散の促進の意味をもたせることを求めており、また、産業・金融上の大コンビネーションや私的独占の解体を要求している、と反論した。議論は膠着状態に陥り、さまざまな可能性

表 2　財閥の戦争保険金と戦時補償請求権　(単位：1,000 円)

| 財閥名 | 戦争保険金 | | | 軍需契約に対する政府補償 | | |
|---|---|---|---|---|---|---|
| | 1945年7月1日以降受取額 | 登録済であるが未受取額 | 登録未済または登録手続中 | 1945年7月1日以降受取額 | 登録済であるが未受取額 | 登録未済または登録手続中 |
| 三井 | 182, 338 | 172, 035 | 9, 449 | 6, 870 | 354, 227 | 3, 720 |
| 三菱 | 202, 349 | 1, 009, 478 | 25, 445 | 32, 714 | 3, 390, 623 | 8, 177 |
| 住友 | 120, 391 | 457, 208 | 594 | 5, 607 | 2, 662, 936 | 4, 057, 146 |
| 安田 | 65, 171 | 36, 800 | 21, 414 | 307 | 3, 878 | 4, 844 |
| 川崎 | 210, 775 | 461, 159 | 10, 900 | 23, 226 | 1, 017, 698 | 2, 422 |
| 日産 | 24, 476 | 121, 440 | 5 | 7, 693 | 125, 497 | 32, 833 |
| 浅野 | 18, 292 | 36, 931 | 65, 390 | 1, 194 | 452, 966 | 0 |
| 富士産業 | 1, 626 | 293, 804 | 200 | 27, 589 | 692, 346 | 3, 212 |
| 渋沢 | 4, 610 | 333 | 0 | 0 | 0 | 0 |
| 古河 | 6, 949 | 4, 133 | 7, 800 | 0 | 174, 611 | 0 |
| 大倉 | 33, 221 | 943 | 651 | 4 | 27, 848 | 0 |
| 野村 | 11, 995 | 5, 548 | 215 | 14 | 11, 295 | 0 |
| 理研 | 21, 424 | 4, 678 | 20, 580 | 751 | 108, 634 | 0 |
| 日本窒素肥料 | 2, 103 | 36, 000 | 36, 000 | 0 | 99, 852 | 0 |
| 日立 | 227, 891 | 891, 797 | 10, 560 | 62, 273 | 569, 317 | 0 |
| 日電興業 | 19, 415 | 5, 740 | 1, 541 | 32, 524 | 84, 369 | 0 |
| 日本曹達 | 14, 058 | 4, 415 | 0 | 16, 088 | 233, 993 | 0 |
| 王子製紙 | 10, 965 | 25, 148 | 280 | 0 | 23, 299 | 0 |
| 日本樹脂 | 469 | 8, 267 | 0 | 0 | 13, 001 | 0 |
| 日本造船 | 4, 717 | 0 | 0 | 14, 279 | 10, 283 | 0 |
| 日東食品 | 0 | 18, 907 | 0 | 0 | 0 | 0 |
| 扶桑金属 | 71, 585 | 382, 948 | 0 | 5, 587 | 1, 193, 885 | 0 |
| 合計 | 1, 304, 827 | 3, 977, 722 | 211, 026 | 236, 725 | 11, 240, 565 | 4, 112, 357 |

出所："Disposition of War Claims and Indemnities", 5 July 1946. GHQ/SCAP Documents, Box 7639, Folder (50) 17.902 War Indemnities Tax, Historical Development.

が検討されたが、結局制限会社とそれ以外の会社の間に差別を設けるのではなく、一切の補償・請求権を打ち切ることで意見の一致をみた。また、補償を打ち切るのであれば、企業に対する戦時利得税は課さないのが適当であるという意見も出された。

以上の経緯から明らかなように、方針転換の原因は反トラスト・カルテル課の反対にあった。のちにまた触れるが、当時の反トラスト・カルテル課は財閥解体についてきわめて消極的だったのである。

戦時補償問題のその後の経過については、すでに詳しい研究があるのでごく簡単に触れておくにとどめたい(39)。

戦時補償問題についてチャーンを中心としたGHQ側と大蔵省の担当官の間で一〇回にわたる事務レベルの交渉が実施された（四月二三日―五月一五日）のは、ちょうど幣原内閣辞職（四月二二日）から第一次吉田内閣成立（五月二二日）までの政権の空白期に当たる。五月三一日、GHQから石橋新蔵相に対して事実上の戦時補償打切りを意味する戦時補償債務に対する一〇〇％課税提案が示された（G案）。石橋蔵相は、補償の一部を圧縮したうえで、財産税を財源として補償支払いをするという、G案に歩み寄りながらも基本的には従来の大蔵省方針に沿った対案を六月一七日にGHQに提出した（I案）。

G案とI案を比較した大蔵省の検討資料をみると、軍需企業に対する補償について実質的に大きな隔たりがあったことがわかる(40)。GHQのG案では企業の戦時補償請求権五〇四億円のうち、わずか一〇億円を除いてすべて打ち切られることになっていたが、日本側のI案では約三分の一の一六五億円が支払われることになっていた。また、戦時補償打切りの金融機関に対する影響の推定でも、G案では金融機関全体の欠損見込み額が四八一億円となっているのに対して、I案では三四七億円である。両案の欠損見込み額の差は日本勧業銀行・日本興業銀行および普通銀行においてはとくに大きく、G案ではI案の二倍近い欠損が見込まれている。

七月二日、GHQから補償に対する一〇〇%課税の原則は譲れないとの回答があり、この原則が動かしがたいものであることが明白となった。加えて、七月一〇日の対日理事会ではソ連代表から、七月二四日の対日理事会では英連邦代表から軍需企業への補償全面打切りの意見が表明された。頑強に抵抗してきた石橋もついに折れて七月二六日にGHQ案の受諾を公表した。(41)

戦時補償債務の支払い打切りはとくに大銀行に大きな影響を与えた。五大銀行は平均七〇・六%の整理債務を切り捨て、資本金を九〇―一〇〇%切り捨てたのである。

## (三) 本格化する独占禁止政策と金融制度再編問題

### 1 エドワーズ報告書・FEC二三〇文書

一九四五年秋に日本を訪れたマックロイ陸軍次官補は財閥解体計画を本格的に推進するためには専門家の派遣が必要であると考え、アメリカ政府に専門家の派遣を要請した。この要請を受けて、一九四六年一月七日にノースウェスタン大学教授コーウィン・エドワーズを団長とする「日本財閥に関する調査団」が派遣されてきた。(42) 調査団の報告書は、同年三月一四日に陸軍省と国務省に提出された。(43)

一般にエドワーズ報告書は、特殊日本的同族コンツェルンの解体を目的とした財閥解体政策から、独占そのものの解体・禁止政策へと方向を大きく転換させたとして評価されている。エドワーズ報告書において「財閥」という用語は、特殊日本的なコンツェルンの意味ではなく、コンツェルン一般、さらには独占一般の意味で用いられている。同報告書は日本の経済システムが極度に独占的であったことが、それを非民主的なものにし、侵略戦争に導いたという認識に立って書かれており、財閥の前近代的側面にはほとんど注目していない。財閥を独占一般の問題としてとらえる視角が、エドワーズ報告書からFEC二三〇文書を貫く思想であったといえよう。

ところで、エドワーズ報告書の独占禁止政策の一環には金融制度改革プランが組み込まれていた。のちにGHQが提案した金融制度改革案の骨子は、不十分な形ながらも、すでにエドワーズ報告書に、独占禁止政策と関連づけて示されていた。

報告書の「第三章　金融機関と財閥」は、まず財閥内における財閥系銀行の位置を確定し、ついで政府、特殊金融機関が財閥の勢力拡大に果たした役割を検討している。

後者の、財閥と政府および特殊金融機関との関係についての分析には、興味深い論点が含まれているので、その一部を紹介しておきたい。

報告書は、財閥と大蔵省の関係を次のように把握する。人的関係の面では、とくに三井財閥の池田成彬が金融界で保持した指導的役割に注目している。一般的には、一九三〇年代中ごろまでは「大蔵大臣と財閥との直接的関係はごく普通に存在していた」が、最近は変化しており、小倉正恒、桜内幸雄以外は財閥とは直接の関係はない、と述べている。しかしながら、直接的な関係の有無にかかわらず、歴代の蔵相は財閥の利益に沿った政策を実行した、と結論づける。

他方、大蔵官僚は財閥との直接的関係はなく、財閥に対して必ずしも好意的ではなかった。「何人かの局長は、財閥の勢力が国家権力を侵害することに反感を抱いており、出来ることならば財閥を統制したいと考えた」ようである。しかし、財閥の圧倒的な政治力と蔵相の親財閥的態度のためにそうした行動はチェックされた。

銀行政策の面では、銀行合同政策は財閥の発案によるものではなかったが、結果的に財閥はそこから大きな利益を引き出した。また、銀行検査は二、三年ごとに実施されるという「文書の上では充分な」制度があったものの、財閥系銀行については一九二七年以降一度しか実施されず、その検査のさいも地方銀行がかなり詳細な勧告を受けたのに対して、財閥系銀行は大蔵省からなんら重要な批判も受けなかった。

特殊銀行については、国内の貯蓄の再配分を通じて財閥系銀行に利益を与え、リスクの大きな産業への融資を通じて財閥の勢力を強化した、としている。

日銀は、「一見したところ、大蔵大臣の許可なしにはほとんど何も行えない」ようだが、実際はそれほど蔵相の権力は「独裁的」なものではない。「戦争の終結まで日銀総裁は蔵相と同じくらい権力をもっていたようである。財閥の勢力という点から見るならば、一九三五年以降の日銀総裁が財閥と非常に近しい関係にあった事実は非常に重要である」。財閥と日銀の緊密な関係は、戦時中における日銀の貸出をみれば明らかである。一九四五年末に六大銀行は、普通銀行・貯蓄銀行に対する日銀の貸出の七七％までも占めた。また、一九四二年以前は財閥は日銀の主要な株主であった。

以上紹介してきた報告書の第三章は、短期間に行われた調査にしてはかなり正確に財閥の実態を把握しており、大蔵省と財閥との間の対立面にも注目している。しかし報告書は、対立の側面は大きな意味を持たなかったと結論づけた。(44)

財閥の金融的側面および金融制度全般の改革についての具体的勧告は、報告書の「第四章　政策勧告のアウト・ライン」の部分で、「金融上の特別な優遇の廃止」と題して示されている。以下、その内容を要約しておきたい。(45)

a　金融に対する財閥の支配の排除

財閥の金融機関に対する支配を排除する方法如何は、現在の日本における債務処理の方法如何にかかっている。国内・国外における債務の清算には日本経済の大きな部分が当てられねばならないが、問題はだれがそれを負担するかである。金融機関か、企業か、納税者か、それともそれ以外の者か。それによって、金融機関が破産状態に陥るかどうか決まる。

金融機関が破産状態に陥った場合には、財閥持株会社または財閥関係者の所有する株式は一般の株主の株式よりも劣位の弁済債務とする。「それらの金融機関が破産状態に陥った直接的原因の少なからぬ部分は、財閥がそれらの金融機関をみずからの利益のために運営したことにあるから、この手段が公平な措置であることは明らかである」。清算した後に財閥関係者の手に株式が残る場合には、他の財閥所有株式同様、持株会社整理委員会に委ねる。

ただし、破産状態に陥った金融機関のなかでも保険会社の場合は、その保険会社を再編する現実的で、迅速な方法は、未払いの保険証券額面金額を割り戻して、相互会社に再編することである。

破産状態に陥らなかった金融機関の財閥持株は、持株会社整理委員会に引き渡されねばならない。

b　金融機関数を増加させること

政府と財閥によって押し進められてきた金融業における合同の結果、金融機関数は極端に減少し、競争が制限される可能性が高まった。そうなれば、商工業者が十分な信用手段を入手することは困難になろう。日本経済にとって、新しい独立した金融機関が必要なことは明らかである。

金融機関の数を増やすためには、具体的には次のような措置が考えられる。

財閥系金融機関によって合併された金融機関の場合、もとの所有者が分離独立する機会を与える。

それでも金融機関数の増加がはかばかしくない場合には、別の措置が必要となろう。「例えば、一定規模以上の大銀行を、一定期間内に、独立した複数の銀行に分割することが要請されるかも知れない」。

いずれにせよ、金融機関数を増大させることが目的なのであり、どの手段を採るかは二義的な問題である。

c 競争条件の公平化

(1) 日本人は大銀行が安全であると考え、大銀行に預金する傾向がある。この傾向は、財閥系銀行に有利に作用してきたので、預金保険制度の導入は必要である。預金保険機関は制度的に、大蔵省・日銀から独立していなければならない。

(2) 各銀行が十分な預金を確保する手段の一つとして、郵便貯金は普通銀行に再預金されねばならない。具体的には、アメリカの郵便貯金制度にならって、ある県内で吸収した郵便貯金の大部分(たとえば、九〇%まで)を、同一県内の普通銀行へ再預金すべきである。

(3) 競争条件の公平化の最大の鍵は、銀行間の、また銀行と企業との間の結合を排除することにある。日本では伝統的に銀行と企業との関係が強いので、最もドラスティックな方法が講ぜられねばならない。

具体的には、次の措置が採られる必要がある。

(イ) 金融機関が他の金融機関の株式を所有することを禁止する。

(ロ) 銀行・信託会社の役員・職員、五%以上の株式を保有する株主は、他の会社の役職についたり、他の会社の株式を五%以上取得することはできない。

(ハ) 銀行・信託会社による一般企業の株式保有は五%までに制限される。

(ニ) 銀行・信託会社は、資本金・準備金の二五%までしか、一企業に対して融資してはならない(融資は保有有価証券・貸出の合計)。

(ホ) 銀行・信託会社は預金の一〇%までしか、一金融機関(日銀を除く)に預金を行ってはならない。

d　政府と銀行

政府の政策は財閥系銀行の成長を促進してきた。それは、二つの側面からいえる。第一は、銀行法等が大蔵大臣に対して、民主的政府にふさわしくないほど大きな自由裁量の余地を与えてきたことである。第二に、特殊銀行の力が強大であり、それらが財閥系銀行・企業に有利な方法で、また、一般の銀行・企業を差別するようなやり方で運営されてきたことである。

(1)　したがって、占領にあたって第一になすべきことは日本の法制の点検である。それと関連して、当調査団としては、大蔵省の権限を縮小することを提言したい。銀行に対する法的規制が必要であるにしても、法によってできるだけ明文化されるべきである。また、銀行検査は、現在よりも強化し、二年ごとに実施されるべきである。

(2)　特殊銀行が普通銀行業務を営むことを禁止する。それは、実質的には、日本興業銀行等の特殊金融機関を解散するか、普通銀行に改組することを意味する。

(3)　指定金融機関制度をできるだけ早く廃止する。

(4)　他の産業分野と同様に、統制団体は不要なので廃止する。

(5)　大蔵省・日銀・その他の特殊金融機関の職員は、退職後二年以内は普通銀行・信託会社・貯蓄銀行・保険会社に就職することはできない。また、それらの機関の職員は在職中は、金融機関の証券を所有することを禁止される。

ハードレーは、上記のエドワーズ報告書の金融に関する部分は、報告書の他の部分に較べて不十分だったと評価する。「金融にかんする調査団の提案は、不思議なほど弱かった。調査団は、どういうわけか、問題のキー・ポイントである商業銀行業の商工業との緊密な結合の点をけっして把握しなかった」と批判し、銀行が非金融業の企業の株式を所有することを全面的に禁止しなかったこと、商業銀行業務と投資銀行業務の分離を要求しなかったこと、一企業に対する融資限度を自己資本の二五％と緩く定めたことを不十分な点として挙げている。[46]

しかし、ハードレーの見解は、企業グループの確立した一九七〇年ごろの時点から評価している感が強い。一九四六年一月に財政金融課銀行係の作成した前記案と較べると、エドワーズ報告書では財閥的金融支配や金融における独占の復活を防ぐ政策がかなり明瞭に打ち出されている。前者が、預金保険の創設、大銀行の支店数の削減などを挙げているにとどまり、金融制度改革という面からみればはなはだ貧弱であるのに対し、後者は上に挙げたような種々の金融機関の他金融機関・非金融業企業支配を防止する諸措置を掲げている。

エドワーズ報告書の金融機関に関する部分のうち、a、c―(ハ)は独占禁止法、会社証券保有制限令（一九四六年一一月）などで法制化され、bの金融機関の分割は集排政策に関連して後に取り上げられることになる。大蔵大臣の権限の縮小・特殊銀行の廃止、預金保険制度、融資制限などは金融制度改革として取り組まれた。このように、のちの金融制度改革のかなりの部分はすでに報告書に盛り込まれていたのである。

しかし、報告書はまだ、現存する財閥の金融的支配の排除に重点をおいており、将来の金融制度に関する提言が十分でなかったことは否めない。

さて、エドワーズ報告書は、三省調整委員会（ＳＷＮＣＣ）極東小委員会（ＳＦＥ）で「日本の過度経済力集中に関する米国の政策」（ＳＦＥ一八二）と題する政策文書原案に整備され、一九四七年四月二九日にＳＷＮＣＣの会議での承認を経て、五月一二日に極東委員会に提出された（そのさい、ＦＥＣ二三〇文書と名づけられる）。[47] のちに、この文書は過度経済力集中排除政策の根拠となり、有名になった。この文書では、エドワーズ報告書で用いられた「財閥」の用語が、「過度経済力集中」（excessive concentration of economic power）の語に置き換えられたが、前に述べたように、エドワーズ報告書においてすでに、「財閥」概念は本来の財閥概念の枠を超えていたのである。

この文書の基本的な部分は、エドワーズ報告書をほぼそのまま受け継いでいる。他方で、集中排除政策を強化する方向で若干の改訂・追加も行われている。金融に関係した部分の変更だけを次に挙げておく。(48)

第一に、銀行の分割については、エドワーズ報告書が一つの可能性として控えめに提言していたのと異なり、「GHQの定める規模をこえる銀行は、定められた期間内に、二つ以上の独立した企業体に分割することが要求されなければならない」と銀行分割政策をはっきりと打ち出している。

第二に、銀行・信託会社の一企業に対する融資制限を二五％から一〇％と厳しくした。(49)

第三に、将来、銀行を商業銀行業務に専念させるために、銀行法を改正することがうたわれ、ここではじめて金融制度改革が明確に課題として設定された。「商業銀行業務の基準を改正し、銀行が商業銀行としては賢明でないと思われる事業に乗りだすことを防止する立法措置がとらなければならない（しかし、投資銀行業務について適当な他の機関が活動できるようになるまでは、商業銀行がこの業務に従事することは禁止されない）」。

第四に、日銀に関して、エドワーズ報告書ではたんに日銀からの財閥の影響力の排除が挙げられていた部分が「日本銀行の私的所有の痕跡は、すべて除去されなければならない。理事会は、金融、貿易、工業、農業を、また大企業、中企業、および小企業をそれぞれ代表しなければならない」と、より具体的に規定され、のちの日銀改革の出発点になった。

## 2　独占禁止政策の具体化の進展

エドワーズ報告書が財閥解体から独占禁止政策へのアメリカ政府の政策の発展を画すものであったことは、すでにみてきた。それとほぼ時を一にしてＧＨＱ内でも同様の展開がみられた。

財閥解体政策は一九四五年一一月の指令以降、遅々として進まなかった。「持株会社整理委員会令」（勅令第二三三号）が公布されたのは五ヵ月以上たった一九四六年四月二〇日であった。持株会社整理委員会が持株会社の第一次指定を行ったのは、一九四六年九月六日であった。[50] 財閥解体が軌道に乗るのは、一九四六年七月以降である。

日本政府の消極的抵抗も遅延の原因であろうが、より根底的には財閥解体政策をめぐるＧＨＱ内の対立があった。すなわち、財閥解体は持株会社の解体で十分であるとするＧＨＱ反トラスト・カルテル課と、財閥系列会社間の結合の排除、独占の禁止にまで拡大しようとする民政局（Government Section, 略称ＧＳ）の考えが真っ向から衝突した。本来、財閥解体・独占禁止は反トラスト・カルテル課の管轄であったが、財閥解体の政治的側面（パージなど）は民政局に属したので、民政局も関与することができた。

両者の対立は当時、民政局に勤めていたビッソンの回想録に、彼自身の感情も込めて、興味深く描かれている。六月九日付のビッソンの私信は、「財閥解体計画では、サイラス・Ｈ・ピークとエレノア・ハードレーとぼくが民政局の立場から（手ごわい経済科学局反カルテル課の反対に抗して）ワシントンが下した基本指令を効果的に実施させるために間断なく、しかし勝利の見通しの疑わしいたたかいをやっている」[51]と、述べる。ついで、五月から六月にかけての両者の対立の膠着状態が、「思いがけない外部からの干渉」（＝エドワーズ報告書）によって打ち破られた経緯、ビッソンらの主張が改革派のホイットニー民政局長の支持も得て、一九四六年七月二三日の覚書「持株会社整理委員会に関する法規」（ＳＣＡＰＩＮ一〇七九）に結実した事情を、ビッソンの回想録は伝えている。

反トラスト・カルテル課が財閥解体の独占禁止政策への発展に消極的であったことは、同課がエドワーズ報告書を「ユートピアン的」で、非現実的と批判した点からも明らかである。[52]

一九四六年七月のＧＨＱの財閥解体政策の転換については従来ほとんど注目されなかった。[53]しかし、上記ビッソン回想録および、細谷正宏の「ハードレー・メモ」に関する論文により、解明が進みつつある。[54]細谷によれば、一九四六年六月一二日のエレノア・ハードレーによって執筆されたメモは、日本政府の対応についてのコメントという形をとりながら、ＧＨＱの財閥解体政策が「初期の基本的指令」の意図をふみはずしていると指摘した内部批判の文書である。ハードレーは、「初期の基本的指令」の「日本の大規模な産業及び金融企業合同体（combines）」は、持株会社とその系列会社の両方を含むのに、日本側はそれを持株会社だけを指すものと故意に曲解したと、批判を加えた。

覚書「持株会社整理委員会に関する法規」は、日本政府の「持株会社整理委員会令」にＧＨＱが承認を与えるために出された文書であるが、重要なのは「経済力の分散の計画を更に促進するため、且つこれ等の計画を有効ならしむるための恒久的法規の立法」（独占禁止法）の制定を促すとともに、日本政府に追加措置を講ずるよう命じた以下の部分が含まれていることである。[55]

(1)　財閥家族の会社の証券所有および、会社役員への就任の禁止。

(2)　制限会社による他の会社の証券所有の禁止。

(3)　制限会社の役員の兼任禁止。

(4)　制限会社相互間において、競争を制限したり、商取引を拘束するような契約、サービス、パテントの取決めの禁止。

要するに、ビッソンやハードレーらは、「初期の基本的指令」の権威を借りつつ、上記の覚書によって、財閥解体政策の範囲を制限会社（実質的には財閥系列会社と同義）に拡大させたのであった。それは、ＧＨＱのレベルにおける財閥解体から独占禁止への政策の発展を画するものであった。

独占禁止法制定の動きは、一九四六年七月二三日の上記覚書を機に本格化した。すでに、一九四五年一一月のGHQ覚書は独占禁止法の制定を日本政府に求めていたが、日本政府が一九四六年一月に作成した「産業秩序法案要綱」は、「重要産業統制法が民主的に顔を変えたようなもの」[56]にすぎなかった。同年八月に反トラスト・カルテル課のカイムによる「カイム試案」が出され、日本政府内部での検討、GHQとの交渉を経て、一九四七年三月二二日に独占禁止法案として議会に上程され、三月三一日可決、成立した（四月一四日公布）。

同法はアメリカのシャーマン法、クレイトン法、連邦取引委員会法の三者の内容を取り入れた、いわばアメリカの独占禁止諸法の集大成ともいうべきものであった。[57]それと同時に独占禁止法が、持株会社の禁止規定（第九条）、不当な事業能力の格差排除の規定（第八条）のような「財閥の復活」を阻止する意図で挿入されたと思われる独自の規定を有していたことは注目される。[58]持株会社の禁止規定はアメリカ等の独占禁止法規には存在しない規定であった。

金融機関にとくに関係がある規定は、金融機関（銀行・信託・保険・無尽・証券）が同種の金融機関の株式を取得することを禁止し、また金融機関による一般の会社の株式所有に、その会社の総株数の五％までという制限を設けた第一一条である。

この規定と関連して、当時金融機関が所有する株式のうち独占禁止法の制限を超えるものは、一九四八年二月二七日公布の「金融会社と非金融会社の証券の処分に関する政令」（政令第四三号）によって処分された。対象となった金融機関の保有株式は約一〇六二万株、そのうち約八八四万株が一九四九年六月一五日までに処分された。ハードレーは、とくに金融機関所有株式の処分が迅速に行われたことに注目し、大銀行分割を諦めざるをえなかったマッカーサーによる独占禁止法を通じての金融機関に対する圧力と推定している。[59]

また、独占禁止法とは別に、財閥解体政策の延長上でとられた財閥系列会社の証券保有制限措置（一九四六年一一月二五日公布、会社証券保有制限令）によって、金融機関の保有する株式のうち当該金融機関と同一資本系統に属する株式は処分の対象となった[60]。

さらに、一九四七年一〇月には東京銀行協会の金利協定が、公正取引委員会からカルテル行為を禁じた独占禁止法第四条等に違反するとして、審判に付された。この事件は独占禁止法施行後、同法違反に問われた第一号の事件としても有名である。しかし、大蔵省が金利協定を臨時金利調整法（一九四七年一二月一三日公布）による政府の金利協定で代位させたため、実質的には影響はなかった[61]。

独占禁止法の存在が企業グループ形成にどの程度大きな障害になったのかは今後の研究に待つところが多い。ちなみに、一九四九年の独占禁止法改正でそれまで一切認められなかった企業の株式保有が認められ[62]、講和後の一九五三年の改正で金融機関の株式保有制限が総株数の五％から一〇％に緩和された。これらの独占禁止法の制限緩和が企業グループ形成に弾みをつけたことは言うまでもない。

## (四)　集中排除政策の展開と金融制度改革

### 1　企業分割と国営化

ＦＥＣ二三〇文書の極東委員会への提出とほぼ時を同じくして、臨時全国経済委員会（Temporary National Economic Committee; TNEC）で独占問題の調査に携わった経験のある独占問題の専門家、Ｅ・Ｃ・ウェルシュが日本へ派遣され、反トラスト・カルテル課長に就任した。ウェルシュはその在任期間中に過度経済力集中排除法の制定と適用に情熱を燃やした。その辣腕と精力的な活動は日本の財界人に恐れられた。

ウェルシュは、のちに「カウフマン・レポート」で指摘されたような社会主義的傾向の持ち主ではなく、また典型的なニューディーラーでもなく[63]、彼の政治的、思想的立場は「根っからの資本主義自由市場擁護者」(コーエン)[64]であったという評価が正しいと思われる。彼自身は回想のなかで、「私は、財閥の罪悪は戦争の原因となったことにあるという考え方には興味がなかった。日本経済を改革し、国内に競争状態を創出することが、私の関心のすべてであった」と証言している[65]。

ほぼ同じころ、片山内閣が社会党・民主党・国民協同党の連立政権として成立した(六月一日)。連立政権の中心となった社会党は重要産業の国有・国営、日本銀行の国営を選挙公約に掲げていた[66]。国有化の公約は四党政策協定(連立の三党と閣外協力の自由党が参加し、五月一六日に合意に達した)でトーン・ダウンしたものの、石炭国家管理は片山内閣の政策の柱であった。また、社会党自体は重要産業の国有化・国家管理の旗を掲げ続けていた。

FEC二三〇文書にもとづき、GHQが一九四七年から一九四八年にかけて実施した集中排除政策は、社会党の政策と真っ向から対立することになる。

集中排除政策の熱心な遂行者であったウェルシュは、「今度ノ集中排除法ハ日本経済ヲハッキリト free enterprise ec'y ニ commit スルモノデアッテ、nationalization ハ不可能ニスルモノ」と、国有化路線をはっきりと否定していた[67]。

以下、具体的な経緯に立ち入って述べてみたい。

ウェルシュが着任した翌月五月一九日、反トラスト・カルテル課は早くも過度経済力集中排除法の最初の草案である「企業整備の基準」を作成した。それは、GHQ内で「経済再建整備基準法草案」に練り上げられ、七月一八日に日本側にも提示された。

同法案を渡された日本側では経済安定本部が担当することになった。八月四日の経済閣僚懇談会での経済安定本部の提案は、「経済民主化の基礎作業として過度な経済力の集中を急速に排除することが必要である」とGHQの方針に原則としては賛意を表しながらも、生産活動へのマイナスの影響を最小限に抑えるため、金融業等を適用の除外とし、経済力集中排除の基準を具体的に規定し、対象企業の指定を短期間に実施することを求めた(68)。

九月二日に和田博雄安本長官はESS局長マーカットとの会談において、金融機関の適用除外等を求めた。その理由として和田は、預金者の金融機関に対する信用を維持すること、大銀行の解体によってかえって地方独占が進む恐れがあること、片山内閣が社会化方針をとっていることを挙げた。マーカットとウェルシュは、「銀行は財閥と最も縁が深く、集中排除の必要がある、社会化の意向があるとしても除外するわけには行かない」と拒否した(69)。

さらに、九月四日には片山首相がマッカーサーに親書を送り、金融機関・公益事業の適用除外、持株会社整理委員会の行政官庁化等を申し入れたが、マッカーサーはそれを全面的に拒否した。金融機関・公益事業への適用除外について、マッカーサーの九月一〇日付の返書は次のように述べた(70)。

金融機関と公益事業を経済力集中排除の計画から除外するようにとの日本政府の申し出については、現行の総合政策は「日本の産業と金融を支配している諸集団の本質および本体のドラスティックな改革を実現する必要がある」と定めている。さらに、具体的目標として以下の事を実行する事を求めている。「過度な集中にたいする金融面からの支えを排除すること。——銀行および保険会社にたいする財閥の持株を処分させること、金融機関の数を増加させること、金融機関と非金融機関の間の連携をやめさせること、特定の金融機関に対する政府の優遇を排除すること。」これらの明確な目的に鑑みて、またそれらの分野を一括して解体計画から除外することは、戦前の独占的・軍国主義的支配が生じてきた根元の一つを温存するに等しいとみなされうるので、貴下の提案は受け入れがたい。

このマッカーサーの返書の「　」の部分は、当時未公表のＦＥＣ二三〇文書からの引写しであり、マッカーサーがＦＥＣ二三〇文書をＧＨＱの方針に採り入れ、みずから政策立案の根拠にしていたことがわかる。

ウェルシュは強引かつ、性急に集中排除政策を遂行していった。九月一二日には日本政府に対し、司令部草案どおりの立法化が指示され、九月二九日の臨時閣議で「経済力集中排除法案」が承認された。

ＦＥＣ二三〇文書については、ＧＨＱ内部でも異論があったようである。コーエンは八月六日付のメモで、「ＳＣＡＰ内の調整は不十分で（中略）経済科学局の他の課は原則には賛成しても内容には反対している」と記した[71]。反トラスト・カルテル課以外の課が、違和感を感じつつも公然と反対を唱えなかったのは、ＦＥＣ二三〇文書が極東委員会で他の連合国の合意をまだ得ていなかったにせよ、アメリカ政府により公認された文書だったからである[72]。

金融機関への集中排除法の適用については、一九四七年八月の時点ではＧＨＱの財政金融課も適用の方針であると日本側に伝えていた。八月一三日のビープラットと栗栖蔵相との質疑応答は以下のようであった[73]。

大臣　集中排除法案は銀行にも適用があるか。

ビープラット　適用がある。

大臣　金融機関にこの法律を適用する場合には、預金者の保護等、金融機関の特殊性に鑑み特に慎重に研究して実施しなければならぬと考えるが貴見如何。

ビープラット　金融機関の特殊性については、自分もよく認識して居るので御心配は要らない。集中排除法にはただ集中排除の目標を確認するのみであって、その目的達成の方法については法律自体の中に具体的準則を定めるようなことはないし、又これを機械的にあらゆる場合に適用することもない。具体的な適用の方法については、司令部においてフィナンス・ディビジョンが金融機関についてはこれを決めるし、インダストリー・ディビジョンが他の産業について決めて行くというように夫々の担当の部局がこれに当ることになろう。ビープラットは、具体的適用の権限は各専門の部局に属するので、適用の段階で財政金融課の考えを貫けばよいとしていた。そこで、後にみるように、反トラスト・カルテル課が金融機関への過度経済力集中排除法適用の具体案作成に乗り出してきたときに、両者の間に権限をめぐる激しい対立が生まれることになった。

財政金融課では独自に集中排除政策への対応策を一九四七年八月初旬から練りはじめた。八月二六日にロビンソン、フィリップスが日銀関係者に財閥銀行改組案は「極めてドラスティック」なものである必要があると述べ、次のような具体案を検討中であると伝えた[74]。財閥銀行の預金の一定割合を削減する。それは、六大都市（とりわけ、東京、大阪、京都）の店舗を整理することにより達成させる。各行ともその本拠地（住友銀行の場合は大阪）の店舗を整理させる。整理店舗を既存の地方銀行に譲渡する方針は取らず、原則として新銀行を設立する。

財政金融課は、大蔵省に対し財閥銀行等の金融機関再編案の提出を求め、大蔵省は九月一五日に「金融機関再編案」を財政金融課に提出した。その主な内容は、以下のとおりである[75]。

(1)　特殊銀行は極力普通銀行化する。日本興業銀行・日本勧業銀行は普通銀行に改組する。ただし、債券の発行は認める。北海道拓殖銀行は、北海道の地方銀行に改組する。

(2)　財閥銀行は(イ)名称の変更、(ロ)株主・役員からの財閥関係者の排除、(ハ)顧客一人当たり融資額の制限、(ニ)銀行の総預金額の制限（金融力の大都市集中を排除するため、大都市店舗を整理する）の措置をとる。三和銀行は(ニ)の措置だけをとる。

(3)　貯蓄銀行法は廃止し、日本貯蓄銀行は「健全な数個の銀行」に解体する。

このころ新聞によって、財閥銀行の、二分割案などの噂も報道されたが、財政金融課が財閥銀行の分割を考えたことはなかったと思われる。(76) 財政金融課は、反トラスト・カルテル課が推進する集中排除政策になんらかの形で対応せざるをえない状況にあったが、財閥銀行の規模の縮小が同課の基本方針であった。(77)

大蔵省も一〇月一五日付の部内の文書で、「金融機関の分割を非とする理由」として、①預金者・金融機関従業員の動揺により預金が減ること、②分割手続きが困難であること、③各銀行の資金量が減ることにより産業再建資金の供給に支障が生ずること、をあげている。そして、「金融機関について経済力の集中を排除するとすれば、その財閥との関係を絶つこと及びその資金力を一事業に集中的に使用することを排除すればよいのである」から、前記の九月一五日の大蔵省案の内容で十分に目的が達成できると述べた。(78)

## 2　過度経済力集中排除法の金融業への適用問題

過度経済力集中排除法は一九四七年一二月一八日に公布・施行された。しかし、同法が成立したときには集中排除政策は、冷戦の開始を背景にアメリカの対日政策が「改革」から「復興」へ転換しはじめたことにより、複雑な様相を呈しはじめていた。

一九四八年八月末に陸軍次官に就任したドレーパーは、九月には日本を訪れ、日本の経済復興について調査を行った。ドレーパーの来日中にディロン・リード商会等の顧問弁護士ジェームズ・カウフマンによる「カウフマン・レポート」がフォレスタル国防長官等のアメリカ政府高官に配布された。周知のように、同レポートはGHQの占領政策、とくに集中排除政策を攻撃した有名な文書である。(79) ケネス・ロイヤル陸軍長官の指図もあり、ドレーパーは在日中にこの問題を検討し、FEC二三〇文書は経済復興を妨げるものとの確信を抱いた。(80)

アメリカの軍部の集中排除政策の見直し論に対して、国務省は集中排除政策の実施を遅らせれば経済民主化を頓挫させることになると批判的立場を取った[81]。また、マッカーサーは一〇月二〇日の陸軍省・国務省の「経済力集中排除法」制定延期の要請を拒否し、既定方針どおり集中排除政策を推進する意思を表明した[82]。過度経済力集中排除法は、日本側の強い反対を抑えてほぼGHQの既定方針どおり制定されたのである。

アメリカ政府内部の、またアメリカ政府とマッカーサーとの間の不調和は、GHQ内に早くも微妙な変化をもたらしはじめた。財政金融課の係官は、日本政府関係者に公然と「カウフマン・レポート」支持、ウェルシュ批判を漏らすようになった[83]。

一九四八年新年のメッセージでマッカーサーは、独占解体政策遂行の決意を表明し、過度経済力集中排除法はともかくも実施の段階へ移った。GHQは二月に、持株会社整理委員会を通じて鉱工業二五七社、配給・サービス関係等六八社の三二五社を集排法の対象として指定した。指定企業の払込み資本金総額は全国株式会社資本金合計の六五・九%までを占めた[84]。しかし、反トラスト・カルテル課を中心とした集中排除政策実施への動きはこのころが頂点で、以後急速に失速していった。三月一二日にはアメリカ政府のFEC二三〇文書支持取りやめの方針が陸軍省よりGHQへ伝えられ、日本の新聞にも報道された。また、同月二〇日ジョンストン使節団に同行して、ドレーパーが再び来日した。さらに、五月四日にGHQの実施しつつある集中排除政策の内容を検討するための集中排除審査委員会（キャンベル委員会）が来日した。同委員会は八月二八日に「集中排除計画の諸問題に関する勧告」を発表、そのなかで過度経済力集中排除法適用の「四原則」を示した。これは、同法適用の大幅緩和を意味するものであった。このように、一九四八年八月末から九月の段階で、集中排除政策の転換は事実上完了した。同年一二月九日アメリカ政府は極東委員会で正式にFEC二三〇文書の支持撤回を通告したのである。

このような集中排除政策の見直しのなかで、金融機関への過度経済力集中排除法の適用問題がどのような経過をたどったのかを、以下で明らかにしたい。(85)

ＧＨＱにおいては過度経済力集中排除法公布直後の時点では金融機関への同法の適用は、少なくとも原則のレベルでは、自明の問題であった。一月九日のマーカットＥＳＳ局長と栗栖蔵相の会談において、マーカットは金融機関を集中排除計画から除外することはないと言明した。(86)しかし、マーカットの表現は微妙であった。大蔵省の会談記録は次のように記録している。

集中排除は一定規模以上の過度の集中を排除することを目的としているわけで、その点銀行と雖も例外たり得ない。但し逆に財閥だからといって特に排除の対象になるわけではない。十分な知識が無いから確たる御返事は出来ぬが、此の場の感じでは財閥銀行は過度な経済集中に該当するものかどうか疑問に思う。

また、他方で財政金融課のスミスは、「個人的な観測」とことわりながら、銀行の改組は過度経済力集中排除法によらず、再建整備法とこれから提出される予定の金融業法による予定であり、過去に合併した銀行の分離、大銀行の地域的分割などの構造的改革はない、と一月八日に日本銀行の関係者に漏らしていた。(87)

一月二六日にＧＨＱが陸軍省に宛てた報告によれば、過度経済力集中排除法の指定は、①工業、②流通・サービス業、③保険業、④銀行業、の順序で行うとあり、金融業の集中排除実施が予定されていた。ただし、金融業に関しては指定企業名は当面は公表しないとしている。また銀行は六行が過度経済力集中と認定されるであろうが、大衆の銀行に対する信用を損なわないようにするため、再建整備法であらかじめできる限りの再編は実施しておくこととしている。(88)金融機関についても過度経済力集中排除法適用はうたっているものの、その適用を一般企業よりも制限しようという考えを持っていたことがうかがわれる。

このように、過度経済力集中排除法制定直後のＧＨＱ関係者の発言には適用への慎重な姿勢もみられたが、反トラスト・カルテル課は金融業への適用に積極的であり、適用方針を着々と具体化していった。

反トラスト・カルテル課は一月に「銀行業の部門における過度の経済力の集中に関する基準」を作成、この基準は他の部門の基準と併せて二月四日、ＧＨＱから陸軍省へ送られた。この基準は、一般の産業への基準をそのまま援用した抽象的な部分が多い。しかし、資金の地方への還元を妨げる場合には、支店銀行は制限されるという部分などに、反トラスト・カルテル課の銀行に対する見方が現われている。(89)

反トラスト・カルテル課長ウェルシュは、一九四八年二月九日付の「銀行再編」と題するＥＳＳ局長宛文書で、銀行再編の具体的構想を明らかにした。(90) それは、民間銀行が支店を設置することのできる地域を限定することで、集中排除を実現しようという案である。同案は、九大銀行のうち、神戸銀行を除く八大銀行（安田、帝国、三菱、三和、住友、東海、野村、東京）が広い地域をカヴァーする支店網を有している事実に着目し、銀行の規模と支店の地域的広がりに関連があると指摘する。全国的支店による資金の吸収とその統一的運用は、特定の大資本グループを優遇し、地方の企業の独立性を奪うものであるとする。すなわち、「預金を吸収する地域の資金需要に見合った形の融資を行うのが、健全な経済政策と自由企業制に適している」というのがこの案の基本的な思想である。

周知のように、アメリカの銀行制度では資金の地域還元の発想から分権主義が採られている。銀行が州を超えて店舗を設置することは例外的にしか認められず、銀行が支店設置することを認めない単店舗主義（unit banking）の州も存在してきた。もっとも、銀行持株会社により支店制限は実質的には掘り崩されてきた。(91) ケーグル案等に出て来るチェーン・バンクの禁止は、こうした抜け道を塞ぐ目的で挿入されたものであろう。

実際にウェルシュはこの案のなかで、支店を設置できる範囲を最大限でも州の範囲とするアメリカの制度を「よくできた先例」と賞賛し、日本がこれと類似した制度を採用するべきだと主張した。

このように、反トラスト・カルテル課の案はたんなる大銀行の分割ではなく、地域主義的発想に立ち、全国に支店を有する大銀行の地域的な分割を提起していた。それは、大銀行の全国的支店網は維持しつつ、大都市の支店を整理して大銀行の規模を一定程度縮小しようという財政金融課のプランとは発想においても大きく異なるものであった。

財政金融課長ルカウントは二月一九日付文書で、支店設置の地域的制限は不要であり、かえって銀行に対する大衆の信用を失わしめ、日本経済に悪影響を与えることになると反論した。(92) 同文書は、郵便貯金を除く全国預金に占める九大銀行のシェアは三八%で、最大の銀行（安田銀行）でも七・一%を占めるにすぎず、銀行業の分野における独占は存在しないとする。また、銀行は歴史的にみても財閥発展のプロモーターであったのではなく、たんに後から財閥の一構成要素として加えられたにすぎないので、財閥を解体し、その紐帯を切断すれば事は足りる。(93) 銀行合併や統制は戦争遂行の必要から戦時中に政府によって推進されたものであり、支店銀行制度の結果ではない。

反トラスト・カルテル課と財政金融課の要請を受けて調査統計課（Research & Statistics Division）は三月二日に報告書「日本の銀行制度」を提出した。(94) それは、反トラスト・カルテル課の主張を裏づけ、支持する内容になっていた。同報告書は、九大銀行が広範な全国的支店網を通じて資金を少数の中心地に集中している実態に注意を喚起する。この調査によれば、三菱銀行は全融資の九四・六%までを七大都市に、住友銀行は九三・四%までを六大都市に、安田銀行は八七・五%までを七大都市に集中させている。財閥の支配を断っても、「これらの金融機関の構造はそのままの形で残り、大規模な中心地域に融資するために全国から資金を吸収し続ける」。「大銀行は、健全な商工業の発展の産物である場合には、それ自体けっして経済に有害ではない」が、日本のような少数の大規模な中心地域への資金の集中は地方企業の発展を阻害し、経済に悪影響を及ぼす、と結論づける。

反トラスト・カルテル課が、①全国をいくつかの地域に分割して、地域外への支店設置を認めない方式、または②地域的限定なしに大銀行を二分割ないし三分割する方式を提示したのに対して、財政金融課はそれらの方式は預金取付けなどの「大変動」（cataclysmic results）を引き起こすとして、次の代案を示した。[95] すなわち、過度経済力集中排除法の目的を達成するため十大銀行（安田、三菱、三和、住友、帝国、野村、神戸、東海、東京、日本貯蓄）に三〇日以内に以下の点に関する実施計画を提出させる。

(1)　支配、系列関係の排除
(2)　証券業務の分離
(3)　銀行の資本金・準備金の規模に比し過大な融資、特定産業への融資の集中の整理
(4)　一顧客に対する過大な融資の整理
(5)　資産・預金・その他の負債に見合った資本金額への増資
(6)　経営の民主化
(7)　非金融業資産の清算
(8)　不必要な支店の整理
(9)　他の銀行への預金の制限

反トラスト・カルテル課と財政金融課は双方の立場を譲らずに、「意見の根本的相違のために妥協の余地はほとんどない[96]」状態に陥った。

四月一四日に、工業課顧問フリールを交えての両課の会合で、支店銀行の分割問題について両課の間の検討の場が設定され、ウェルシュの提案により五大銀行（安田、住友、帝国、三和、三菱）の分割について検討をはじめることに

なった。四月一五日、一六日の会合では、まず安田銀行の検討が行われた。反トラスト・カルテル課は、同行を東京・大阪・福岡に本店をおく三銀行に分割する案を提出した。財政金融課は、「安田銀行のこのような分割は物理的には可能であろうが、指令によって実施される必要があろう」と述べるにとどまったが、内心は反トラスト・カルテル課の分割案は「実際的でもなければ、実行可能でもない」と考えていた。[97]

財政金融課はこの時点ではすでに反トラスト・カルテル課と妥協する考えは持っていなかったと思われる。ジョンストン使節団は金融機関・保険業に過度経済力集中排除法を適用しないと日本政府に言明した（三月二六日）[98]。ESSの関係者は、四月二〇日のノース使節団団員との会合の席で陸軍省のベーカーから、「健全な金融機関の維持の必要から金融機関の集中排除は行わない」との合意がジョンストン使節団とGHQの上層部の間に成立したとの情報を得た。[99]

四月半ば以降、事態は財政金融課に有利な方向へ急速に展開していった。

マーカットESS局長は、四月一七日に過度経済力集中排除法適用の緩和をウェルシュに指示したが、そのなかで、銀行の再編成は実施せず、新たな銀行法によって監督する方針を指示した。これを受けて、反トラスト・カルテル課は四月一九日に、この方針を確認した。[100]

四月二三日、ルカウント財政金融課長は、ESS局長に対し、大銀行は分割すべきではないという結論を伝えた。[101]ただし、この文書は銀行への過度経済力集中排除法の適用を否定するものではない。前に掲げたゆるやかな内容の十大銀行に対する集中排除政策適用案を五大銀行に限って適用しようというものである。銀行を適用から除外するかどうかの決定の権限はGHQ上層部に属するので、財政金融課としてはこの段階では、集中排除政策を実施するという前提に立って方針を作成したものであろう。

こうして大銀行は分割されないことになり、銀行への過度経済力集中排除法適用問題は事実上決着をみた。

マーカットＥＳＳ局長は、五月四日に来日した集中排除審査委員会に対し、六月四日に五大銀行を分割する必要の有無を諮問した。七月二日同委員会は五大銀行を分割する必要はないとの意見を提出した(102)。その理由として、銀行の分割は大衆の信用を失わせること、分割により各銀行の預金規模が小さくなれば大規模な資金需要に対応できなくなること、現在でも悪化している各銀行の預貸率がさらに悪化すること、現在でも少額な資本金がさらに小規模になることをあげている。そして、これらの大銀行は公正取引委員会の下において、独占禁止法にもとづく規制を加えるのが適当であるとした。

ウェルシュはなお、形式の上だけでも大銀行を過度経済力集中排除法の対象とすることに固執した。すなわち、持株会社整理委員会が五大銀行を同法の対象に指定したのち、分割を実施しないという決定を発表する方式を主張したである(103)。銀行再編問題に関する反トラスト・カルテル課の発言権を確保することがウェルシュの狙いであったようである。

しかし、この抵抗も失敗に終わり、七月一六日に反トラスト・カルテル課は「日本の商業銀行に集排法を適用しない」ことを了承した(104)。そのさい、ウェルシュは資本・人的な相互関係の排除やその他独占禁止法に抵触する部分は独占禁止法と「会社証券保有制限令」（勅令第五六七号）の適用により除去すること、今後大商業銀行は独占禁止法に違反しないよう公正取引委員会によって厳重に監督されること、健全な銀行活動、非商業銀行部門の分離などを定めた銀行法を準備し、日本政府に実施させること、などの諸条件を求め、マーカット局長もそれに同意した(105)。

七月二九日に持株会社整理委員会は、反トラスト・カルテル課から示された銀行への非適用方針を受け入れ、過度経済力集中排除法にもとづく銀行の再編成は行わないことを翌日、公表した(106)。

こうして、銀行への過度経済力集中排除法適用問題は最終的な決着をみた。(107) 大蔵省終戦連絡部長渡辺武の日記は、七月三一日の財政金融課長ルカウントとの会見を次のように記している。(108)「LeCount に集排の金融機関に不適用の発表が昨日HCLCによって行はれたことに付礼をいふ。昨年十一月以来の long struggle なりといふ」。

金融機関へ過度経済力集中排除法を適用しないという結論は財政金融課の主張してきた大銀行分割反対の路線に沿うものであった。のみならず、財政金融課が立てた集中排除プランの代案も実施する必要はなくなった。同法の非適用方針が固まってくると、財政金融課はしばらく進行を遅らせていた金融機関の再建整備の完成を急ぎはじめた。一九四八年五月一五日に大蔵省から各金融機関へ「最終処理方法書」が下付されて、新旧勘定が合併され、「整備計画書」も八月に認可された。再建整備の過程で、大銀行の規模縮小も結局実施されなかった。おそらく、大支店銀行制度の熱心な擁護者であった財政金融課は、大銀行の規模縮小には最初から乗り気でなかったのであろう。

過度経済力集中排除法の非適用が決定した力関係については、アメリカ政府の政策転換を主要な要因とみる通説と、財政金融課の抵抗を主な原因と考えるツツイの説がある。(109) 上記の経緯をみれば、アメリカ政府の政策転換が力関係を変化させせたことは疑いえない。

もともと、財政金融課は日本の大蔵省や日銀、さらには各銀行と密接な関係を保っており、そのためGHQの政策決定における財政金融課の影響力は相当に大きかったと思われる。それとは対照的に、ウェルシュの反トラスト・カルテル課は日本国内にはほとんど支持勢力を持つことができなかった。過度経済力集中排除法には産業界・金融界だけでなく、総同盟や産別会議などの労働界も反対を唱えた。同法の見直しにあたってドレーパーは、片山首相でさえ同法には反対であるという情報を把握していた。(110)

財政金融課の代案である大銀行の支店整理による規模縮小も実施されなかったと述べたが、集中排除政策がまったく何も残さなかったわけではない。金融行政面にまで眼を向ければ、一九四九年一月に大蔵省は集中排除政策の精神を取り入れて、大銀行の支店増設を許可しない方針を決めた(111)。一九四九年九月に示された大蔵省の地方銀行新設許可方針も独占禁止政策と関係があったと考えられる。一九五〇年から五一年にかけて東京都民銀行、千葉興業銀行など八行の新設が認められた(112)。これは、一九二〇年代以来の銀行合併政策のなかで異例のことでる。

## 3　財政金融課の金融制度再編構想

一九四八年八月一七日に、ＧＨＱ覚書「新法律の制定による金融機構の全面的改編に関する件」が日本政府に手渡された。これは、ＧＨＱが示したはじめての金融制度改革についての包括的指針であった(113)。この覚書は起草者であるアメリカの連邦準備制度理事会出身の財政金融課の担当官ケーグル（Clifford E. Cagle）の名前をとって、ケーグル案と呼ばれている。ケーグル案の内容の詳細については他の文献に委ね、本章では主に全体の金融制度改革の流れのなかにおけるこの案の位置づけを明らかにすることを目的とする(114)。覚書の要点を掲げれば次のとおりである。

(1)　大蔵省から独立した政治色のないバンキング・ボード（金融庁）を創設し、通貨信用政策の策定と実施、金融機関（日銀も含む）の監督にあたる。それにより、財政（大蔵省）と金融（バンキング・ボード）を分離する。

(2)　日本銀行は、各銀行からの支払準備を受け入れ、それを銀行・政府等に運用する支払準備銀行に改組する。同行の発券業務、政府の銀行としての業務は継続する。また、同行の株式は民間の金融機関が保有する。

(3)　現在の経済状態が改善されるまで、必要な政府金融機関は維持される。

(4)　銀行の健全性維持、独占禁止政策の適用の立場から一般の金融機関に対し次の制限を加える。金融機関の株式支配・役員兼任の禁止。銀行の株式・社債発行、引受けの禁止。銀行の一個人・企業に対する貸出・投資の制限。
金融機関の資本金の充実。支店設置の規制とグループ銀行、チェーン銀行の禁止。

(5) これまでの金融関係の法律を見直し、上記(1)から(4)の内容を含む包括的な金融業法を日本政府が制定する。

ケーグル案はアメリカの金融制度にならって日本の金融制度を全面的に改革する案として大きな反響を呼んだ。なかでも、バンキング・ボードの創設と日銀の改組がとくに注目された。民間銀行の改革については独占禁止法などによりすでに「その方向は大体予知されていた」のに対し、「中央銀行と金融行政組織の改革の方向は関係者でさえ予想できなかった」からであった。[115]

ケーグル案を占領期の金融制度改革全体のなかに位置づけるとするならば、第一に指摘しなければならないのは、この案がエドワーズ報告書の延長線上にあるということである。

財政金融課が金融制度改革に取り組むのは、他の改革に較べてかなり遅れた。それは、閉鎖機関の処理や再建整備など緊急に片づけねばならない仕事が山積していたためと思われる。[116]

一方での、反トラスト・カルテル課による集中排除政策の進展、他方での第二次金融制度調査会の最終答申提出(一九四七年一一月一五日)、大蔵省による「金融業法案要綱」の作成(一九四七年一二月四日)等の日本側の金融制度の再検討開始の状況のなかで財政金融課としても政策の具体化を迫られることになった。

一九四八年一月一〇日付でESS局長宛に提出された財政金融課通貨銀行係の文書「金融機関における経済力集中の除去についての政策と基準」は、集排法の施行後もっとも早い時期に提出された財政金融課による集中排除政策実施案であった。[117]

この案は、いかなる産業・金融の「企業結合体」(combines)からも自由で、より広範な経営と所有の基盤を持ち、競争的条件で融資を行い、政府による独占的金融支配の「痕跡」(trace) のない、そうした健全な金融構造の形成を目指すものでなければならないとする。そして、具体的には以下の諸措置を掲げている。

(1) 信用組合の設立、地方銀行の営業地域の拡大により、独立した金融機関数を増設させる。
(2) 金融機関相互の支配・従属関係を除去し、将来そのような状態が生じないようにするための法令を制定する。
(3) 郵便預金のような政府系機関の預金は、その預金を収集した地域に応じて、分散化する。
(4) 長期信用機関の業務は債券の売却を通じての長期信用業務に限定され、預金業務等は禁止される。
(5) 「日本政府と金融諸機関による日本銀行の支配を防ぐ」ため、「金融・商業・工業・農業からの、また大・中・小企業の代表者からなる重役会設置を定めた法令を制定する。
(6) 銀行法の改正には、工業・金融の分野の「企業結合体」(combines) との連携の排除、指定金融機関制度の廃止、株式持合い・役員の兼任の禁止を盛り込む。
(7) 預金保険制度を創設し、銀行検査制度を十分なものとする。
(8) 普通銀行の業務は商業銀行業務に限定し、顧客との関係が「普通の銀行と顧客の関係」を超えないように規制する。

ここには、すでに八月一七日覚書の金融制度改革指針の骨格が不十分な形ながら示されている。ただし、バンキング・ボード構想はまだ姿を現わしておらず、日銀重役会の「民主化」が示唆されるにとどまっている。

その後、財政金融課は反トラスト・カルテル課の銀行への過度経済力集中排除法適用の攻勢に対応するための短期的な集中排除政策具体案[118]と、財政金融課独自の長期的政策（金融業法の制定）を分離し、それぞれ別に立案をはじめた。前者はすでにみたとおりである。そして、後者は連邦準備制度理事会出身のケーグルによって金融業法案として提出され、ＥＳＳ内部の検討に付された。

三月五日付で「総合的新金融業法案」（New Overall Banking Law）が財政金融課からＥＳＳ局長へ提出された。[119] この案はほぼそのままの形で五月二八日付「金融業法案」（Proposed Banking Law）に引き継がれ、[120] それが簡略化されて八月一七日の覚書となった。

三月五日案は法案の主旨を次のように記している。

「日本の金融業の効果的な規制は充分な法律なくしてはありえない」。ところが、現行の法律は各金融機関、金融業務ごとに作られ、矛盾する部分も多い。包括的な新金融業法を制定する必要がある。

「全金融機関の効果的な規制と監督は通貨信用政策の作成にも責任を持つ単一の機関に集中されなければならない。この機関は持続的性格を持ち、バランスがとれ、出来る限り政治や私的金融（private finance）の影響が排除されなければならない。真の銀行検査と監督の制度をできるだけ早い時期に作り、実施に移さなければならない。銀行を工業、商業、その他の企業から分離しなければならない。銀行家は銀行家でなければならない。商業銀行から分離された充分な証券市場ができるだけ早い時期に準備されなければならない。銀行と保険会社の融資についての有効な質的・量的制限を法律によって定めなければならない。各銀行は預金その他の債務に見合った健全な資産状態と充分にして健全な資本を確立し、維持しなければならない」。このような計画の実施は政府の権限の縮小につながる。大蔵省は大幅に再編され、政府の委員会の多くも廃止される。

「銀行は、大銀行も小銀行も、商工業企業への過大の融資を行なっている。これらの商工業企業の多くは日本の現在、将来の経済にとって必要である。現在及び近い将来において真の証券市場が欠けているために、企業は、大企業も小企業も、総額においても一口当りでも大きな額の資金を銀行に求めざるを得ない。いくつかの大規模で強力な銀行の存在は、適切な分散化を保証し、資本に対して貸出が過大になることを防ぐために、必要であるし、今後も必要であり続けるだろう。日本の主要都市において大規模な競争的金融機関を維持し得る唯一の方法は、大規模な支店銀行を通じてしかない。もしも、単一店舗銀行がかなりの都市において完全に独占的な地位が与えられるならば、供与しうる一口当りの融資金額は制限されるし、貸出の分散化ははかられず、危険な状態に陥る」。

この案は調査統計課と反トラスト・カルテル課にまわされ、検討された。調査統計課は、一方では「この文書には経済力集中排除の要素がまったく無い」と批判し、(121)また他方では、根本的な制度改革を含む金融業法の性急な実施はどのような集中排除案よりも金融恐慌を引き起こす危険性が大きいと主張した。(122)同課の意見は金融制度についてはおおむね現状維持的であり、日銀についても大蔵省から独立させたうえで、現行のありかたを維持することを支持し、特殊金融機関も適当な変更を加えて存続させることを提言している。(123)

反トラスト・カルテル課も同意見書を提出したが、銀行に対する集中排除政策適用について同案が何も触れていないと批判したのみで、それ以外の具体的批判は行わなかった。(124)

このような批判にもかかわらず、財政金融課は原案をほとんど変更することなく五月二八日案へ引き続き、八月一七日の覚書となったのである。

金融制度改革案としてみた場合、ウェルシュ案はエドワーズ報告書の一部分である大銀行の分割を強調した案である。ケーグル案はエドワーズ報告書の別の部分、政府と財閥系銀行との密接な関係を排除するために大蔵省の権限を弱めるという提案の具体化であるといえる。両案ともエドワーズ報告書に根拠をおくが、ウェルシュ案がエドワーズ報告書の独占禁止の精神をそのまま引き継ぐものであったのに対して、ケーグル案の場合にはエドワーズ報告書の一種の「読み替え」が行われている。

ツツイは次のように述べている。財政金融課は、不備で「非民主的」なシステムが財閥銀行を生んだのであり、その逆ではないと考えていた。そこで財政金融課はそのような「非民主的」システムを改革し、その改革を永続的に維持するため金融業法の制定に意欲を燃やしたのである。そして、そうした見解は日本経済の「非民主的」発展に責任があるのは、軍国主義的行政ではなく財閥組織であったとするエドワーズ報告書の考えと異なるものであった[125]。

ツツイの議論をさらに発展させるなら以下のようにいえよう。ケーグルら財政金融課のメンバーは、戦前において存在していた大銀行間の競争的な構造が戦時経済のもとで政府の統制により崩れ、競争が阻害されるようになったと考えていた。したがって、不必要な政府の干渉を排除したうえで、大銀行を現在のまま存続させるべきであるという方針が出てくるのである。このような財政金融課の財閥観は、戦時経済以来の大蔵省の統制や干渉に反発していた民間の諸銀行の利害と一致した。

事実、ケーグル案は銀行団体からは好意をもって迎えられた。東京銀行協会は「わが国金融制度の欠陥を是正し、金融民主化を実現するために、少なくともその基本的構想においては極めて適切なる改革案」であると賛意を表した[126]。

ケーグル案の金融制度改革の全体の動向のなかにおける位置を知るために、もう一つ取り上げねばならないのは、第二次金融制度調査会の答申である。結論を先に述べれば、ケーグル案はこの答申と内容的にみて近い関係にあった。第二次金融制度調査会は社会党の水谷長三郎を委員長とし、民間人をもって構成された委員会で、その答申は「今日からみると驚くほどの斬新な内容を含む[127]」と評価されている。同委員会の答申の内容は簡単に要約すれば、以下のとおりである。

第一に、金融機関の「自主的民主的統制方式」の提案である。具体的には、「国家が全金融機関の統一的かつ民主的運営をはかるための管理統制機構」として通貨信用委員会（仮称）を設置することを提案した[128]。この機関は、内閣総理大臣に直属し、大蔵省、日銀、経済安定本部からは独立した機関とされた。構成は、日銀総裁および金融、産業、勤労者の各代表をもって構成されるものとした。

第二に、答申は「金融機関における経営者の独善的支配者を排除」し、「民主化を実現」するために、独占的株主の排除、相互会社組織の普及、融資額の制限、経営協議会の活用、従業員からの役員の選任を挙げた。ここに書かれている民主化の内容は、GHQの支持した独占禁止政策と、社会党などが掲げていた社会化（労働者の参加）の双方を取り入れた内容となっていた。[129]

第三に、金融機関の長短分離については、「一般普通銀行は原則として短期金融の分野に活動すること」とし、別に「長期産業銀行」の設置を予定しており、商業銀行への一本化を主張するGHQとは異なった考えを示した。[130]

本章では、第一の点についてもう少し深めておきたい。武藤正明は、ケーグル案をアメリカの連邦準備制度の直輸入とみる通説[131]に異議を唱え、ケーグル案以前に第二次金融制度調査会が公表していた通貨信用委員会構想がすでにバンキング・ボード構想を部分的に先取りしていたとする。[132]本章は武藤説を支持するものであるが、その意味をもう少し考えてみたい。[133]

答申は、「日本経済の再建のためには、少なくとも当分の間は強度の経済統制を必要と」する、また、「日本経済民主化の枢要な一環として」金融機関の編成・金融機関の運営は民主的でなければならないと、統制と民主化を基本原則として掲げる。そのうえで、過度経済力集中排除法による分割の道も国有化・国家管理の道も欠点があると批判し、「自主的民主的統制方式」を打ち出すのである。すなわち、前者については、「経済力集中排除法の実施により企業を過度に細分化することは、運営の合理化を阻害し不必要な摩擦混乱を生ぜしめる恐れがある。特に金融機関の経済技術的性格として、これが細分は不適当と認める」と、批判する。また、後者については「国営化については幾多の障害が存在する。したがって、特殊な性格のものを除き、当面これを民営にゆだねることを適当とする」としている。国有ないし国家管理の方式については、第一特別委員会の中間報告書でさらに詳細な検討が加えられた。(134)国有を不適当とする理由は、産業部門がほとんど社会主義的には編成されていないこと、国有化は民間の意思がほとんど尊重されない現行の金融行政の強化につながる恐れがあること、経営が放漫に流れること、などであった。

興味深いのは、さらにもう一つの選択肢として「完全に民主化された日本銀行を最高管理機関とする金融自主統制」方式が検討されていることである。この方式が適当でない理由として、金融行政全般の民主化なしに日本銀行のみの民主化は困難であること、「経済安定本部に於ける経済統制との均合に就て、特に何等かの連絡調整構造を必要とする」ので「金融機関側のみによる自主統制」は意味がないこと、を挙げた。

こうして、結局、第一特別委員会は「管理委員会制度」(「通貨信用委員会」)がもっとも適当であるとの結論に到達した。さらに、その場合でも、経済安定本部のなかにこの委員会をおく方式と、外におく方式があり、どちらが優れているかが比較検討され、経済安定本部の外におき大蔵省・経済安定本部の代表を参加させる方式がもっともよいと結論づけた。

このように、通貨信用委員会は国有化案、集中排除案の双方に対する対案として提起されたものである。金融制度調査会第一部会の委員は一八名中一五人までが銀行関係者であり、しかも大銀行の出身者が多かったから、この意見は大銀行の立場を反映していたといってよいであろう。(135)

ところで、GHQも非公式ながら、金融機関の国有化には反対の立場を日本政府の関係者に表明していた。

一九四八年三月三日のマーカットESS局長と栗栖蔵相との会見記録に、「軍事公債利払停止及金融機関国有問題に付ては司令部は重大関心を有するに付、問題の進展に付常にinformされ度。栗栖氏より、日銀法改正の要あるも自分はFederal Reserve Bank的なものにし度しと考ふる旨述べたるに対し、Marquatはtoo much socializationは不可なりと思ふといふ」とある。[136] また、財政金融課のルカウントとビープラットは三月八日に渡辺武大蔵省終戦連絡部長に日銀国有化反対の意見を伝えている。[137]

ケーグル案を伝えた新聞が「日銀国営化せず」[138]、「日銀を純民営化」[139]の見出しを掲げたのは、銀行国有化、日銀国有化が当時の日本における政治上の大きな争点であったからにほかならない。

以上みてきたように、ケーグル案を集中排除政策、銀行国有化に対する対案として位置づけることができる。しかし、同案が決して現状維持的な案ではなく、かなり大胆な改革を提起していたことは疑いえない。ケーグル案の改革の側面をどう位置づけるかという問題が残る。

連邦準備理事会事務局出身のケーグルが日本において、本国をしのぐ理想的な制度を実現させようとした情熱を別にすれば[140]、エドワーズ報告書等の改革論の影響の大きさを指摘できる。ケーグル案は銀行分割には反対であったものの独占禁止法や「会社証券保有制限令」の線に沿った独占制限措置を盛り込んでいた。他方、すでに述べたようにエドワーズ報告書が主張した政府と財閥系銀行との関係の排除を主張した。また、エドワーズ報告書には欠けていた銀行業務と証券業務の分離も掲げている。このように、日本の金融制度の戦時的体制の改革という点ではきわめて意欲的であったのである。

しかし、周知のように、ケーグル案に示された金融制度改革は結局挫折した。その直接的原因は、アメリカ政府の方針転換である。[141] 日本政府はケーグル案をともに「金融業務法案」を準備し、一九四九年の第五国会に提出する意向を固めたが、GHQの方針転換により見送りとなってしまった。その理由は、「新しい金融当局の設置は経済安定化計画の不可欠の一環として、同計画との調整を充分に行なったうえで実施さるべきであり、安定化計画が相当の成功をおさめた後に導入さるべきである」ということであった。[142] 日本の経済安定を優先し、改革を後回しにするというアメリカ政府の路線がここでも貫徹したのである。[143]

## (五) 展望

以上検討してきたところによれば、GHQの金融制度改革は、占領初期のアメリカ政府の対日占領方針で方向が決められ、エドワーズ報告書で具体化された独占禁止政策の一環であった。一九四八年八月に財政金融課から提出されたケーグル案は基本的立場においてエドワーズ報告書とは方向を異にしながらも、なお同報告書の延長線上に立案されたものといってよい。

反トラスト・カルテル課によって試みられた大銀行の分割の挫折をもって、またその対案として提起されたケーグル案も実を結ばなかったことをもって、金融制度に対する独占禁止政策の影響はほとんどなかったと結論することはやや性急であろう。

戦時下に急速に進んだ金融の極端な中央集権的構造は、戦時補償打切りによる大銀行と軍需企業への打撃と、財閥解体・集中排除政策の実施のなかである程度まで後退した。戦後改革における独占禁止政策を、①財閥同族支配など前近代的側面の解体、②戦時統制経済下に進んだ独占化・中央集権化の排除、③独占そのものの制限、の三つの側面に分けるならば、金融の分野では①については徹底的に、②についてはかなりの程度まで、③についてはきわめて不十分な形で実施されたといえよう。③の側面がふたたび注目されたのははるか後の一九七〇年代になってからであった。

注

(1)　オーバー・ローン、資金偏在、間接金融優位の高度成長期の金融システムの起点をどの時期に求めるかについての問題点を明快に整理した論文として、伊藤修「戦後日本金融システムの形成」(『年報　近代日本研究』八、一九八六年)が有益である。伊藤修『日本型金融の歴史的構造』(東京大学出版会、一九九五年)第I部も参照。

(2)　宮崎義一は、「軍需補償打切り、財閥解体、集中排除の過程において、市中銀行が相対的に有利な地位を一貫して保持し、戦後の産業設備資金の調達にかんして市中銀行を仲介とする間接金融方式の基礎を確立した」と述べている(『戦後日本の経済機構』新評論、一九六六年、三三頁)。宮島英昭「財閥解体」(法政大学産業情報センター・橋本寿朗・武田晴人『日本経済の発展と企業集団』東京大学出版会、一九九二年、二二六～二三八頁)も参照。

(3)　加藤俊彦「金融制度改革」(東京大学社会科学研究所編『戦後改革7　経済改革』東京大学出版会、一九七四年)。なお、関連した業績として、「戦後インフレーションと銀行」(東京大学『社会科学研究』第二二巻第二号、一九七〇年)、「長期信用銀行の一考察―長期信用銀行の構想の形成過程―」(同誌第二五巻第一号、一九七三年)がある。William M. Tsutsui, *Banking Policy in Japan: American Efforts at Reform during the Occupation*, Routledge, 1988. また、金融制度改革全般にわたる研究ではないが、武藤正明の日本銀行改革に関する一連の論文はGHQ史料と日本側史料にもとづいたすぐれた分析である。武藤正明「『バンキング・ボード』設置構想」(『創価経営論集』第九巻第一号、一九八四年一一月)、「『ポリシー・ボード』構想」(同誌第九巻第二号、一九八五年三月)、「政策委員会の設置」(同誌第一〇巻第一号、一九八五年一二月)、「日本銀行法一部改正法案」(同誌第一〇巻第二号、一九八六年三月)、「第二次大戦後の日本銀行制度改革構想」(同誌第一一巻第二号、一九八七年三月)、「『バンキング・ボード』設立構想再論」(同誌第一六巻第一号・第二号、一九九一年一二月・一九九三年三月)、「一九四八年八月の非公式覚書―金融機構の全面的改革指令―」(同誌第一七巻第二号、一九九二年二月)。

(4)　なお、ツツイの研究は英語文献のみに依拠しているため、一九七〇年代以降に進んだ日本側の一次史料の発掘をふまえた日本の研究成果を吸収していない難点がある。

(5)　占領期の金融制度改革を、各種の改革のそれぞれにわたり記述した文献に次のものがある。日本銀行調査局『戦後わが国金融制度の再編成』(一九六七年、日本銀行金融研究所編『日本金融史資料　昭和続編』第一〇巻、所収)、大蔵省財政史室

編『昭和財政史―終戦から講和まで―』第一三巻「金融制度」〈原司郎〉（東洋経済新報社、一九八三年）、日本銀行百年史編纂委員会編『日本銀行百年史』第五巻（一九八五年）。

（6） Marlene J. Mayo, "American Economic Planning for Occupied Japan: The Issue of Zaibatsu Dissolution, 1942–1945", Lawrence H. Redford ed., *The Occupation of Japan: Economic Policy and Reform*, The MacArthur Memorial, Norfork, 1980.

（7） セオドア・コーエン『日本占領革命―ＧＨＱからの証言―』上（大前正臣訳、ＴＢＳブリタニカ、一九八三年）第一部。

（8） アメリカの民間の日本研究者の思想と活動については、油井大三郎『未完の占領革命』（東京大学出版会、一九八九年）が詳しい。

（9） コーエン、前掲書、八五頁。

（10） Mayo. *op. cit.*, p. 223.

（11） 大蔵省財政史室編『昭和財政史―終戦から講和まで―』第二巻「独占禁止」〈三和良一〉（東洋経済新報社、一九八二年）一一〇―一四三頁。

（12） 「渋沢蔵相に与う」（『大内兵衛著作集』第六巻、岩波書店、一九七五年）一九七―二〇一頁。

（13） 前掲『昭和財政史―終戦から講和まで―』第一一巻「政府債務」〈加藤三郎〉三四―三七頁。

（14） 「軍需企業ニ対スル補償金ノ金融的意義ニ就テ（未定稿）」昭和二〇年一〇月三一日、産業資金課（同上書、第一七巻「資料(1)」一九八一年）六一三―六一四頁。

（15） 拙稿「津島財政期の財政金融政策―インフレ対策を中心とした考察―」（成城大学『経済研究』第一〇二・一〇三合併号、一九八八年一二月）参照。

（16） 「財政再建計画大綱説明要旨」昭和二〇年一一月五日（前掲『昭和財政史―終戦から講和まで―』第一七巻、五〇九頁）。

（17） 同上書、第七巻「租税(1)」第三章「昭和二〇年度の財産税構想」〈加藤睦夫〉六九―一三〇頁。

（18） 一九四五年一二月五日には早くも第一次金融制度調査会が発足しているが、まもなく調査会のメンバーのかなりの部分が一九四六年一月四日の「公職追放指令」によりパージされたため、最終の答申を出さないまま同年二月に解散した。この調査会の議論で見る限りは、伝統的な金融制度を維持していこうという姿勢が強い（前掲『昭和財政史―終戦から講和まで

―』第一三巻「金融制度」三三四―三五一頁）。

(19) この史料は三和良一によってはじめて紹介され、「安田プラン」の原型として位置づけられた（同上書、第二巻、一一七―一二〇頁）。

(20) 「財閥系金融機関ノ処理方針ニ関スル件」（大蔵省史料）。

(21) 「財閥系金融機関ノ処理方針ニ関スル件」昭和二〇年一〇月七日（大蔵省史料）。

(22) 「『財閥銀行ノ処理ニ関スル件』ニ対スル『マ』司意見」昭和二〇年一〇月一八日（大蔵省資料）。

(23) 「財閥系金融機関ノ処理ニ関スル件」昭和二〇年一〇月一九日（大蔵省資料）。

(24) 「八大銀行ノ処理ニ関スル件」昭和二〇年一〇月一六日（大蔵省資料）。

(25) 「軍需融資処理銀行（仮称）ノ設立ニ関スル件」昭和二〇年一〇月一〇日、産業資金課（前掲『昭和財政史―終戦から講和まで―』第一七巻、五九九―六〇〇頁）。

(26) 三和はこの意味で「時代錯誤的」と評している（同右書、第二巻、一一八頁）。

(27) 大蔵省財政史室編『資料・金融緊急措置』（霞出版社、一九八七年）三五一―三五五頁。なお、前掲『昭和財政史―終戦から講和まで―』第一二巻「金融政策」〈中村隆英〉八四―八五頁も参照。

(28) 統一した軍需融資処理機関構想が消滅した理由は、大蔵省の内部検討資料「軍需融資整理ニ関スル問題点」昭和二一年一月一九日を参考にして考えるならば、次のようなものだったと思われる。各銀行に軍需融資の処理を任せる方が、金融機関の責任を明確にし、世論の「社会的正義感ノ要請」を満たし得、金融機関に対する「独善的利益擁護」との批判を招かないですむこと。各金融機関が自主的責任で軍需融資を回収すれば、回収能率は向上すること。企業補償の程度などはまだ決定を見ていないこと（前掲『昭和財政史―終戦から講和まで―』第一七巻、六一八―六一九頁）。

(29) “A Financial Plan for Japan (First Draft)” 14 January 1946, GHQ/SCAP Documents, Box 7639, Folder (48) 17. 900: War Indemnities Tax, Historical Development（国会図書館所蔵 Microfiche, ESS (D) 07970–07973、日本銀行金融研究所編『日本金融史資料　昭和続編』第二四巻、大蔵省印刷局、一九九五年、三六六―三七八頁）.

(30) インフレ抑制政策としては、銀行信用の抑制（投機的取引に資金が流れるのを防ぐために、銀行信用の追加供給は三ヵ月以内の商業手形に限ること、日銀の普通銀行に対する貸出を減少させること、など）を第一に掲げている。預金モラトリアムについては、できるだけ避けたいとしている。しかし、通貨切替えと同時に預金モラトリアムを実施することが望ましいので、近い将来、その可否が決定されねばならないとつけ加えている。この記述は一月一四日の時点でＧＨＱがモラトリアム実施に消極的であったことを示すもので、金融緊急措置がもっぱら日本側のイニシアティブによって行われたことを裏づけている。なお、前掲『昭和財政史—終戦から講和まで—』第一二巻「金融政策」八七—九一頁も参照。

（31）加藤三郎「戦後財政の出発点」（大内力編『現代資本主義と財政・金融1　国家財政』東京大学出版会、一九七六年）二四五頁。

（32）前掲『昭和財政史—終戦から講和まで—』第一一巻「政府債務」二一二頁。

（33）Public Finance Branch "Disposition of War Claims and Indemnities" 25 March 1946, GHQ/SCAP Documents, Box 7639, Folder (48) 17.900: War Indemnities Tax, Historical Development（国会図書館所蔵 Microfiche ESS (D)–07972、前掲『日本金融史資料　昭和続編』第二四巻、六二—六六頁）.

（34）早い時期の日本側の戦時補償封鎖案としては、産業資金課「軍需企業ニ対スル補償ニ関スル件（案）」昭和二〇年一〇月三一日がある（前掲『昭和財政史—終戦から講和まで—』第一一巻「政府債務」一五五—一五六頁）。

（35）同上書、第二巻「独占禁止」一八一—一九一頁。

（36）"Disposition of War Claims and Indemnities", 5 July 1946, GHQ/SCAP Documents, Box 7639, Folder (50) 17.902: War Indemnities Tax, Historical Development（国会図書館所蔵 Microfiche, ESS (D) 07975–07977、前掲『日本金融史資料　昭和続編』第二四巻、六七—七三頁）．戦時補償債務の金額は大蔵省の推計でも何度も改訂され、最初は五六五億円と見込まれたが、最終的には戦時補償関係請求額八〇九億円、命令融資等損失補償打切り分五〇億円に達した（同上書、第一一巻「政府債務」三七頁）。

（37）同上書、二一一頁。

（38）Public Finance Branch "Report of Conference on Disposition of War Claims & Indemnities" 29 April 1946, GHQ/SCAP Documents, Box 7639, Folder (48) 17.900: War Indemnities Tax, Historical Development（前掲『日本金融史資料　昭和続編』第二四巻、六六—六七頁）.

（39）前掲『昭和財政史—終戦から講和まで—』第一一巻「政府債務」第三章、同上書、第七巻「租税(1)」「第四章　財産税法・戦時補償特別措置法の成立と徴税問題」〈加藤睦夫〉。
(40) 同上書、第一一巻「政府債務」二七九頁。
(41) この抵抗が一九四七年五月の石橋の公職追放の要因の一つであったことについては、増田弘『石橋湛山――占領政策への抵抗』(草思社、一九八八年)が詳しい。
(42) 調査団のメンバーは、司法省、連邦通商委員会(FTC)、証券取引委員会(SEC)などの独占禁止問題の専門家であった。そのうちに、日本問題の専門家はいなかった(コーエン、前掲書、下、二〇五頁)。なお、メンバーの一人、司法省反トラスト部のジェームス・ヘンダーソン(James M. Henderson)は日本にそのまま残り、反トラスト・カルテル課長になった。
(43) "Report of the Edwards Mission", GHQ/SCAP Records Box 8356 Folder (3), (4) Edwards Mission (Zaibatsu)-1946(国会図書館所蔵 GHQ/SCAP Microfiche ESS (B) 15840-15846、前掲『日本金融史資料 昭和続編』第二四巻、一二六一二八六頁).
(44) 戦時統制経済下の官僚と財閥の「親和と反発」の評価はさまざまに分かれるが、「計画化」の反財閥的側面を重視した評価として、中村隆英「概説――一九三七―五四年」(中村隆英編『日本経済史7 「計画化」と「民主化」』岩波書店、一九八九年)がある。
(45) 政策提言を列挙したエドワーズ報告書の冒頭の「要約」の部分は、前掲『昭和財政史―終戦から講和まで―』第二巻「独占禁止」に全訳されている(一四九―一五七頁)。本章では、報告書の論旨を明確にするため、直接、本文に則して内容を要約した。
(46) E・M・ハードレー『日本財閥の解体と再編成』(小原敬士・有賀美智子監訳、東洋経済新報社、一九七三年)一五一頁。
(47) 前掲『昭和財政史―終戦から講和まで―』第二巻「独占禁止」一七四―一七九頁。
(48) SWNCC三〇二/二(FEC二三〇)文書の全文は、ハードレー、前掲書、五五九―五七七頁に翻訳、掲載されている。
(49) エドワーズ報告書の内容は厳しすぎると批判したGHQの同報告書についてのコメントも、この点に関しては逆に「資本金・準備金の二五%以上を一社に集中的に投融資することの禁止措置は、あまりに自由放任的すぎる。二五%より低く抑えるべきである」と述べている(前掲『昭和財政史―終戦から講和まで―』第二巻「独占禁止」一六六頁)。

(50) ハードレー、前掲書、八一頁。
(51) トーマス・A・ビッソン『日本占領回想記』（中村政則・三浦陽一訳、三省堂、一九八三年）九五頁。
(52) 前掲『昭和財政史―終戦から講和まで―』第二巻「独占禁止」一六四頁。
(53) 財閥解体に関する最近の包括的研究書である同上書も、持株会社整理委員会令の「日本政府の提案から司令部の承認までの期間が二ヵ月以上におよんだのには、何らかの理由があったと思われるが、その間の事情は明らかでない」（二三〇頁）と述べている。また、当事者であるハードレー自身、前掲の著書では明示的にはその辺の事情を語っていない。
(54) 細谷正宏「アメリカの財閥解体政策の積極化について―『ハドレー・メモ』の役割―」（『同志社アメリカ研究』第二二号、一九八六年三月）。
(55) この覚書の全文は、持株会社整理委員会編『日本財閥とその解体』第一巻（一九五一年）一七三―一七四頁に邦訳で収録されている。なお、ビッソン、前掲書、二八一―二八八頁も参照。
(56) 座談会「独占禁止法制定のいきさつと公正取引委員会の発足」（公正取引委員会編『独占禁止政策三十年史』一九七七年、四二二頁）の矢沢惇の発言。
(57) アメリカのニューディール期の独占禁止政策については、ここでは萩原伸次郎「ニューディールの景気政策と反独占的経済思想」（廣田功・奥田央・大沢真理編『転換期の国家・資本・労働』東京大学出版会、一九八八年）の理解を前提としている。
(58) 御園生等『日本の独占禁止政策と産業組織』（河出書房新社、一九八七年）二三頁。
(59) ハードレー、前掲書、二二七頁。
(60) 公正取引委員会編『独占禁止政策二十年史』（一九六八年）二七頁。
(61) 同上書、九六頁、全国銀行協会連合会・東京銀行協会『銀行協会二十年史』（一九六五年）一三三―一三四頁、前掲『昭和財政史―終戦から講和まで―』第一二巻「金融政策」二三四―二三七頁、武藤正明「臨時金利調整法の制定」（『創価経営論集』第八巻第二号、一九八四年三月）。なお、座談会「占領下の法運用」（前掲『独占禁止政策三十年史』四三六頁）の柏木一郎の発言によれば、臨時金利調整法はGHQの反トラスト・カルテル課と財政金融課の妥協の産物であった。
(62) 一九四九年の独占禁止法改正に関しては、三和良一「一九四九年の独占禁止法改正」（中村隆英編『占領期日本の経済と政治』東京大学出版会、一九七九年、所収）がもっとも詳しい。三和は、この改正の歴史的意義を第一に「証券民主化の足をすくう結果をもたらした」、第二に「戦後型の新しい資本グループの結成に強力な武器を与えた」としている（二五八頁）。

(63)　戦時物価局に在職した前歴からウェルシュはしばしば、典型的ニューディーラーとされる。ニューディールは一種の統一戦線であるから、ニューディール思想を典型的に体現するのは誰かという問いは意味がないかもしれない。しかし、あえていうならば、自由主義経済思想を信奉するウェルシュよりも、コーエンの方を典型とみたい。両者の考え方の違いについては、コーエン、前掲書、下、二一五―二一六頁を参照。

(64)　同上書、二三五頁。なお、ウェルシュがGHQ内で影響力をもった理由として、ファイン（当時、ESS顧問）は回顧録の中で、「アメリカのリベラルの主流にいた著名な上院議員たち」とコネクションがあったことを指摘している（竹前栄治『日本占領――GHQ高官の証言』中央公論社、一七四頁）。

(65)　エドワード・C・ウェルシュ「反独占政策の展開と対日占領」（一九七三年七月一〇日のインタビュー要旨、大蔵省財政史室編『財政史ニュース』特別第一六号、一九七三年八月一六日）二―三頁。

(66)　木下威『片山内閣史論』（法律文化社、一九八二年）九一―九五頁。また、炭鉱国家管理については、林由美「片山内閣と炭鉱国家管理」（『年報　近代日本研究』四、一九八二年）を参照。

(67)　「都留重人日誌」一九四七年一〇月三日の項におけるGHQのFrommからの伝聞（経済企画庁編『戦後経済復興と経済安定本部』大蔵省印刷局、一九八八年、三〇一頁）。

(68)　前掲『昭和財政史―終戦から講和まで―』第二巻「独占禁止」四七五―四七六頁。

(69)　同上書、四七七頁。

(70)　GHQ/SCAP Records, Box 2228, Folder（17）Economic Deconcentration #1（国会図書館所蔵 Microfiche GS（B）02137-02138、前掲『日本金融史資料　昭和続編』第二四巻、三〇三―三〇七頁。邦訳は袖井林二郎編訳『吉田茂＝マッカーサー往復書簡集』法政大学出版局、二〇〇〇年、二〇三―二〇五頁に収録されている）。

(71)　前掲『昭和財政史―終戦から講和まで―』第三巻「アメリカの対日占領政策」〈秦郁彦〉（一九七六年）三〇二頁。

(72)　細谷正宏「アメリカ対日占領政策の『転換』―改革から復興へ―」（『同志社アメリカ研究』第二四号、一九八八年三月）一五一頁。

(73)「八月一三日（水）大臣ビープラット会談記録」（大蔵省資料）。

(74) 日本銀行調査局「占領期金融制度改革の一断面㈠―大銀行の分割問題―」〈武藤正明〉（一九七七年、日本銀行金融研究所編『日本金融史資料　昭和続編』第一一巻、一〇四―一〇五頁）。

(75) 大蔵省銀行局「金融機関再編案」一九四七年八月一五日（大蔵省資料）。なお、同案は「再編実行に際しては事前に預金保険制度の創設及び金融機関に対する検査監督の強化措置を講ずる」ことをうたっている。この前後から大蔵省内で預金保険制度の検討がはじまった。前掲『昭和財政史―終戦から講和まで―』第一三巻「金融制度」三七五―三七六頁、参照。

(76)『朝日新聞』一九四七年九月七日は、「旧財閥銀行については縦に二分割する案が急に具体化し、最悪の場合には三分割さえ強行されるのではないかとみられるにいたった」と伝えた。

(77)「経済力集中排除法の金融機関に対する適用について」と題する大蔵省銀行局の想定問答案を大蔵省がGHQの財政金融課に示したさいに、同法が金融機関に適用されると記した原案の部分を、財政金融課は現時点では適用されるかどうかわからないと書き改め、また、新聞報道の分割論については「たんなる推量」と述べた。GHQの内部文書で確かめ得る財政金融課の方針からみても、これはけっしてカモフラージュではなく、同課の考えをそのまま示したものであろう（大蔵省資料）。

(78)「金融機関の分割を非とする理由」（大蔵省資料）。

(79) ビッソンは財閥解体についてアメリカ国内で関心を持っていた勢力として、解体の徹底化に反対する勢力と賛成する勢力の二つを挙げている。前者は戦前日本に投資をしていたグループであり、後者は戦前の日本資本との競争を「鮮明に記憶している」輸出商・輸出向製造業者である（Bisson, *op. cit.*, p. 42）。なお、ドレーパー陸軍次官は戦前に対日投資業務も手掛けていたアメリカの金融業者ディロン・リード商会の元副社長であった（Howard B. Schonberger, *Aftermath of War: Americans and the Remaking of Japan, 1945–1952*, Kent State University Press, 1989, Chap. 5（邦訳『占領　一九四五～一九五二――戦後日本をつくりあげた8人のアメリカ人』宮崎章訳、時事通信社、一九九四年）。

(80) *Ibid.*, Chap. 6.

(81) 細谷、前掲「アメリカ対日占領政策の『転換』」一四六頁。

(82) 前掲『昭和財政史―終戦から講和まで―』第二巻「独占禁止」四八五―四八七頁。

(83) 大蔵省財政史室編『対占領軍交渉秘録　渡辺武日記』（東洋経済新報社、一九八三年一一月二五日）のチェンバレン（Chamberlain）の「(1) Kaufman Report は少し極端なるも、大体の主旨に賛成の所多し。(2) Deconcentration Law については Draper から電報が来たことは事実にて、Welsh の独断は check せらるべし」との発言（一五〇頁）。なお、一一月五日のチェンバレンの発言も参照。

(84) 前掲『昭和財政史―終戦から講和まで―』第二巻「独占禁止」五一六頁。

(85) 銀行への集排法適用問題についてＧＨＱの内部史料を用いたはじめての本格的研究は、Tsutsui. *op. cit.*, Chap. 3 "The Banks and the Antitrust Programme, 1945-8" である。本章では、同様にＧＨＱ史料にもとづきながらツツイとは異なった整理、理解をした。同氏の著書の該当箇所も参照されたい。

(86) 「渉外特報㊲栗栖蔵相マァクワット少将会談記録」昭和二三年一月九日（大蔵省資料）。

(87) 前掲、日本銀行調査局「占領期金融制度改革の一断面㈠―大銀行の分割問題―」一〇六頁。

(88) Herbert H. Scheier, "Brief History of the Reorganization Branch of the Antitrust and Cartels Division", October 1949, SCAP Documents, pp. 29-30.

(89) Antitrust and Cartels Division' "Standards for Excessive Concentrations in Banking Fields", 10 January 1948, GHQ/SCAP Docnments, Box 8468, Folder (6) Banks: Deconcentration and Legislation（国会図書館所蔵 Microfiche ESS (c) 14705-14707、前掲『日本金融史資料　昭和続編』第二四巻、三一一―三一五頁）.

(90) Antitrust and Cartels Division "Bank Reorganization", 9 February 1948, GHQ/SCAP Documents, Box 8202, Folder (9) Laws, Standards and Policies, Volume VIII-Banking Laws"（国会図書館所蔵 Microfiche ESS (E)-12503～12505、前掲『日本金融史資料　昭和続編』第二四巻、三一五―三二〇頁）.

(91) アメリカの金融制度については、高木仁『アメリカの金融制度』（東洋経済新報社、一九八六年）がまとまった歴史的概観を示している。ほかに、Margaret G. Myers, *A Financial History of the United States*, Columbia U. P., 1970（邦訳『アメリカ金融史』〈吹春寛一訳〉日本図書センター、一九七九年）も参照。

(92) Finance Division "Bank Reorganization", 19 February 1948, GHQ/SCAP Documents, Box 8202, Folder (9) Banks: Deconcentration and Legislation（前掲『日本金融史資料　昭和続編』第二四巻、三二〇―三三二頁）.

(93) この点は主要な財閥が金融業から出発したという歴史的事実からすれば誤りであることはいうまでもない。

(94) Research and Statistics Division, "The Banking System of Japan", 2 March 1948. GHQ/SCAP Documents, Box 8202, Folder (9) Banks: Deconcentration and Legislation.

(95) Finance Division "Implementation of Deconcentration Law", 16 March 1948, GHQ/SCAP Documents, Box 8202, Folder (9) Laws, Standards and Policies, Volume VIII-Banking Laws (前掲『日本金融史資料　昭和続編』第二四巻、三三二—三三五頁).

(96) *Ibid.*

(97) Finance Division "Continuation of Discussions on Matter of Breaking up of Branch Banks", 20 April 1948, GHQ/SCAP Documents, Box 6106, Folder (14) 004. 2 A: Banks-General Policies in Regards to. Organization of. Financial Institutions., Vol. 1 (国会図書館所蔵 Microfiche ESS (A) 00688–00690).

(98) 北村徳太郎蔵相（芦田内閣）が、銀行に対して集排法を適用しないようにと要請したのに応えてジョンストンは次のように述べた。

「銀行及び保険会社については集中排除は適用しないものと理解して居る。自分もローリー氏も銀行家であるが、戦前に三井・三菱両銀行等の信用が非常に大きかった事と承知して居る。輸出業者の信用よりも、その手形を引受けた銀行の信用がものを言ふ事は申す迄もない。日本は現在管理貿易であるが将来、民間貿易に切換った場合の事を考えて、銀行の信用を高めねばならぬ。銀行を分割することはこれを強くする所以ではない」（「ドレーパー氏との会談記録」〈大蔵省資料〉）。

(99) Financial Division, Money and Banking Branch "Excessive Concentration of Economic Power", 20 April 1948, GHQ/SCAP Documents, Box 7560, Folder (34) 004. 01: Reorganization of Financial Institutions (国会図書館所蔵 Microfiche ESS (D) 07156–07158、前掲『日本金融史資料　昭和続編』第二四巻、三四三—三四四頁).

(100) 前掲『昭和財政史―終戦から講和まで―』第二巻「独占禁止」五二〇—五二一頁。

(101) Finance Division "Implementation of Deconcentration Law with Respect to Financial Institutions", 23 April 1948, GHQ/SCAP Documents, Box 8468, Folder (6) Banks: Deconcentration and Legislation (前掲『日本金融史資料　昭和続編』第二四巻、三五二—三五四頁).

(102)　"Memorandum for Supreme Commander for the Allied Powers", 2 July 1948, GHQ/SCAP Documents. Box 8458, Folder (7) OA-5: Reorganization of Banks (Related)（国会図書館所蔵　Microfiche ESS（D）12985-12989).

(103)　Antitrust and Cartels Division, "Program re Banks", 21 June 1948, GHQ/SCAP Documents. Box 8458, Folder (7) OA-5: Reorganization of Banks (Related); "No Title (signed by Welsh)", 7 July 1948, GHQ/SCAP Documents, Box 8468, Folder (6) Banks: Deconcentration and Legislation.

(104)　Antitrust and Cartels Division, "Japanese Commercial Banks", 6 July 1948, GHQ/SCAP Documents, Box 8458, Folder (7) OA-5: Reorganization of Banks (Related).

(105)　W. F. Marquat, "Memorandum for Mr. E. C. Welsh, Chief, Antitrust and Cartels Division", 21 July 1948, GHQ/SCAP Documents, Box 8458, Folder (7) 0A-5: Reorganization of Banks (Related).

(106)　前掲『昭和財政史—終戦から講和まで—』第二巻「独占禁止」五二八—五二九頁。

(107)　占領末期の一九五〇年三月に、対日理事会でオーストラリア代表ホジソン（W. R. Hodgson）が、ＧＨＱが金融業の集中排除を実施しなかった理由をただした一幕があった。詳細は、Tsutsui, *op. cit.*, pp. 66-67 を参照。

(108)　前掲、大蔵省財政史室編『対占領軍交渉秘録　渡辺武日記』二四五頁。

(109)　Tsutsui, *op. cit.*, p. 66.

(110)　Schonberger, *op. cit.*, Chap. 6.

(111)　前掲『昭和財政史—終戦から講和まで—』第一三巻「金融制度」四八六—四八八頁。

(112)　同上書、四八三—四八五頁。

(113)　この覚書を日本側に手渡したさいのＧＨＱ側の説明によれば、この指針は「如何なる意味においても、メモランダムでも、命令でも、指令でもな」く、非公式な性格のものであるので、日本側はこの指針に沿って自主的に法案を作ってほしい、その法案を提出する際には政府と日銀との一致した意見で作成したものであることが望まれる、とのことであった（国立国会図書館調査立法考査局〈椎木文也〉『金融制度改革指針の研究』一九四九年九月、四—五頁）。

(114)　同上書のほか、前掲『昭和財政史—終戦から講和まで—』第一三巻「金融制度」第二章第二節、前掲『戦後わが国金融制度の再編成』第三部第五章、Tsusui, *op. cit.*, Chap. 4、　前掲の武藤正明の諸論文、を参照。

(115)　『日本経済新聞』一九四八年九月一〇日。

(116)　集中排除問題が出てくる以前に、財政金融課の改革プランがどの程度まで進んでいたのかは、一九四七年四月一六日の対日理事会で財政金融課のビープラットが行った金融制度問題に関する報告からある程度知ることができる（「連合軍対日理事会ニ於ケル金融審議会第一部会　第三十回会議議事録」〈大蔵省資料〉）。

(イ)　日本銀行については、発券銀行、政府の銀行としての役割は継続すると、現状維持をうたっている。ただ、株式所有は現行の「官民合同所有制」から「金融機関ノ共同出資制」へ移行することを考慮中であるとしている。また、同行の貸付・割引は「内閣ト対等ナ地位ニアル委員会ニヨッテ決定サレル信用政策及ビ通貨制限ノ範囲内」で実施される、としている。この委員会がバンキング・ボードを意味するのかどうか報告からはわからない。

(ロ)　九大銀行は、一連の財閥解体措置と独占禁止法の運用で基本的に問題は解決すると考えている。また、戦時補償打切りにより大銀行の資産規模は縮小するであろうし、再建整備計画の許可の過程で資本所有の分散化をはかることが可能であるとしている。

(ハ)　特殊銀行に関しては、「司令部ハ日本ノ銀行機構カラ不必要ナ特殊銀行ヲ出来ル限リ速ニ除去スル為メニ、コレラノ特殊銀行ノ機能ニツイテ目下徹底的ナ検討ヲ加ヘテイル」と述べている。個々の金融機関については、興銀・勧銀は具体的方向は未定、北海道拓殖銀行は普通銀行に改組する、復興金融金庫は臨時的機関である、などそれぞれ触れてはいるが、全体として方向がまだ未定のようであった。

(117)　Finance Division, "Policy and Standards for Elimination of Economic Concentrations in Finance Institutions", 10 January 1948, GHQ/SCAP Documents, Box 7560, Folder (34) 004. 01: Reorganization of Financial Institutions（前掲『日本金融史資料　昭和続編』第二四巻、三二〇—三二二頁）.

(118)　本章九四頁に紹介した財政金融課案。

(119)　Finance Division, "New Overall Banking Law", 5 March 1948, GHQ/SCAP Documents, Box 8202, Folder (9) Laws, Standards and Policies, Volume VIII–Banking Laws（前掲『日本金融史資料　昭和続編』第二四巻、三九二—四二二頁）.

(120)　Finance Division, "Proposed Banking Law", 28 May 1948, GHQ/SCAP Documents, Box 8458, Folder (7) OA–5: Reorganization of Banks (Related).

(121) Emerson Ross, New Overall Banking Law Submitted by Finance Division", 9 March 1948, GHQ/SCAP Documents, Box 8202, Folder (9) Laws, Standards and Policies, Volume VIII-Banking Laws（前掲『日本金融史資料　昭和続編』第二四巻、四二五頁）.

(122) Research and Statistic Division."New Overall Banking Law", 10 March 1948, GHQ/SCAP Documents, Box 8202, Folder (9) Laws, Standards and Policies, Volume VIII-Banking Laws.

(123) F. A. March & T. G, Reid, "Proposed New Banking Law", 16 April 1948, GHQ/SCAP Documents, Box 8202, Folder (9) Laws, Standards and Policies, Volume VIII-Banking Laws.

(124) Antitrust and Cartels Division, "Bank Legislation as Proposed by ESS/FI", 23 April 1948, GHQ/SCAP Documents, Box 6106, Folder (14) 0042. A: Banks General Policies in Regards to Organization of Finacial Institutions., Vol. 1.

(125) Tsutsui, *op. cit.*, pp. 72–73.

(126) 前掲『戦後わが国金融制度の再編成』九七頁。

(127) 加藤俊彦、前掲論文、三〇二頁。

(128) 一九四七年一二月四日の大蔵省の「金融業法案要綱」では、「通貨信用委員会」はたんなる大蔵大臣の諮問機関に後退した（武藤、前掲「第二次大戦直後の日本銀行制度改革構想」七九―八〇頁）。

(129) のちに、バンキング・ボード構想を提起したさいに、財政金融課はバンキング・ボードへの労働代表、従業員代表の参加には否定的であった（前掲『昭和財政史―終戦から講和まで―』第一三巻「金融制度」四二二頁、前掲『対占領軍交渉秘録　渡辺武日記』二五四、二六二頁）。

(130) 特殊銀行に関しては、一九四八年六月三〇日にＧＨＱから「特殊銀行に関する件」が示され、特殊銀行は商業銀行に改組するか債券発行会社に改組するかのどちらかを選択しなければならないとされた。しかし、八月一七日の覚書では特殊銀行の長期信用機関としての存続の可能性が暗示された。結局一一月五日に日本興業銀行はＧＨＱから長期信用銀行としての存続を認められた。こうした方針転換の背後には興銀や日銀の抵抗があった（前掲、加藤俊彦「金融制度改革」三一四―三二

八頁、前掲、加藤俊彦「長期信用銀行の一考察」、前掲『昭和財政史―終戦から講和まで―』第一三巻「金融制度」第四章「特殊銀行の廃止と長期金融機構の再編成」〈原司郎〉、日本銀行調査局「占領期金融制度改革の一断面(二)―特殊銀行制度の廃止―」〈武藤正明〉一九七七年、前掲『日本金融史資料　昭和続編』第一一巻、一〇八―一一九頁参照)。

(131) 加藤俊彦、前掲論文のほか、吉野俊彦『戦後金融史の思い出』(日本経済新聞社、一九七五年、一六九―一七〇頁)など。

(132) 前掲「第二次大戦直後の日本銀行制度改革構想」、とくに七九―八一頁。

(133) 加藤俊彦は「通貨信用委員会」は金融統制の機関であり、金融政策や金融機関の監督にあたるバンキング・ボードとは「異質のもの」と考えている(前掲「金融制度改革」三三二頁)。

(134) 金融制度調査会事務局『金融制度調査会答申並に特別委員会報告』一九四七年一一月、第二部「第一特別委員会報告」(大蔵省資料)。

(135) 銀行関係者の所属は、日本銀行、帝国銀行、三菱銀行、安田銀行、住友銀行、三和銀行、日本興業銀行、日本勧業銀行、北海道拓殖銀行、東京銀行、復興金融金庫、日本貯蓄銀行、静岡銀行、埼玉銀行、東京銀行協会であった。

(136) 前掲『対占領軍交渉秘録　渡辺武日記』一八九頁。

(137) 同上書、一九一頁。

(138) 『朝日新聞』一九四八年八月一八日の「解説」。

(139) 『読売新聞』一九四八年八月一八日。

(140) 武藤はこの点を強調している(前掲「『バンキング・ボード』設置構想」二四―二五頁)。

(141) 武藤、前掲「『ポリシー・ボード』構想」、同、前掲「政策委員会の設置」参照。

(142) 武藤、前掲「『ポリシー・ボード』構想」一五頁。

(143) アメリカの方針転換が金融改革挫折の最大の理由であるとしても、日本側の抵抗という要因をまったく無視してよいわけではない。大蔵大臣・経済安定本部長官・日銀総裁の三人委員会は、みずからの権限縮小につながる「バンキング・ボード」構想に強く反対した。一九四八年一〇月一七日の大蔵省銀行局長課とスミスとの会見で、「バンキング・ボード」についてはスミスは、「最近の状況では、日本がいやがるものを米国として無理矢理押し付けることをとるものとは思われない」と語った。

## 三　社会化構想と国有化・国家管理

### (一)　民主化と社会化

資本主義の歴史において、国有化や国家管理は、種々の局面で登場した。工業化の初期には、幼稚産業育成の目的で、国民経済が成熟した局面では、衰退産業を活性化する目的で、企業の国有・国家管理が実施された。また、恐慌で困難に陥った企業の救済や、軍需産業の強化のためにも、この方式がとられた。さらに、公益性が高いという理由から、特定の産業が国有化・国家管理の対象となった場合もある。

本章が対象とする、日本の占領期の国家管理・国有化構想においては、経済復興と民主化という二つの政策課題が追求された。経済復興は、衰退産業の近代化と同じ次元の問題であり、必ずしも、この時代に固有の課題ではなかったが、もう一方の経済の民主化はこの時期にはじめて登場した課題であった。

この時期には、外的な衝撃（占領改革）を受けて、従来の経済システム（戦時統制経済体制）が動揺するなかで、新たな担い手（労働者や新経営者）を加えたシステムの再構成が模索された。民主化というシンボルを掲げつつ、さまざまな勢力が、戦後経済システムへの「参加」をめぐってヘゲモニーを争った。社会化は、「参加」による経済の民主化（経済民主主義）を意味するシンボル的な用語であった。企業の国家管理や国有化は、社会化を実現する一つの手段と考えられたのである。

シンボル的な概念であっただけに、当時、社会化には厳密な定義は与えられていない。代表的な論者の定義としては、「経済関係から私的なものを取り去って社会的なものにおきかえること」（有沢広巳）[1]、「生産手段に対する私的支配を社会的支配に移しかえること」（高宮晋）[2]、「労働者が経営者や技術者とならんで経営に参加し、責任を正しく分担しうる状態」（鈴木茂三郎）[3]などがある。[4]本章では、労働者をはじめとする国民各階層の企業経営（ミクロのレベル）および経済政策運営（マクロのレベル）への参加を社会化と定義しておきたい。

日本の戦後復興期においては、同時期のイギリスやフランスのように、大規模な国有化は実施されなかった。唯一、実現した炭鉱の国家管理も、各利害集団の対立と妥協の末に、現状に最小限の修正を加えただけの臨時的措置に終わった。本章の課題は、占領初期における社会化論の隆盛というイデオロギー状況のなかで、国有化論や国家管理論が占めた位置を明らかにすることである。[5]

## (二) 社会主義者の国有化論・国家管理論

戦後占領期に、国有化・国家管理論を積極的に主張したのは、社会党左派である。戦前の無産政党時代にも、社会化・国有化論は存在したが、党の政策において明確に主張したのは、社会民衆党・社会大衆党の無産政党右派の系譜である。[6]

日本労働総同盟が中心となり一九二六年一二月に結成された無産政党、社会民衆党は、創立時の政策の一つに、

「重要産業の社会化」を掲げた。また一九三二年七月、社会民衆党と全国労農大衆党が合同して成立した社会大衆党は、「建設綱領」のなかで、「重要産業並びに金融機関の国有、貿易の国家管理、労働者産業管理制の確立」「経済議会の建設」を掲げた。(7) しかし、この段階までは国有化はスローガンにとどまり、具体性に乏しかった。

社会大衆党の国有化論は、一九三六年三月の「重要産業国営案要綱」ではじめて具体的に展開された。この「要綱」の解説書である片山哲『重要産業国営論』(一九三六年)によれば、国有化の意義は以下のとおりである。(8)

世界恐慌後、「産業に対する国家統制が、資本主義経済の行詰を打開するための不可避の手段」となってきた。資本利潤を保護することを通じて、生産力を発達させる時代は去ったにもかかわらず、日本の重要産業統制法は、依然としてカルテル助長策であり、「利潤擁護の統制」にとどまっている。国民生活を向上させるためには、重要産業の「国営化」を実施し、「営利主義経営組織」を打破することが必要である。国営化の対象は、①基本産業・公益事業(電力)、②「資本主義的なカルテル統制」下にある産業(石炭、製鉄、肥料、砂糖、麦酒、製紙)、③「重要原料品輸入」貿易および「代用原料品」生産、④「自然資源と余剰労働力の結合による新公共事業」、⑤金融機関とする。国営化は、既存の株式を「経営への参与権を有せざる」「国営トラストの出資証券」へ転換する方式で実施する。

社会大衆党の国営化論は、以下の行論との関係では、次の点が注目に値する。

第一は、「国営化」の正当性を、所有と経営の分離に求めている点である。「要綱」は、「資本主義の高度化に伴う企業組織の拡大は、経営と所有を殆んど完全に分離せしめ、所有権必ずしも経営権を意味せざるに至っている」ので、株式の出資証券化は、「現行経済常識より見るも極めて妥当」だと主張する。(9) 社会大衆党は、革新官僚が準備した逓信省の電力国家管理案を、「所有と経営を分離せる」点で画期的であると高く評価し、(10) 第七三議会に臨んでは、電力国家管理法案を支持する「声明書」(一九三九年一月一九日)を発表し、同法案の成立を助けた。(11)

第二は、「国営トラスト」の「理事機関」を「専門的手腕」をもつ者で構成するとした点である。必要な場合には、「消費者、労働者、事業家、農民等の利害を代表する一つの諮問機関が設けられる」ものの、これらの「利害関係者」は意思決定には参加できない。また、「労働者の発意を促すことを目的」とした「工場委員会又は職場委員会」も、「労働条件及び作業施設のみを管掌事項」とするにとどまる。このように、「要綱」は労働者の経営参加を明確に否定した。その理由は、「専門的知識なき労働者の立入ったる経営干渉は却って能率を阻害し、労働者自身のために損失である」からだと説明している。(12)

第三は、国営化された重要産業に中央集権的な「産業計画中央委員会」を設ける点である。「産業計画中央委員会」は、「産業関係閣僚及び若干名の無任所大臣より成る」「計画的社会化の最高指導機関」である。これとは別に、産業労働省（商工省、農林省、内務省社会局を合同）のもとに、消費者、農民、中小商工業者、私営大企業家の代表からなる諮問委員会を設置し、「各利害集団間の摩擦を防」ぐことも提案している。(13) この諮問委員会構想は、職能別組織の導入により議会制度の限界を打破するという意図にもとづいていた。(14) ただし、政策の策定に当たっては、中央集権的な「産業計画中央委員会」が主となり、職能別組織の役割は補助的、調整的にすぎないとされた。

社会大衆党の「国営論」は、大恐慌以前にも萌芽的には存在していたが、満州事変を契機として台頭した統制経済論(15)の時流に乗って本格的に展開された。(16) 労働組合運動も、満州事変以後になると国営化論を唱えるようになる。(17) したがって、社会民主主義者や労働運動指導者の国有化論は、一九二〇年代に萌芽的に現われた社会主義的な「参加」＝社会化論が、一九三〇年代の官僚的＝集権的な統制経済論に包摂されていった過程と位置づけられる。

他方、左派の無産政党である日本共産党（前身は労農無産協議会）のように、国有化政策を掲げることに否定的な勢力もあった。同党は、広田内閣の統制経済政策に対して、「産業に対するファッショ政策たる国家統制を強め、一部の軍需品資本家を利得させるに過ぎないもの」と強く批判した。また、社会大衆党の「国営論」がファッショ化につながる恐れがあると強い懸念を示し[18]、「我々は現下の情勢のもとに於いては、重要産業の国有を提唱して準戦時体制に至るブルジョア的統制への後押しをしたり、又国営に依って国民生活の安定が実現されるかの如き幻想を抱かしめてはならない」と主張した[19]。

第二次大戦後、社会党は一九四五年一一月二日の結党大会で、いちはやく、国有化政策を打ち出した。「結党大会の一般政策」の「4　経済」は、国有化に関連して次の政策を掲げた[20]。

一　社会主義計画経済の実現、軍事的、官僚的統制の撤廃
二　最高経済会議の設置
三　鉄鋼業、石炭鉱業、人造肥料工業、電気事業、その他重要産業の国有化
四　銀行、信託、保険事業の国有化
五　鉄道、郵便、電信電話等の国営事業、並びに専売事業経営の民主化

また、「6　農業」には、「肥料、及び飼料の国営」政策が含まれている。

一九四六年九月末の第二回大会に、この政策は引き継がれ[21]、石炭と肥料の具体案が示された（「国有化を前提とする石炭国家管理草案」[22]「重要化学肥料国営案並びに生産配給方式要綱」[23]）。さらに、一九四七年四月の総選挙のさいには、石炭・鉄・肥料の国家管理が基本スローガンとなり、「重要産業社会化政策」「銀行社会化対策」が出された[24]。その基本的な主張は、①重要基礎産業を社会化するため、国有を前提とする国家管理を実施する、②社会化の基礎は「経営の民主化」（管理者・従業員・消費者などの代表からなる中央・地方管理委員会の設置）にある、③重要産業の社会化と銀行の社会化は「同時並行的」に行う、などである。

総選挙において第一党となった社会党は、一九四七年五月一六日に、自由党、民主党、国民協同党と、「四党政策協定」を結び[25]、協定の項目の一つに、「重要基礎産業は必要に応じて国家管理を行う」ことがうたわれた。四党のうち自由党は政権に参加しなかったが、この協定は六月一日に成立した片山内閣の基本政策となった。

敗戦直後の時期に、社会党の国有化・国家管理論をリードしたのは、無産政党右派の系譜ではなく、戦前には国有化政策に消極的であった左派の鈴木茂三郎ら旧日本無産党系（労農派系）であった。左派の社会主義政治経済研究所（一九四六年一月二五日設立、理事長鈴木茂三郎）は、「日本インフレーションの基本的対策」（一九四六年四月一五日）[26]、「最高経済会議並に重要産業国家管理案」（一九四六年七月二〇日）[27]、「社会主義的国家管理の構想」（一九四六年一一月）[28]など、国家管理の具体構想をまとめた。そのうち、「社会主義的国家管理の構想」の内容は次のとおりである。

「重要基礎産業の国家管理」は「資本主義から社会主義への前進過程における不可避の段階」である。「民主戦線的内閣による部分的な国有化」は「社会主義への前進」であり、「人民大衆の利益と社会進歩のために絶対に必要である」。このような社会主義への「過渡的段階」では、「労働階級の経営参加」（=「経営協議会を中心とする産業の民主化」）が全面的に実施されなければならない。しかし、現政権のもとでの国有化は、資本家救済、官僚化に陥るおそれがあるので、当面は、「経営の徹底的社会化を中心とする国家管理」を提唱したい。国家管理の対象は、「再生産過程再開の起点」として重要な、石炭、化学肥料、鉄鋼部門および、すべての金融機関とする。

この「構想」は、戦前の社会大衆党案と以下の点で異なる。

第一に、社会化（労働者の経営への参加）が基本的なモチーフとなっていることである。「構想」によれば、国家管理に移された企業の経営は、労働、技術、事務の各代表をもって構成され、工場、事業所ごとにおかれる「経営委員会」が担当し、株主総会、取締役会の権限は停止される。各事業所は直接に国家管理のもとにおかれ、事業所を統轄する企業組織は解体される。

第二に、マクロ（国民経済レベル）の政策形成において、「最高経済会議」を決定機関とする点である。「構想」では、「国家経済最高計画の決定機関」である「最高経済会議」は、経済各部門（鉱工業、輸送、農林水産、金融、貿易、配給、勤労、科学技術など）の代表者、閣僚、経済官庁行政事務代表などで構成されることになっている。社会大衆党案では、職能別の会議は諮問機関であったが、「構想」は職能別会議を決定機関とした。

以上の検討から、占領期に社会党が唱えた国家管理論の基本理念が社会化であったこと、占領期の国家管理論は、系譜的にも、内容的にも戦前の無産政党の「国営論」とは断絶面が大きいことが判明した。

社会党とは対照的に、共産党は国有化政策には積極的ではなかった。戦後初の党大会（一九四五年一二月）で採択された「日本共産党行動綱領」は、「一切の銀行の単一の国立銀行への合同、その銀行の人民管理」、「重要企業に対する労働者管理と人民共和政府による統制の実施」を掲げたが[29]、これは「三二テーゼ」の引写しであり、具体的な政策を打ち出したわけではない[30]。共産党にとって、「人民管理」は革命（「天皇制の打倒、人民共和政府の樹立」）の過程で実施するものであり、当面の政策としては意味がなかったのである。

ところが、同党は、一九四七年四月の総選挙のさいには、国有化政策を発表し[31]、さらに、「重要企業国営人民管理法案」（一九四七年八月七日[32]）を発表することになった。この法案は、片山内閣が炭鉱国家管理法案の準備をはじめたので、急遽、対案を示す必要に迫られた消極的な対応という色彩が濃い。

## (三)　経済同友会の「経営民主化」構想

従来の企業システムの解体を企図する社会党左派の国家管理論とは異なるもう一つの社会化論が、同じ時期に存在した。それは、経済同友会の経営民主化案である。

同友会の経営民主化構想[33]と、それをリードした大塚万丈の思想は、あまりにも有名である。その思想を、「労働者の経営参加を制度化」しようとした修正資本主義論とみるのが通説である[34]。通説では、大塚の主張を、特殊な時代状況を背景に咲いたあだ花と位置づけ、その後の経営者のイデオロギーとは異質なものとされてきたが、本章では、大塚＝同友会の主張を、一九四八年以降の日経連の経営権確立への一つの段階と考える[35]。

まず、大塚の議論を、「経済民主化とその具体案[36]」によってみておこう。

経済民主化とは、「産業の運営に関して、総ての関係者をしてこれに参画せしめること」である。経済民主化の単位は株式企業が適当であり、株式企業の民主化は経営協議会制度を中核として行う。経営協議会は、労働者、経営者、株主からなる企業の最高の決議機関であり、従来の株主総会は、「たんなる監査権行使のための機関」とする。経営協議会が円滑に機能する鍵は、「所有と経営との分離」がなされ、「独立のファクターとしての経営者機能の確立」が実現していることである。このような企業組織のなかで、「取締役をピラミッドの頂点とする経営職員の集団」は、労働者と株主の中間者として、「企業における民主化の中核たる役割」を演じる。

大塚万丈の社会化論は、企業経営の「民主化」を通じて社会化を実現しようという議論であり、私企業体制の解体へ進む社会党左派の社会化論に対抗し、私企業体制を擁護する意図が込められているとみることができよう。大塚は、「社会主義的計画経済」は「官僚統制経済を再現」する危険性があり、アメリカ流の独占禁止政策による企業の細分化は日本経済の自立を阻害すると批判する。そして、経済民主化の「単位構造」としては、大規模生産における「大衆的株式企業制度」と、小規模生産における「協同組合制度」が適当だとする。

大塚の議論の特徴は、労働者の経営参加論にあるのではなく、株式企業における経営者の独立性、主体的役割を重視する点にある。「参加」の容認は、当時広くみられた議論であり、経営者の独立性を強調したところに、大塚の独自性がある。それは、当時のほかの企業制度「民主化」論と比較すれば、容易に確認できる。

たとえば、大塚一朗の「協同会社論」は、資本と経営の分離論、労使対等論の点では大塚万丈と同一だが、経営者は、労働者および株主の代表と位置づけられており、経営者の独立性の認識は希薄である。(37) 苫米地義三の「信託主義的企業経営」論では、重役に二分の一以下を、社員・工員から選出しうるとしているが、この議論は、社員・工員と株主の二分論に立っており、独立した存在としての経営者は想定していない。(38)

大塚万丈の経営者の独立論は、大嶽秀夫が指摘するように、「企業全体の利益の体現者としての最高経営者による中央集権的統制の正当化」の論理につながる。(39) そうした正当化は、経営者は「所有者の恣意」から自由な、創意に満ちた専門家であるがゆえに、企業内の普遍的利益を代表できるという論理によって支えられている。

それればかりでなく、経営者は社会の普遍的な利害をも代表できると、大塚は主張する。大塚の言う社会の普遍的な利害とは、消費者の利害のことである。経営者は、「出来る限り優良な商品を、出来る限り低廉に、出来る限り多量生産」しようという「本能」を有するので、社会の普遍的利害を代表できるのだという。(40) このような、企業の私的性格と公共性の関係についてのオプティミズムは、この時代の経営学にも一般にみられた特徴である。(41)

ところで、大塚万丈の議論が、戦前・戦中の「所有と経営の分離論」を受け継いでいることは疑う余地はない。

わが国では「所有と経営の分離論」は、一九一〇年代初めに上田貞次郎が先駆的に唱え、一九三〇年代に増地庸治郎が発展させた。(42) 増地は、バーリ＝ミーンズの『近代株式会社と私有財産』（一九三二年）を日本に適用して『わが国株式会社における株式分散と支配』（一九三六年）を著わし、日本においてもかなり広範に所有と経営の分離が進行していることを明らかにしようとした。翌一九三七年に刊行した『株式会社』では、上記の実証をふまえて、「能率高き経営活動は多数出資者の容喙を排除する寡頭政治から生まれる」[43]と主張した。

近衛内閣が打ち出した「経済新体制確立要綱」(一九四〇年一二月七日閣議決定)は、財界の反発によってトーンダウンしたが、企画院原案の段階では、資本に対する経営の優位を確保して企業経営に公共性を賦与する構想が明瞭に示されていた[44]。岡崎哲二らが明らかにしたように[45]、企画院は、経営者に「公的人格」を賦与することによって、経営者を資本(株主)の制約から解放し、企業を利潤動機よりも公的利益に奉仕するように再編しようと考えた。

企画院の構想は、笠信太郎『日本経済の再編成』(一九三九年)によって「一つの思想体系が与えられ」たとされる[46]。笠の構想は、彼の独創というよりも、新進の経営学者たちが唱えていた「所有と経営の分離論」を巧みに取り入れたものであろう。笠の『日本経済の再編成』と深い関係を持つ昭和研究会「日本経済再編成試案」[47](一九四〇年八月)は、戦後の大塚万丈の議論ときわめてよく似ている。「生産経済の基礎単位は経営」だとする点、企業の経営機構を、政府によって公的人格を賦与される経営担当者が構成する業務部と、株主の代表の監査役が構成する監査部に分割し、株主の権限を監査機能に限定する点、経営担当者の決定は「理想的には従業者より合理的な仕組を経て選出」する点、などに類似点を見出すことができる。

財界団体の重要産業協議会は、一方では「経済新体制確立要綱」の企業利潤を否定し、官僚統制を強化しようとする側面を批判しつつも[48]、他方では、「要綱」の議論に便乗して、経営者の株主からの独立性を高めようとした[49]。このようにして、台頭しつつあった専門的経営者たちは、株主(財閥)に対抗する統制官僚の力を背景にして、戦時下に、経営者の独立論を唱えはじめた。戦時と戦後では時代状況が異なり、それゆえにニュアンスも異なるとはいえ、大塚の議論は、重要産業協議会の議論と似ている点が多い。

大塚の議論では、経営者は本来的に中立的であり、「民主化の中核」となりうるのだから、論理的につきつめれば、労働者の意思決定への参加は、「民主化」にとって、非本質的、副次的な意味しか持たない。そこでは、経営者の独立こそが、追求さるべき目標である。「修正資本主義」を掲げる大塚＝同友会路線は、「自由主義」的な日経連の路線と対照的なものと評価されることが多いが[50]、大塚の議論と、日経連の「経営権確保に関する意見書」（一九四八年五月一〇日）との距離は意外に小さい。

経営者の独立とは、一面では株主の束縛からの自由であり、他面では労働者からの自己の分離である。資本主義の私的所有制度においては、そもそも所有権から独立した経営権はありえない[51]。経営権の独立といっても、あくまでも相対的な問題である。経営者の独立性の程度は、法制上は、商法（会社法）における取締役と株主の権限の関係によって示される。大塚は、株主は取締役には就任できず、監査役を互選する権限のみを持つという大胆な構想を提示した。経営者の権限を強化する方向で商法を改正する必要性は、それ以前に「経済新体制確立要綱」原案（一九四〇年九月一三日）がすでに提起していた。戦時期には、商法の改正は実現しなかったが[52]、株主の権限の制限と経営者の権限強化は、軍需会社法（一九四三年一〇月公布、一二月施行）によってある程度実現された[53]。

戦後、一九五〇年五月に大規模な商法改正が行われ[54]、そのさいに経営者の権限強化が盛り込まれた。このときの改正は、ＧＨＱの占領政策の一環として企図された。財閥解体・独占禁止に関するエドワーズ報告書（一九四六年三月）は、企業間の結合の排除、大衆株主の保護、監査制度の改善、分割払込制の廃止などの点で会社法の改正が必要であるとした[55]。これらの点は、財閥解体・独占禁止の基本方針を示した「日本の過度経済力集中に関する米国の政策」（ＦＥＣ二三〇）にも明記され、一部分は、独占禁止法、証券取引法制定により実現した。一九四九年一月三一日のＧＨＱ・ＥＳＳ（経済科学局）の日本政府に対する商法改正についての指示（いわゆる六項目指示）は、一九四八年に部分的に実施されたにとどまっていた商法本体の全面的な改正を実現しようという、GHQの意図から出たものであった。[56]その主たる目的は、株主の地位の強化(＝大衆株主の保護)にあり、GHQは経営者の権限強化はまったく考えていなかった。他方、日本政府には大衆株主の保護という発想はなかったので、GHQから株主の地位の強化の指示がくることを予想していなかった。[57]

この指示を受けて驚いた日本側は、GHQの要求する大衆株主の保護の規定を弱めて、別の意図、すなわち経営者の地位の強化を盛り込もうとした。[58]すなわち、政府は、一九四九年八月に「商法の一部を改正する法律案要綱」を発表、法制審議会は、同年一二月に、取締役会の権限強化などを追加した「修正要綱」を作成した。この間に、経団連は、累積投票権制度の導入を見合わせる、会計書類閲覧権の規定を削除する、株主代表訴訟の資格を制限するなど、GHQの六項目のすべてに反対する内容の意見書を政府に提出し、積極的な活動を展開した。[59]こうした意見をふまえて、法務庁は、GHQと交渉し、累積投票請求権を定款で排除できるようにするなどの修正を認めさせ、株主権限の強化規定を緩和させた。最終的には、GHQの当初案とはかなり異なる「修正要綱」の線で法案が完成し、国会で可決されたのである。

こうして一九五〇年の商法改正では、GHQの指示した少数株主[60]の保護の規定は弱められ、弱められた規定も円滑には機能しなかった。その結果、取締役の権限強化(取締役会制度の採用)の側面だけが突出し、一九五〇年商法改正が、その後の株式相互持合いの進展のなかで、経営者の独立を促進することになった。[61]

さて、もう一方の、経営者の労働者からの分離は、一九四九年六月の労働組合法の改正により、実現された。この改正は、一九四八年七月のマッカーサー書簡、「政令二〇一号」にはじまるGHQの労働政策の転換の一環であり、GHQの勧告(一九四八年一一月二四日)にもとづいて実施された。[62]労働組合法(一九四五年公布)の改正の結果、使用者代表の範囲が広がり、課長以上の役職者は非組合員となった。それにより、ホワイト・カラーの上層部まで組合員であったために発揮されていた戦後初期の労働運動の戦闘性がそがれることになったといわれる。使用者代表の範囲の拡大はＧＨＱの指示であったが、日経連も、一九四八年一〇月にＧＨＱに提出した意見書で、係長以上の組合員からの除外を明記することを提案していた。(63)また、それより早い時期に、大塚は、「職員が知能労働者という意味において、労働組合に参加していることに関しても少なからず再検討の余地が存在する」(64)と指摘していた。こうして、経営者は労働者とは別個の存在として法律上も明確に区別された。

ところで、政党のなかで、経済同友会の主張に近かったのは民主党である。(65)民主党（一九四七年三月三一日結成）は、「固ろうな資本主義の積弊を脱却しつつ、社会主義の非現実性を修正する」という方針を掲げ、自由主義派の自由党(66)とは一線を画していた。同党の政策には、「重要産業の復興のために必要に応じて国家の管理権を強化」すること、「大企業経営」においては資本と経営を分離し、「経営協議会を活用し利潤分配制を確立すること」がうたわれていた。(67)こうした方針を唱えたのは、公職追放で有力者が影響力を失った間隙を縫って台頭した「進歩党少壮派」（犬養健、川崎秀二ら）であった。(68)

民主党の「修正資本主義」に、社会党との親近性を見出そうという説もあるが、(69)われわれは、両党の見解は根本的な部分で対立を含んでいたと考えている。同じく国家管理を掲げていても、民主党のいう国家管理の内容は社会党とは基本的に異なる。「政府の国家計画の下に、資金と資材との奨励をし供給を援助するが、併し其の枠の巾は飽くまでも民間の潑剌たる創意を生かして行く、政府は国家管理までは行くが、国営には行かない、政府は復興金融機関、復興金融会社を活用するが、併し国営方式は活用しない、是が我々と社会主義の人々との行き方の違ひなのであ」ると、犬養が述べているように、(70)民主党の国家管理は経営形態の変更にまで立ち入らない経済統制を意味した。一九四六年九月には、犬養は炭鉱国有化に反対の意見を表明し、「国家管理により強力な指令を出すとともに、各炭鉱の自主的創意を生かして行きたい」とのコメントを発表したのである。[71] 後述するように、まさに、企業の「自主的創意」を許容するか否かをめぐって炭鉱国家管理問題は紛糾するのである。

## (四) 経済復興会議における「参加」

占領初期の労働運動は、経営参加に強い意欲を示した。[72] インフレ、企業の再建整備により、労働者個人の生活も、企業の経営も大きく変動するなかで、労働者が生活の拠点である企業経営の将来に強い不安を抱いたことは事実である。しかし、生活防衛的な側面のみでなく、総同盟の結成大会のスローガン「産業復興は我等の手に」に特徴的に示されるように、労働者が経済再建、新社会建設に主体的にかかわろうという意欲を持ったこともまた事実である。

経営協議会は、各企業、事業所において労働者が経営に「参加」する場として設けられ、一九四六年から四七年にかけての短期間に普及した。[73] 経営協議会は生産管理闘争の過程で各企業、作業場において「下から」生まれたものであるが、一九四六年七月に中央労働委員会「経営協議会指針」により制度化された。しかし、一九四八年四月に日経連に結集した経営者は、経営参加を容認するような「指針」に対して批判的であり、また「拘束された経営権」(山本潔)が広範な企業に存在している状態に危機感を募らせていた。そこで、日経連は人事権等が経営側の専権事項であることを宣言するに至った(「経営権確保に関する意見」一九四八年五月、「改訂労働協約の根本方針」一九四八年六月)。一九四九年以降、労働省・日経連は、経営協議会を交渉委員会、苦情処理委員会、生産委員会に三分割する政策を推進し、経営協議会から、「下からの経営協議会」(中島正道)的色彩は除去され、経営参加の側面は後退したのである。

経済復興会議は、経営協議会を基礎とした全国的な産業復興運動の中央機関として一九四七年二月に結成された。発端は、一九四六年一月に総同盟関東金属労働組合（組合長荒畑寒村、主事高野実）創立大会での、事業主、技術者、労働者の三者からなる復興委員会の設置の提案の可決に求められる。(74)総同盟は、一九四六年五月末の拡大中央委員会で、「労働協約に基く経営協議会を基礎とする中央機関を創設」し、「労働組合の企業参加を促進し」つつ、産業再建を図る「生産危機突破産業復興運動」を起こすことを決議した（高野実提案）。(75)同年八月初めに、総同盟結成大会で、とりあえず主要産業で産業復興会議を組織することが決議された（本部高野実提案）。(76)この運動のリーダーは総同盟左派の高野実であったが、高野によれば、「労働組合の企業参加による経営協議会を通じて」「経営に一つの『実力』を把握してゆく過程こそが社会化の具体的姿」であり、「経営協議会を基礎とする産業復興会議の生長こそが、日本経済復興のテコでありカギであ」った。(77)

総同盟とは別に、共産党系の産別会議も独自の産業復興運動を開始した。一九四六年七月二九日に傘下の全日本炭鉱労働組合（全炭）を中心に産業復興石炭会議を結成、同年八月一九日の産別会議結成大会では、石炭鉱業のみでなく、基礎産業を網羅した産業復興会議の設立決議が承認された。(78)

経済同友会は、一九四六年七月以降、総同盟と非公式に接触を進めていたが、産別会議の「十月闘争」で頂点に達した労働攻勢により、経営権存立の危機を感じた。(79)そのために総同盟との協力関係の樹立を急ぎ、一〇月一九日、「企業権の尊重」を前提に総同盟の提唱する運動に参加する用意があるとの声明を出し（「最近の労働争議に関する見解」）、(80)一〇月二六日に総同盟などとともに経済復興会議の準備世話人会を発足させた。世話人会は、一一月四日、経営権と労働権の相互の尊重、産別会議との連携を基本原則として確認した。さらに、一二月六日には総同盟、日労会議、同友会の主催で経済復興会議第一回準備委員会が開催された。

日本産業協議会（日産協）は、産別会議の参加しない運動は無意味だとかねてから主張していた。[81]そこで同友会が窓口となって産別会議との交渉が勧められた結果、一二月二三日に産別会議の参加が決定した。一九四七年一月一八日に産別会議、日産協を加えた拡大創立準備会が開かれ、二月六日に創立大会が開催された（参加一六団体）。議長には鈴木茂三郎（社会主義政治経済研究所長）、副議長には三鬼隆（日産協）、桜田武（日産協）、聴濤克巳（産別）、原虎一（総同盟）が選出された。経済復興会議の組織は、中央の経済復興会議を頂点にして、そのもとに産業別経済復興会議、地方別経済復興会議がおかれ、基本単位は各企業の経営協議会という構成であった。[82]

以上のような経緯で、主要な労働団体、経済団体のすべてを網羅して発足した経済復興会議ではあったが、ほとんど何の成果を挙げることなく、一九四八年四月二八日には解体してしまった。提唱者の高野実が、のちに、経済復興会議について、「労資協調の迷路におちこんだ」[83]と自己批判したことは有名である。高野は、「階級間の力関係の重大な変化」に気づかずに、「いつの間にか事業者の手先」になってしまった、片山内閣の「下請け機関になりさが」り、官僚に従属する結果となったと反省した。

本節の課題は、経済復興会議がなぜ機能しなかったのか、その理由を具体的に明らかにすることにある。「経済復興運動の基本方針」（一九四七年二月六日結成大会で決定）の要点は次の二点である。[84]一つは、「科学的な経済施策により総合的見地から生産と配給の計画性を確保する」ために、国民経済レベル・産業レベルでの復興計画を立てるという、マクロ（国民経済）レベルの課題である。もう一つは、労働者と経営者が相互に経営権、労働権を尊重しあい、「双方対等の立場に立って」、各企業の経営協議会において、経営内の諸問題を交渉するという、ミクロ（企業）レベルの課題である。

マクロ・レベルでは、「労働組合代表参加による強大な国家的計画経済の樹立」が高野の目標であった。しかし、経済復興会議はこうした方面では何の成果も挙げなかった。唯一の試みは、石炭中心の傾斜生産方式の対案として、一九四七年五月に高野が提起した「電源開発運動」であったが、ほとんど反響を呼ばなかった(85)。

マクロ政策への関与に失敗したのは、経済復興会議を民間の運動と位置づけ、政府との協力の仕方を明確にしていなかったことに原因があった。一九四六年後半に、経済復興会議が構想されたさいに、純然たる民間機関として企図されたのは、総同盟や産別会議が、この運動を吉田内閣打倒運動の一環とし、政府とは関係を持たない方がよいと考えたからであった。高野は、日産協が経済復興会議に参加したことを、財界団体が「吉田政府や安定本部との間のキズナを断ちき」ったものと高く評価した(86)。また、吉田首相は、一九四六年一〇月九日に、労使協力による石炭会議の結成を望むと発言したが、総同盟は吉田内閣に取り込まれることを警戒していた。

鈴木茂三郎が、経済復興運動は官僚的復興コースに対抗するものであり、経済安定本部は経済復興会議の事務機構として包摂されるべきだと主張していたにもかかわらず(87)、片山内閣の成立時までにその具体策は検討されなかった。一九四七年六月に社会党首班の片山内閣が成立すると、経済復興会議は内閣と対立する存在ではなくなったが、そのためにかえって独立性は希薄になり、官僚機構にとりまこれ、内閣の広報機関化していった(88)。その原因は、片山内閣の成立時に、「社会化」を推進するような方向での経済安定本部等の政府機構が再編がなされなかったからである。内閣の交替の直前の五月一日に、マッカーサー指令（三月二二日）にもとづいて、経済安定本部の大幅な拡大が実施されたさいに、経済復興会議を経済計画の立案に参画させるような組織改革はなされなかった。経済安定本部を増強するために、民間人を積極的に登用する方針がとられ、財界団体や総同盟から人材が引き抜かれたために(89)、経済復興会議の力は弱まることになった。

経済復興会議に金融機関の代表を加えなかったことも、大きな欠陥であった。経済復興会議が、国民経済を管理する職能別組織の連合体をめざすならば、当然、信用のコントロールが主要な任務の一つとならざるをえなかったはずである。[90] また、現に、多くの企業は、戦時補償の打切りなどで、資金面で行きづまっていたのであるから、金融機関との提携なしには、産業の復興は考えられなかった。

金融機関を排除した一つの理由が、「金融資本」・官僚による財政・金融の独占こそが経済復興の最大の障害だとみる産別会議の「金融資本」の敵視にあったのは事実である。[91] しかし、「産別会議の偏見」[92] だけに原因を求めるのは妥当ではない。高野実は、企業再建整備の過程で「金融資本」が企業に対し「独裁権」をふるおうとしていると警告した。[93] 同友会や日産協などの主として産業資本家によって構成される経済団体も含め、経済復興会議に参加したすべてのグループのなかに、金融機関に対する警戒心があったようだ。[94]

しかし、金融部門を排除することに対する疑問の声は、経済復興会議の設立時からあった。[95] その後、金融部門との連携は試みられ、一九四七年三月に、「金融界巨頭と産業経営者代表との懇談」が開催されたが、[96] 結局、金融機関の参加は実現しなかった。

上記の二つの欠陥に加えて、戦時産業からの転換、企業再建整備などにより、雇用問題がもっとも重要となっていたにもかかわらず、経済復興会議がこれに関与しなかったという問題がある。産業構造の転換を伴う雇用問題に対処するには、企業間、産業部門間の調整が必要となる。『東洋経済新報』が、「同会議の重要な事業として従業員整理と配置転換を取り上げることを切望する」[97] と述べたように、まさに、経済復興会議のような組織こそが、その役割を果たすのに適当だったと思われる。しかし、雇用問題はタブー視され、企業内部で解決可能な問題だとされた。高野は、「労組側もすすんで産業を合理化するために、作業の能率をよくし、機械化と電化のために努力し、あわせて、必要ならば、新しい関連作業をも提議して、失業を防止することが望ましい」[98] と述べている。労働者の生産への積極的協力による稼働率の上昇こそが、雇用確保の方法だとされたのである。

以上みてきたように、この運動を提起した総同盟は、経済政策への関与を望んでいたが、それを実現する方策を編み出しえなかった。他方、経済団体は、そもそも経済復興会議にマクロ的な役割を期待していなかった。

財界が経済復興会議へ参加した目的は、第一に、労使関係の安定化にあった。経済復興会議への参加を協議したさいに、日産協は、「労働問題は産業復興に対しても最も根本的な問題であり、これに適切に対処しなければ復興の基礎が固められない」ので、「労資の調整は焦眉の急」であり、原料供給、金融、物価の問題に優先する課題としていた。[99]労働協約・経営協議会を重視していた総同盟は、最初から経営側と協調する姿勢を示したが、問題は総同盟の二倍近い組合員を擁し、「一〇月闘争」でゼネスト戦術を掲げた産別会議をいかにして経済復興会議の席につかせるかであった。

財界側のもう一つの目的は、経済統制における財界団体の発言権の確保にあった。戦時中の統制会は、業界団体が末端の調整を行う「自治的統制」機関であった。ところが、臨時物資需給調整法（一九四六年一〇月一日公布・施行）にもとづく物資割当について、ＧＨＱは私的カルテル（民間産業団体）が政府の権能を分担することを不可とした（一九四六年一二月一一日ＧＨＱ覚書「物調法の下における統制方式」）。[100]

帆足計（日産協専務理事、経済復興会議幹事長）は、「統制会は、その設立の経過からいえば、軍官僚統制の対立物として発生した」のであり、臨時物資需給調整法のもとで「自治統制」が否定されれば、「官僚統制への逆転」に帰結しかねないと危惧した。[101]そして、統制会にかわる方式、すなわち、経済復興会議によって「民間の経済統制が自治統制の枠をふみ越え、社会化の途へ一歩を進めることが必然」であると説いた。[102]

このような役割を果したのは業種別経済復興会議であった。[103]結成された約二〇の業種別復興会議のなかには、硫安工業復興会議のように活発な活動を展開した事例もある。

　硫安工業復興会議は、一九四七年六月に発足した。官民からなる肥料審議会がすでに同年四月に発足していたが、労使を中心とし、官僚を排除した復興会議方式が好まれたため、審議会は休眠状態に陥った。[104]同会議の設立に際しては、労働条件の交渉や紛争解決は、個別企業と労組の交渉で処理することを経営者側が要求し、同会議は労使紛争処理機能を持たなかった。[105]同会議の主な機能は、政府に対する労使共同の原料割当（石炭・電気など）の獲得運動であった。[106]まさに、「安本をおどし、銀行をゆさぶるアベック闘争」（高野実）[107]の場であった。統制経済であるがゆえに必要な機能であったから、統制の終了とともに役割を終えることになった（一九五〇年五月解散）。

　紡績産業復興会議も、かなり活発な活動を展開したが、その理由は硫安工業復興会議とは異なる。この場合は、復興会議は賃金等の労働条件に関する、紡績同業会と全繊同盟との事実上の労使の交渉の場になったのであり、一九四七年一月一七日には、日本の紡績史上初の「産業別賃金協定」を発足させた。[108]

　企業レベルでの復興会議の実態は、ほとんど解明されていない。[109]関東経営者協会の調査（一九四七年三月）[110]によれば、過半の事業所では、経営協議会が経済復興運動の機関を兼ねており、経営協議会が経済復興運動の基礎単位となるという構想が実現していた。運動の内容は、増産、合理化が中心で、増産のために、一定の基準額を超えた生産に賃金をリンクさせる報償制が設けられるケースが多く、また、打開すべき生産の隘路として資材問題がしばしば検討された。詳細は今後の研究に待たなければならないが、企業レベルの運動は、生産増強に労働者を協力させるうえでかなり大きな役割を演じた可能性がある。

　このように、各産業や個別経営において経済復興会議が活発な活動を行った事例もあったが、労働者が産業復興のイニシアティブをとり、その過程で労働者の参加を促進するという高野の意図に関する限りは、まったく実現しなかった。

その原因は、高野ら総同盟の労働運動に関する方針に内在していた。それを端的に示すのは、経済復興会議結成のさいに、総同盟側が「経営権」を進んで承認したことである。「経済復興運動の基本方針」(一九四六年一二月六日)は、労働側と経営側が相互に、「労働権」と「経営権」とを認めあう(「経営者は労働者の基本的人権を尊重し、団結権、団体交渉権、罷業権等を確認するとともに、労働者は経営者の企業権を認め、双方対等の立場に立って、経営の民主化、産業の復興、および生産隘路の打開等に相協力する」)ことをうたった。経営協議会の決定事項を労働条件に限定し、「経営、管理、経理ならびに人事決定権は経営者においてこれを持つ」と、経営者に広範な経営権を認めた。(111)

日産協の帆足計が起草したこの基本方針に対して、総同盟側からは強い異論は出なかった。(112)それは一見、意外に思われるが、(113)じつは、帆足案と総同盟の主張との間にはもともと、それほどの隔たりはなかったのである。総同盟の経営協議会案は、団体交渉機関を労働協約により常設化しようとする構想であり、それは、「労働者を団体交渉の当事者の位置に厳しく限定する」ものであった。(114)経営協議会への付議事項は、労働条件と生産計画に限定され、経理、経営方針は除外されていた。(115)すなわち、総同盟の考える「参加」とは、団体交渉の制度化であり、それ以上ではなかったのである。

## (五)　炭鉱国家管理問題

占領初期には、さまざまな産業についての国有化・国家管理プランが存在した(表3)。まず、焦点となったのは、食糧増産に不可欠の化学肥料の国有化であり、この問題が一九四六年一〇月一八日の肥料審議会設置の閣議決定で一

表3　国有化・国家管理案一覧（1946–1948年）

| | |
|---|---|
| 石炭 | 「国有化を前提とする石炭の社会的国家管理に関する草案」社会党，1946年9月 |
| | 「炭鉱国家管理の構想」社会主義政治経済研究所，1946年 |
| | 「石炭国有に関する意見書」産業復興石炭会議，1946年9月11日 |
| | 「石炭産業復興に関する意見書」産業復興石炭会議，1946年 |
| | 「炭鉱国家管理要綱」炭鉱労働組合全国協議会，1947年8月22日 |
| 鉄鋼 | 「鉄鋼国営案要綱」日本製鉄本社従業員組合，1947 |
| 肥料 | 「肥料工業国家管理案」社会党，1948年1月 |
| 電力 | 「電気事業社会化法要綱」電産，1947年9月 |
| | 「過度経済力集中排除法適用による電気事業再建計画」電産，1948年3月9日 |
| | 「電気事業の国有・国営案」社会党，1948年6月 |
| 石油 | 「石油国管対策案」民主党，1948年5月4日 |
| 海運 | 「海運国家管理法案」船舶運営会労働組合，1947年 |
| | 「新運航体制の基本構想」全日本海運会社従業員組合連合会，1948年1月 |
| | 「臨時商船管理法立案要綱」全海運企画部，1948年2月9日 |
| 金融 | 「金融国家管理試案」社会主義政治経済研究所，1946年 |
| | 「金融機関の民主的国家管理対策」社会党，年月不明 |
| | 「金融機関国営人民管理法案」共産党，1947年 |

出所：経済政策研究会編『国営・国管・社会化に関する資料（第一部）』（1948年8月）などより作成。

段落したころから、炭鉱国家管理問題が前面に浮上してきた。[116]

そのきっかけは、一九四六年九月に、マッカーサーが、炭鉱国有化の是非を対日理事会に諮問したことであった。九月四日のＧＨＱメモランダム「炭鉱の所有権並に補助金支出の方法」は、補助金依存の石炭産業の現状に改善を求める内容であった。このメモランダムは、財閥解体実施中の機会をとらえて国有化を断行するか、政府の補助金支払いの方法を改善するか、二つの選択肢を示した。[117]対日理事会では、英連邦、中国、ソ連の代表は、ニュアンスの違いはあれ、いずれも国有化を支持した。[118]ところが、ＧＨＱ側は、「最高司令官は日本の炭鉱国有に賛成しているのでも反対しているのでもない。対日理事会の意見を求めているにすぎない」[119]と言明し、ＧＨＱの石炭増産に関する六項目（九月二〇日）においても、遊休炭鉱や出炭高の低い炭鉱を政府が接収することもありうると示唆しただけで、[120]以後、占領当局が国有化を論議したり、示唆したりすることはなかった。[121]

しかし、対日理事会の論議は、日本側の炭鉱国有化論議に火をつける結果となった。この問題が対日理事会の議題に上ったことを歓迎し、炭鉱国有化をまっさきに支持したのは社会党であり、自由党、民主党は否定的な反応を示した。[122]

すでに、以前から国有化を前提とした炭鉱の国家管理を唱えていた社会党は、具体案の作成を急ぎ、九月二〇日に「国有化を前提とする石炭の社会的国家管理に関する政策の草案」をまとめ、九月末の第二回大会に提出した。この大会では、「国有化は最も理想的な形態であるが、今日の如き政治情勢のもとに有償国有化を実施することは、国民の負担増大の反面いたずらに資本家の救済に終わるおそれがあり、また財政の基礎が確立したる暁において国有化を断行しても遅くはない。要はこの際、複雑なる所有権の移転にとらわれることなく、産業の社会化を骨子とし行政の民主化をもってこれを補う体制を実現すればよい」（一九四六年九月二〇日社会党「国有化を前提とする石炭の社会的国家管理に関する政策の草案」）という方針を採択した。[123] 社会党は、国有化を掲げた場合に、吉田内閣の石炭復興政策に組み込まれることを警戒し、社会化路線を正面に据えたのである。

国家管理を正当化する社会党の論拠は、①石炭鉱業の復興に要する資本は私的資本の負担できる限界を超えていること、②計画的な再建により、資源の重点配分や、不良炭鉱の閉鎖が容易となること、③資材、資金の優先的な配分を受け、巨額の財政資金に依存する現在の炭鉱業は、もはや営利企業としての内実をもたないこと、④経営の社会化により労働者の生産能率が増進すること、などであった。[124]

他方、政府も、幣原内閣以来、エネルギー危機の打開策として、石炭の増産に力を注ぎ（一九四五年一〇月「石炭生産緊急対策」、一九四六年六月「石炭非常時対策」）、一九四六年一二月二七日には「昭和二二年度石炭三〇〇〇万屯生産計画」（「傾斜生産方式」）が決定した。そのさいに、石炭増産政策の一環として、政府は国有化ないし国家管理方式も検討していた。

もっとも早い事例としては、一九四六年一月二日に、幣原内閣が内閣試案として、炭鉱の国家管理を提起した事実があるが、具体的な立案には至らなかったようである。[125]一九四六年秋にＧＨＱが国有化の可否を対日理事会に諮問したさいには、吉田内閣は国有化に消極的姿勢を示したが、[126]経済安定本部や商工省は、このころから、炭坑の経営形態を検討しはじめた。一九四六年一一月二二日の経済安定本部・商工省「直面する経済危機を打開する総合対策」は、企業形態はそのままとし、三年間を限り、主要炭鉱を政府が借り上げる方式を提案した。[127]さらに、一九四七年一月には、経済安定本部が「経済危機突破に関する緊急対策案」を作成し、「石炭増産遂行の中核となるべき重要炭鉱を国営に移管する」計画を示した。[128]この案は、「巨額の投資による企業危険が、現在の私企業形態による炭鉱運営に重大な障碍となっている」点を改善するために、特定の炭鉱について、一定期間、当該企業の株式を「形式的に株主から政府に譲渡させる」という内容であり、国家管理によって、企業リスクを政府に負担させることが狙いであった。この方針に沿って、「臨時炭鉱国家管理法案」が検討され、[129]特別会計を設置し、固定資本、運転資本を財政資金でまかなう「管理炭鉱特別会計法要綱（案）」（一九四七年三月二三日）も作成された。[130]しかし、この案は吉田内閣のもとでは日の目をみず、炭鉱国家管理問題は片山内閣期に持ちこされることになる。

社会党は選挙スローガンに、「基礎産業殊に石炭・鉄・肥料・電気・銀行など公有と民主的運営の追求」（一九四七年三月二八日）を掲げており、炭鉱の国家管理は社会党を首班とする連立政権の主要な政策となった。一九四七年五月一六日の四党政策協定でも、「生産増強のために超重点産業政策をとり、重要基礎産業に必要に応じて国家管理を行う。ただし国家管理は官僚統制方式を廃して民主化されたものとすること」が合意された。[131]

社会党は炭鉱国家管理政策を片山内閣の看板にしようとしていたので、片山内閣の発足（一九四七年五月二四日）により、炭鉱国家管理問題の検討は弾みがついた。以後、一九四七年一二月八日の「臨時石炭鉱業管理法」の成立に至る経緯については、すでに詳しい記述も存在するので、[132]細部にわたることは避け、本章の論旨に沿って要点だけを述べてみたい。

まず、石炭庁、経済安定本部の法案作成作業が先行した。商工省石炭庁案（「石炭増産緊急措置要綱」五月二一日）[133]が準備され、ついで、経済安定本部案（「臨時炭鉱管理要綱案」六月一八日）[134]が作成され、両者の間で調整を行った後に、六月二八日の経済閣僚会議に「炭鉱国家管理要綱案」がかけられた。しかし、各政党間の調整がつかず、連立内閣与党の各政党はそれぞれ独自の案を発表するに至った。社会党の「民主的国家管理案大綱」[135]（七月一四日）、民主党の「石炭増産緊急措置要綱案」[136]（七月一九日）、国民協同党の「国民協同党案大要」[137]（八月一日）である。野党では、自由党が七月三日に炭鉱国家管理反対を声明し、共産党は重要産業を網羅した「重要産業国営人民管理法案」[138]（八月七日）を発表した。各政党の案に加えて、労働団体や経営者団体も独自の案を発表した。全日本炭鉱労働組合「炭鉱事業民主化要綱」[139]（六月一〇日）、日本石炭鉱業会「炭鉱国家管理に関する意見」[140]（七月一六日）、日産協「炭鉱国家管理に関する意見」[141]（七月二九日）などである。

諸案の主要な対立点は、国家管理の範囲（全炭鉱か一部の炭鉱か）、各炭鉱におかれる生産協議会の構成・権限（付議事項の範囲）・性格（決定権をもつか否か）、本社機能の位置付け（政府が直接各炭鉱を指揮下におくかどうか）であった。

六月二八日案では、政府が本社を排除し、生産現場を直接に管理する点が、民主党の強い反発を招いたが、八月一〇日の三党首会談で、①管理の範囲は全炭鉱とする、②管理の方式は全企業とする（すなわち、本社機能を残し、本社を通じて管理する）、③生産協議会を決議機関とし、労使同数で構成する、などの点で合意をみた。[142]ようやく作業は軌道に乗り、九月一八日の閣議で「臨時石炭鉱業管理法案」[143]が正式決定、九月二五日に国会に提出された。

民主党内では、かねてより炭鉱国家管理に対する反対論が根強かったが、九月初めに法案の具体化作業が進むにつれ、反対論が噴出した。労働者が事業計画に参加すること、炭鉱管理者に支配人の権限を与えることは経営権の侵害であると批判した。[144]炭鉱国家管理に従来から反対していた自由党を含めれば反対論は主流となる勢いとなった。

三党合意の後に反対論がふき出した原因は、ＧＨＱの姿勢にあった。ＧＨＱの意見は炭鉱国家管理に否定的であった。[145]しかし、ＧＨＱはこの問題に直接干渉することを避けた。九月一八日のマッカーサーの片山首相宛書簡[146]は、日本政府が石炭増産を確約すれば、炭鉱国家管理法案に異議を唱えないと言明した。政府が一〇月三日に発表した「石炭非常増産対策要綱」[147]は、マッカーサーが求めた、切羽の最大限利用のために坑口から切羽までの移動時間を節約する三交替制の実施を柱とするものであった。しかし、自由党や民主党はマッカーサー書簡を、ＧＨＱの国家管理政策不支持の意思表示と受け取り、反対論が勢いづくことになった。[148]他方で、「石炭非常増産対策要綱」は、炭鉱労働組合の統一的組織である炭鉱労働組合全国協議会（炭協）と経営者側の日本石炭鉱業連盟との間で一九四七年四月一二日に締結された協定[149]で定められた「拘束八時間労働制」（切羽までの往復時間も含めて八時間）および、労働基準法（一九四七年四月実施）の八時間労働の規定を破る例外措置であったために、これを認めるか否かをめぐって炭協の分裂（一〇月一二日）、石炭復興会議の中止を招くことになった。[150]

そうしたなかで、民主党は大幅な修正案を一一月七日に決定した。社会党は、この修正案をほぼそのまま呑み、一一月一一日に修正政府案が決定した。修正の力点は、現場管理者の権限を弱め、事業主の権限を強化することにあった。具体的には、業務計画案の作成については事業主のみが責任を負うこととし、また、炭鉱管理者の選任には生産協議会の承認が必要ではなくなり、炭鉱管理者に与えようとしていた法的代理人の地位は取り消されたのである。[151]

民主党内では、この修正案でも認められないとする強硬論が強く、法案の審議は最後まで難航したが、一一月二五日衆議院、一二月八日に参議院を通過し、三年間の時限立法である「臨時石炭鉱業管理法」が成立した（一二月二〇日公布）。

以上のような経過で「臨時石炭鉱業管理法」は成立したが、その意義について、社会党、経済安定本部、日産協の三つの案を対比させながら考えてみたい。

社会党「民主的国家管理案大綱」（一九四七年七月一四日）では、政府は本社を経由せず、直接に各炭鉱を管理するので、本社機能は剝奪される。経営の主体は労使で構成される炭鉱単位の経営委員会であり、その構成は圧倒的に労働者優位である（労働者四、技術者一、事務者一、経営者一）。中央・地方レベルでも「社会化」が重視され、労使が構成する中央・地方国家管理委員会が行政上の責任を負い、石炭庁、地方石炭局の官僚機構は補助的機能を果たすにとどまる。これは、社会民主主義的な「社会化」プランである。

経済安定本部「臨時炭鉱管理要綱案」（一九四七年六月一八日）は、本社を排除して政府と現場管理者を直結する。管理炭鉱の長をそのまま現場管理者とし、現場管理者は、企業の代表権、人事権を含む、炭鉱の管理運営に関する一切の権限を持つ。従業員の協力を得る必要から従業員の参加の機構は設けられるものの、重視はされない。すなわち、各炭鉱には、事務者、技術者、労働者の三者よりなる生産協議会が設置されるが、それは、現場管理者の補佐的機関であり、決定機関ではない。また、全国炭鉱管理委員会は石炭庁長官の諮問機関、地方炭鉱管理委員会は各地石炭局長の補佐機関である。これは、経済安定本部―石炭庁―各地石炭局―現場管理者の官僚機構を基軸に組み立てられた官僚統制強化プランである。

社会党、官僚が提起した上記の二つの案に対して、経営者側の態度は、国家管理そのものに反対の日本石炭鉱業会や自由党と、国家管理の意義を一応は認める日産協や民主党に分かれた。民主党「石炭増産緊急措置要綱案」（七月一九日）は、「私企業の経営状態を活かし不必要な変更を加えない」ことを旨とし、一律の国家管理は不適当だとし、現状の大幅な変更を避けようとした。企業の長がそのまま生産責任者となり、生産責任者が炭鉱の現場監督者を選任するかたちで、従来の企業の指揮系統を温存している。各炭鉱に、現場管理者、職員代表、労務者代表が構成する生産協議会を設け、現場監督者が生産計画、事業計画、労働条件などを付議するが、人事権、経理権は経営者側に確保するものとした。他方で、中央、地方の炭鉱管理委員会に、重要事項の決議権を与え、官僚機構から自立した産業政策の策定を意図した。

このように、社会党案は、生産協議会―炭鉱管理地方委員会―炭鉱管理全国委員会の「参加」型組織を重視したのに対して、経済安定本部案は、経済安定本部―石炭庁―各地方石炭局―現場監督者のタテの官僚機構を重視し、経営者は、炭鉱会社本社―現場監督者の企業内の指揮系統を重視したのである。こうした対立のなかで成立した「臨時石炭鉱業管理法」は、民主党案の「増産原理」と社会党案の「社会化原理」の異なる原理の妥協の産物であったといえよう。(152)

「増産原理」からみれば、基本的には、増産は資金・資材の裏付けのある傾斜生産方式政策により達成され、資金・資材の裏付けをもたない国家管理政策の効果は小さかったが、労働強化を通じた生産増大の側面において一定の効果は上がった。(153)「社会化原理」の方は、生産協議会が決議機関の名目をかろうじて維持しただけで、法案の修正過程で、内実は完全に失われた。炭鉱労働者の支持を得られなかったことも、炭鉱国家管理が不成功に終わった重要な要因の一つに数えることができよう。(154)当時の労働運動は、再建整備闘争や集中排除不指定の請願など企業防衛的な性格が濃厚であり、企業組織の解体を前提とした国家管理政策とは明らかに食い違っていた。

炭鉱国家管理問題を経営者側からみれば、国家の直接的介入から企業組織を守りつつ、労働側から経営権を回復するワン・ステップとなった。国家管理案の論議の過程で、経済復興会議創立時には曖昧なままになっていた、生産計画において経営者が最終的な権限を持つことが明確にされ、経営権の範囲をさらに一歩拡大することができたのである。

## (六)　結　論

本章では、敗戦直後の社会党左派の国家管理・国有化構想を、同時期の他の二つの社会化構想と対比させるかたちで論じてきた。社会党左派の国家管理論と、総同盟左派の経営協議会・経済復興会議構想とは、思想的に近い立場にあったが、相互に整合的ではなかった。鈴木茂三郎らの国家管理論は、あまりにも机上の空論的であったがゆえに、また、高野実の経営協議会・経済復興会議論は、逆に、あまりに現実に密着しすぎたがゆえに、現状変革の力を持たなかった。結局、経済同友会の「経営民主化構想」が、一見空想的であり、多くの経営者から異端視されながらも、実際には次の時代への地歩を固めえたのである。

注

(1) 有沢広巳『インフレーションと社会化』(日本評論社、一九四八年)。
(2) 高宮晋「社会化における問題点」(『経営評論』一九四六年九月)三頁。
(3) 鈴木茂三郎「社会主義的政策の基本的立場」(『世界文化』一九四八年三月、『鈴木茂三郎選集』第三巻、労働大学、一九七〇年)二九〇頁。
(4) 「社会化」概念は、憲法上の社会権の同義語としても用いられた。この点については、高橋彦博「憲法議会における『ワイマール・モデル』――生存権規定の挿入」(法政大学『社会労働研究』第三七巻第一号、一九九〇年七月)、「片山＝芦田内閣論」(『日本近現代史』四、岩波書店、一九九四年)を参照(両論文とも、のちに、高橋彦博『日本国憲法体制の形成』青木書店、一九九七年に収録)。
(5) 占領期の国有化・国家管理問題を全面的に論じた研究は、管見する限りでは存在しない。炭鉱国家管理は、さまざまな論文や著書で言及されているが、この問題を分析した個別研究に、林由美「片山内閣と炭鉱国管」(『年報　近代日本研究』四、山川出版社、一九八二年)がある。
(6) 日本最初の社会主義政党である社会民主党(一九〇一年創立)の立党宣言に、すでに、土地・資本の公有が含まれているが、具体的な構想ではなかった。
(7) 『麻生久伝』(一九五八年)四四九頁。なお、社会大衆党については、高橋彦博「社会大衆党の分析」(増島宏・高橋彦博・大野節子『無産政党の研究——戦前日本の社会民主主義』法政大学出版局、一九六九年)を参照。
(8) 片山哲『重要産業国営論』(「国策大衆講座」一、人文社、一九三六年)一—七頁。
(9) 同上書、四三頁。
(10) 同上書、一三八—一四三頁。
(11) 「電力国家管理案に対する思想団体の動向並に各新聞の論調」(『思想月報』第四五号、一九三八年三月)三三一—三四頁。
(12) 片山、前掲書、四八頁。
(13) 同上書、五四—五六頁。
(14) 麻生久は、社会大衆党の「建設大綱」の解説のなかで、「今日の議会制度の行詰り」の根本原因は、地域別代表制にもとづく現代議会制度にあり、それが、「政治と経済とを遊離せしめている」として、「職能代表を中心として若干の消費者を代表する地域代表を加えて構成される」「経済議会」の設置の必要性を説いた(麻生久『革新政綱概観』〈国民大衆講座〉一、人文社、一九三六年〉八五—八七頁)。
(15) 白木沢旭児「一九三〇年代前半の統制経済論——ファシズム期の経済思想の一側面」(『日本史研究』第三一五号、一九八八年一一月。のちに白木沢旭児『大恐慌期日本の通商問題』御茶の水書房、一九九九年に収録)。
(16) 木永勝也「社会民主主義と『社会主義』——右派社会民主主義者・片山哲の軌跡」(石川捷治他『時代の中の社会主義』法律文化社、一九九二年)。
(17) 総同盟は、一九三四年一一月の第二三回大会の決議「産業及び労働統制の件」において、「自由競争に放置されて来た産業及び労働に、国家的権力を用いて統制を加えなければならぬ」とし、「重要産業は、国家自身が経営すべきであり、又政府が監督すべきである」とした(『総同盟五十年史』第二巻、一九六六年)二三四、二五二—二五五頁。

(18)「労農無産協議会の結社及活動に関する調査」(『思想月報』第二六号、一九三六年八月) 二九、三二頁。
(19) 日本無産党は、すべての統制に否定的だったわけではなく、「重要物価の全面的な価格公定制」による独占利潤の排除、株式配当率・重役賞与の制限を要求していた (「日本無産党のその後の情勢に関する調査」『思想月報』第三九号、一九三七年九月、三四頁)。
(20)『資料 日本社会党四十年史』(日本社会党中央本部、一九八六年) 七—八頁。
(21) 同上書、七四—七五頁。
(22) 同上書、七一—七三頁。
(23) 大原社会問題研究所『日本労働年鑑』第二二集 (一九四九年) 三五七—三五八頁。
(24) 同上書、三六五—三七一頁。
(25) 前掲『資料 日本社会党四十年史』八七頁、片山内閣記録刊行会編『片山内閣』(同刊行会、一九八〇年) 二一九—二二二頁。
(26)『社会主義』創刊号 (一九四六年一〇月) 八—一九頁。
(27) 鈴木徹三『片山内閣と鈴木茂三郎』(柏書房、一九九〇年) 一四八—一四九頁。
(28)『社会主義』第一巻第二号 (一九四六年一一月)。執筆者は、伊藤好道と布施陶一。
(29)「日本共産党行動綱領草案」(『赤旗』一九四五年一一月二二日、社会運動資料刊行会『日本共産党資料大成』黄土社、一九五一年、一三頁)。この「行動綱領」は、第五回大会 (一九四六年二月) を経て、一九四七年まで引き継がれた (「日本共産党行動綱領」『前衛』一九四七年六月、同上書、六一頁)。
(30) 山辺健太郎編『現代史資料一四 社会主義運動1』(みすず書房、一九六四年) 六一九頁。
(31)「わが党の選挙スローガン」一九四七年二月二六日 (大原社会問題研究所『日本労働年鑑』第二二集、一九四九年、四一〇—四一二頁)。なお、戦後第一回の総選挙 (一九四六年四月) のスローガンには、国有化、国家管理という言葉はない (同上書、三九一—三九三頁)。
(32) 前掲『日本労働年鑑』第二二集、四一二—四一六頁。
(33) 経済同友会経済民主化研究会「企業経営の民主化」(いわゆる大塚試案、『経済同友会五年史』経済同友会、一九五一年)

三九―四五頁。

(34) もっともすぐれた研究は、大嶽秀夫「経営協議会の成立と変容」(坂本義和、R・E・ウォード編『日本占領の研究』東京大学出版会、一九八七年。のちに、大嶽秀夫『戦後日本のイデオロギー対立』三一書房、一九九六年に収録)である。

(35) 通説とは異なる見解に、大塚の議論は、青木昌彦の「株主集団と従業員集団の裁定者としての経営者」モデルを先取りしたと評価する岡崎哲二説がある(「企業システム」岡崎哲二・奥野正寛編『現代日本経済システムの源流』日本経済新聞社、一九九三年、一二六―一二七頁)。

(36) 『経営者』一九四七年四月号(間宏編『財界人思想全集5　財界人の労働観』ダイヤモンド社、一九七〇年、に前半部分が復刻されている)。

(37) 大塚一朗「企業民主化の新方式」(『経営評論』一九四七年九月)。

(38) 苫米地義三「信託主義的企業経営」(『現代日本経済の課題』野田経済研究所、一九四八年)。

(39) 大嶽、前掲論文、三五七頁。

(40) 大塚万丈「修正資本主義の基本構造」(『東洋経済新報』一九四七年五月一〇日)。

(41) たとえば、経営学者の古川栄一は、公共性は、一般公衆(消費者)の企業に対する社会的評価によって確保されるという goodwill 論を展開し(『新経営者論』産業経理協会、一九四八年、九三―九九頁)、藻利重隆は、「経営存立の社会性乃至共同体性に関する高き自覚」によって得られるとした(『株式会社と経営者』同文館、一九四八年、九八頁)。

(42) 戦前の議論を丹念に跡づけた、晴山英夫「わが国における株式会社支配論の展開――戦前期」(北九州大学『商経論集』第一六巻三・四号、一九八一年三月、第一七巻二・三号、一九八二年一月)を参照されたい。

(43) 増地庸治郎『株式会社』(巌松堂、一九三七年)七五六頁。

(44) 中村隆英・原朗「経済新体制」(『「近衛新体制」の研究』岩波書店、一九七三年)、柴垣和夫「『経済新体制』と統制会」(東京大学社会科学研究所編『ファシズム期の国家と社会2　戦時日本経済』東京大学出版会、一九七九年)。

(45) 岡崎、前掲論文、宮島英昭「戦時経済下の自由主義経済論と統制経済論――財界と経済官僚」(『日本近現代史』三、岩波書店、一九九三年)。

(46) 前掲、中村隆英・原朗「経済新体制」七一頁。

(47)　原案の執筆者は有沢広巳である（酒井三郎『昭和研究会』ＴＢＳブリタニカ、一九七九年、一三〇頁）。なお、原文の引用は同書、三五六―三七〇頁による。

(48)　重要産業協議会事務局長、帆足計の『統制会の理論と実際』（新経済社、一九四一年）は、「要綱」に対し、著しく批判的である。

(49)　宮島、前掲論文、三三四―三三七頁。なお、重産協の検討作業には、増地庸治郎も参加した。

(50)　たとえば、野田一夫編『戦後経営史』（日本生産性本部、一九六五年）二五一―二五八頁の評価。

(51)　法学者は所有権とは別個の経営権の存在を認めていない。企業「経営の権能」は「所有権その他の企業に対する支配権の行使にほかならない」（川島武宜「生産管理の違法性と合法性」『法律時報』第二九号、一九四八年八月、八頁）、経営権とは「所有権を生産的機能からみた概念」（津曲蔵之丞「経営権と労働権（一）」『民商法雑誌』二四―四、一九四九年七月、二〇六頁）、柳川真佐夫・高島良一『経営権と労働権』（日本労政協会、一九五二年）七一―七二頁、「経営権に関する諸学説の紹介」（『経営者』三―三、一九四九年三月）二九―三二頁などを参照。

(52)　商法改正が実現しなかった一つの理由は、商法研究者の主流が自由主義的であったことにある（鈴木竹雄『商法とともに歩む』商事法務研究会、一九七七年、七七―八三頁）。

(53)　岡崎、前掲論文、一一二、一一六―一二〇頁。

(54)　一九四八年の商法改正は、株式分割払込制の廃止だけの部分的な改正にとどまった。一九五〇年改正に関する三枝一雄「昭和二五年商法改正の歴史的意義」（明治大学『法律論叢』第四六巻第一号、一九七三年二月）は、参考にすべき点が多いが、一九四九年のＧＨＱの指示が、財閥解体・独占禁止政策の一環ではないという主張は誤りである。なお、安定株主の形成の面から一九五〇年改正を考察した橋本寿朗論文も参照されたい（「日本企業の戦後的変容」日本学術振興会『学術月報』第四八巻第四号、一九九五年四月）。

(55)　“Report on the Mission on Japanese Combines”, March, 1946.

(56)　前掲『商法とともに歩む』六一五―六一六頁。

(57)　ＧＨＱの要求は、日本側にとって「思いもかけぬ株主の地位の強化という問題であった」（鈴木竹雄「商法改正の裏ばなし」『岩波講座　現代法』九、しおり、二頁）。

(58)「昭和二五年と二六年の改正は占領政策による改正といいながら、占領政策によったのは一部だけであって、ほかの部分はそれとの関連で改正された」という矢沢淳の評価は妥当である（矢沢淳・鴻常夫『会社法の展開と課題』日本評論社、一九六八年、六頁）。商法改正がアメリカ法をモデルにしたことと、占領政策の一環として実現されたということとは別問題である。商法改正における取締役の権限強化の規定はアメリカ・モデルではあったが、GHQは、日本では取締役の権限はすでに強すぎるので、むしろ株主の権限を強化すべきと考えていたようである。また、「取締役会の権限強化と取締役の地位安定により予想される取締役の専権化に対応して、個々の株主の地位の強化が立法上考慮された」との記述は、歴史的な説明としては、時間的順序が逆であり、正しくない（曾野和明「商法改正の立法論的展開」会社実務協会編『商法改正の動向と基本問題』同会、一九六一年、一五〇頁）。

(59)経済団体連合会「商法改正に関する意見」（一九四九年一〇月一五日、『経済連合』一九四九年一一月号）三〇六―三〇九頁。

(60)GHQの認識では、少数株主＝非財閥株主＝大衆株主であった（"Report on the Mission on Japanese Combines"）。

(61)われわれは、一九五〇年の商法改正の意義を、「経営合理化の一環として経営独裁を強化」したという三枝一雄の見解に基本的に同意する（三枝、前掲論文、一五〇頁）。

(62)竹前栄治『戦後労働改革』（東京大学出版会、一九八二年）第四章第四節。

(63)同上書、四〇九頁。

(64)前掲「経済民主化とその具体案」七頁。

(65)三川譲二「民主党成立の序幕――進歩党少壮派の党内『革新』運動」（『史林』第七一巻第三号、一九八八年五月）一三一―一三二頁。

(66)三谷太一郎「戦後日本における野党イデオロギーとしての自由主義――一九四七―四八年」（犬童一男他編『戦後デモクラシーの成立』岩波書店、一九八八年）。

(67)民主党「宣言」「綱領」「政策要綱」（『資料　戦後二十年史　一』日本評論社、一九六六年、三三七―三三八頁）。

(68)三川、前掲論文、同「労働攻勢と進歩党少壮派――二・一ゼネスト期における保守『革新』運動」（『史林』第七四巻第六号、一九九一年一一月）、伊藤悟「戦後初期の連立連合の構図――進歩党を中心に」（油井大三郎他編『占領改革の国際比較』三省堂、一九九四年）参照。

(69) 伊藤悟、前掲論文は、片山連立内閣を「修正資本主義連合」と規定している。

(70) 一九四六年七月三〇日衆議院予算委員会における犬養健の発言（「第四回　衆議院予算委員会議事録」）。

(71) 『朝日新聞』一九四六年九月三日。

(72) 二村一夫「戦後社会の起点における労働組合運動」（『日本近現代史』四、岩波書店、一九九四年）六一―六五頁。

(73) 経営協議会については、木元進一郎『労働組合の「経営参加」』（森山書店、一九六四年）、山本潔『戦後危機における労働運動』（御茶の水書房、一九七七年）、中島正道「戦後激動期の『下からの経営協議会』構想」（清水慎三編著『戦後労働組合運動史論』日本評論社、一九八二年）、遠藤公嗣『日本占領と労資関係政策の成立』（東京大学出版会、一九八九年）、西成田豊「占領期日本の労資関係」（中村政則編『日本の近代と資本主義』東京大学出版会、一九九二年）参照。

(74) 労働省『資料　労働運動史　昭和二〇―二一年』（一九五一年）四五〇頁。

(75) 同上書、五二五頁、早川征一郎・吉田健二「経済復興会議の組織と運動　上」（法政大学社会労働問題研究センター『研究資料月報』第二八三号、一九八二年二月）三―五頁。

(76) 前掲『資料　労働運動史　昭和二〇―二一年』五五四頁。

(77) 高野実「産業復興運動の先頭に起て」（『労働』第二号、一九四六年六月一日、『高野実著作集』第一巻、柘植書房、一九七六年）二八四頁。

(78) 前掲『資料　労働運動史　昭和二〇―二一年』五六六、五七三―五七五頁。

(79) 野田信夫「労働運動と産業復興会議」（『朝日評論』一九四七年三月）二三頁。

(80) 早川・吉田、前掲論文、中、七頁。

(81) 『経済団体連合会十年史』上、一九六二年、四九〇頁。

(82) 早川・吉田、前掲論文、二―四頁。

(83) 高野実『日本の労働運動』（岩波書店、一九五八年、『高野実著作集』第五巻、一九七七年）五六―五七頁。

(84) 前掲『資料　労働運動史　昭和二二年』二〇〇―二〇一頁。

(85) 神林章夫「高野〝構想〟と経済復興会議――一九四七」（『信州大学経済学論集』第一一集、一九七七年）八五―八七頁。

(86)「経済復興会議の誕生」(一九四六年一二月一四日、『高野実著作集』第一巻)三〇三頁。
(87)鈴木茂三郎「経済復興会議の任務」(『日産協月報』一九四七年三月、神林、前掲論文より引用)。
(88)片山内閣のヤミ撲滅運動への協力など。
(89)神林章夫、前掲論文、八五頁。
(90)たとえば、一九三五年のフランスのCGTプランでは、「経済高等評議会」の最大の役割は信用の管理であった(権上康男『フランス資本主義と中央銀行―フランス銀行近代化の歴史―』〈東京大学出版会、一九九九年〉第三章第一節)。
(91)産業復興会議「産業復興方策要綱」(前掲『資料　労働運動史　昭和二二年』一九七頁)、山崎早市「経済復興運動と労資各派の態度」(『時論』一九四七年四月)五四―五五頁。
(92)『日経連三十年史』(一九八一年)一八四頁。
(93)「企業整備への労働対策」(『労働問題研究』一二、一九四七年九月、『高野実著作集』第一巻、三三九頁)。なお、当時は、金融資本(銀行資本)と財閥資本とを同一視することが多かった。
(94)「座談会　経済復興と労資階級」(『改造』一九四七年三月)四七―四九頁。
(95)「帆足案に対する意見書」(『石川一郎文書』V―四〈東京大学経済学部所蔵〉)。
(96)金融の労使双方の参加の可能性を探るために、一九四七年三月六日「金融界巨頭と産業経営者代表との懇談」(「今後の金融部門との連絡方法」[事務局試案]『石川一郎文書』V―四)など、金融機関との接触は試みられた(早川・吉田、前掲論文、中、六頁)。
(97)『東洋経済新報』一九四七年三月一日。
(98)前掲「企業整備への労働対策」(『高野実著作集』第一巻)三四一頁。
(99)石川一郎日産協会長「産業復興懇談会案内」一九四六年一一月九日(『石川一郎文書』)。
(100)大蔵省財政史室編『昭和財政史―終戦から講和まで―』第六巻「政府関係機関」〈山村勝郎〉(東洋経済新報社、一九八一年)二四五―二五一頁。
(101)帆足計『日本産業復興への道』(新書出版社、一九四七年)七三―七八頁。
(102)同上書、一九〇―一九四頁。同趣旨の見解は、野田信夫(経済同友会)も述べている(前掲「労働運動と産業復興会議」

二七頁)。
(103) 早川・吉田、前掲論文、九一一一頁。
(104) 日本硫安工業会編『日本硫安工業史』(一九六八年)二三三―二四一頁。
(105) 同上書、三一二頁。
(106) 同上書、三三四―三四三頁。近藤康男編『硫安』(日本評論社、一九五〇年)二六〇頁。
(107) 前掲『日本労働運動』(『高野実著作集』第五巻)五六頁。
(108) 『全織同盟史』第二巻(一九六五年)一一三頁。
(109) 山本潔『東芝争議(一九四九年)』(御茶の水書房、一九八三年)六四―七一頁に紹介された東芝の事例が、唯一の本格的分析である。
(110) 「企業内の生産復興運動について」(『経営者』一九四七年七月、八月)。
(111) 前掲『資料　労働運動史　昭和二〇―二一年』三九五頁。
(112) 一二月四日の経済復興会議準備委員会開催以前の総同盟と同友会との交渉内容は明らかでないが、両者の間の深刻な対立を示すような事実はみあたらない。
(113) 日産協資料に存在する執筆者不明の「帆足案に対する『意見書』」(「企画局日誌」と印刷された原稿用紙に記載)は、「経営権の内容として経営、管理、人事、及経理を広範に包括するものであるとすれば、文字通り封建的残滓の払拭程度であって、進一歩せる資本主義の修正乃至社会化の線に稍遠い感がします」と批判しており、「帆足案」についての当時の一般的な受けとめ方がうかがわれる(『石川一郎文書』V―四)。
(114) 遠藤、前掲書、一五七―一五八頁。日経連「経営権確保に関する意見」(一九四八年五月)が、「本来的に経営権に属すべき人事権、経理権等」と明記したように、経営者側が不可侵の部分と考えたのはこの二つであろう。なお、帆足案と総同盟労働協約基本案(一九四六年二月一九日)の間には、生産計画を経営協議会の決定事項とするか否かの点で大きな相違が残された。
(115) ただし、高野実の考えはその枠を超えていた。高野は、人事権を労働協約で明記すること、それ以外の利潤分配などについても力関係如何では、経営協議会で取り上げるべきであると主張した(『労働組合幹部必携』一九四七年、『高野実著作集』第一巻、一七八頁)。
(116) 前掲『日本硫安工業史』二三三―二四一頁。
(117) 日本経済研究所『石炭国家統制史』(同所、一九五八年)七八三頁。
(118) 外務省編『初期対日占領政策』下、一二六―一五〇頁。
(119) 同上書、一四五頁。
(120) 前掲『石炭国家統制史』七八四―七八五頁。
(121) なぜ、GHQが、みずから積極的に推進する意志のない国有化の可否を、わざわざ対日理事会に諮問したのかは解明されていない。
(122) 自由党は、「石炭国管は必ず失敗する」と強く反対し、共産党も、現政権下でなされる国有は「資本家、官僚の力を強める」として反対した(『朝日新聞』一九四六年九月三日)。
(123) 前掲『資料　日本社会党四〇年史』七一―七三頁。
(124) 加藤勘十「炭鉱国有論」(『社会思潮』一―二、一九四七年三月)。
(125) 「総理官邸会議愛知メモ」(大蔵省財政史室編『資料・金融緊急措置』霞出版社、一九八七年)三二九頁。
(126) 一九四六年九月七日貴族院商工関係分科会での星島商相の答弁、同日の衆議院臨時物資需給調整法案委員会での膳経済安定本部長官の答弁(『朝日新聞』一九四六年九月八日)。
(127) 通産省編『通商産業政策史』第一七巻、二九四―二九五頁。なお、小島慶三『炭鉱の国家管理』(日本経済新聞社、一九四八年)五三―七二頁も参照。
(128) 同上書、第二巻、三一七頁。
(129) 「臨時炭鉱国家管理法要綱試案」(一九四七年、作成者は経済安定本部と推定)が、この作業において作成された案と思われる(総合研究開発機構〈NIRA〉戦後経済政策資料研究会編『経済安定本部　戦後経済政策資料』第二八巻、日本経済評論社、一九九五年、六二〇―六二三頁)。小島、前掲書、七三―七四頁参照。
(130) 同上書、第二八巻、六一五―六一九頁。
(131) 「官僚統制方式を廃して民主化されたものとする」の部分は、自由党、民主党の要求で入れた(信夫清三郎『戦後日本政

治史』Ⅱ、勁草書房、一九六六年）六三五頁。

(132) 最近の業績では、林、前掲論文、前掲『通商産業政策史』第三巻、一九九四年、第三章第二節「傾斜生産方式と炭鉱国管」〈宮崎正康〉参照。

(133)〜(134) 小島、前掲書、三三三—三五一頁。

(135)〜(138) 石炭庁炭鉱国管準備室『臨時石炭鉱業管理法の解説』（商工協会、一九四八年）二〇七—二一八頁。

(139) 前掲『資料　労働運動史　昭和二二年』五五二—五五四頁。

(140) 前掲『石炭国家統制史』七八八頁。

(141) 小島、前掲書、三五五—三六一頁。

(142) 同上書、一〇〇頁。

(143) 前掲『石炭国家統制史』七八九—七九四頁。

(144) 前掲『通商産業政策史』第三巻、一〇一頁。

(145) 同上書、一〇三頁、セオドア・コーエン『日本占領革命』下（ＴＢＳブリタニカ、一九八三年）一三九—一五五頁。

(146) 参議院事務局調査部『臨時石炭鉱業管理法関係資料集』（一九四八年）一一七—一一八頁。

(147) 同上書、一二三—一二七頁。

(148) 小島、前掲書、一〇五頁。

(149) 前掲『資料　労働運動史　昭和二二年』五一七—五一八頁。

(150) 日本石炭鉱業労働組合編『炭労十年史』（労働旬報社、一九六四年）一三四—一六二頁。

(151) 菊池勇夫編著『臨時石炭鉱業管理法の研究』（九州大学産業労働研究所）一一七—一三五頁。

(152) 同上書、六六頁。

(153) 就業坑内夫一人一日当たりの出炭能率は、一九四七年八月の〇・四四トンから、一二月には〇・五四トンに増加した（前掲『石炭国家統制史』六六五頁）。

(154) 一九四七年七—八月の全国炭鉱の世論調査では、民営支持三六・七％、国営支持二九・七％であった（『石炭労働年鑑』昭和二三年版、五四二頁）。

# 四　ドッジ・ラインの歴史的意義

## (一)　戦後復興過程における安定化

戦後日本経済の歴史過程において一九四九年のドッジ・ラインは、資本主義的な蓄積軌道が戦時経済体制の破綻の後にふたたび安定的な形で定置された画期である。工業生産の復興が実質的にはじまった一九四七年（＝傾斜生産方式）、高度経済成長をリードした新規設備投資が本格化する一九五五年ごろの二つの大きな画期と較べても、日本経済の枠組みを決定したという点でドッジ・ラインはより本質的な意義を持つと考えられる。

ドッジ・ラインはこれまでも経済安定化政策と呼ばれてきたが、その場合の安定化とはもっぱら通貨安定＝インフレ収束の意味に限定されていた。しかし、ここではドッジ・ラインはたんなる通貨安定ではなく、アメリカを中心とする戦後世界資本主義体制のなかに日本資本主義を安定的な形でリンクしたという点を重視して、安定化という言葉に、以下の三点に示すより広い意味を含ませたい。

(1)　資本＝賃労働関係の安定：インフレ要因としての賃金上昇を抑制するだけでなく、利潤形成－資本蓄積を安定的＝持続的に可能にするような資本＝賃労働関係を保証する制度的枠組みをつくることが必要であった。

(2)　対内安定化手段としての通貨安定：第二次世界大戦後にも第一次世界大戦後と同様に、多くの参戦国では激しいインフレーションが起き、正常な資本蓄積を困難にした。第二次大戦直後の経済政策において、インフレーションの抑制が図られたことはいうまでもないが、問題はそれで解決したわけではなかった。第二次大戦後の安定化過程においては、国民経済規模の拡大、生産性の上昇が政治的・社会的安定化に不可欠な条件となっており、両大戦間期のように政策担当者が通貨価値の安定を一義的に追求することは困難であった。(1)長期的のみならず、短期的にも経済成長を阻害しないような配慮が通貨安定にも求められたのである。

(3)　対外経済関係の安定化：アメリカを中心とした世界体制に安定的に組み込まれるための第一の条件は、対ドル為替レートの設定とその維持である。各国の対ドル固定レートはＩＭＦの機能により維持されることになっていたが、ＩＭＦが本格的に活動するようになるのは一九五〇年代後半からであり、それ以前にはアメリカの経済援助が量的にも質的にもＩＭＦや世界銀行の活動を凌駕していた。したがって、われわれが問題にしている時期については、ＩＭＦよりもアメリカの対外援助の役割を重視すべきであろう。ＩＭＦと同様にＧＡＴＴの役割も一九五〇年代までは控え目なものであった。

以上三つの安定化は日本ではドッジ・ラインによりほぼ同時に実現された。(2)すなわち、(1)は「賃金安定三原則」に沿った賃金抑制と、それを保証する制度的措置としての一九四八年七月三一日公布「政令二〇一号」および一九四九年六月公布労働組合法改正により、(2)はジョゼフ・ドッジによる財政均衡化政策を通じてのインフレ収束とオーバー・ローン体制の成立により、(3)は一九四九年四月二五日の一ドル＝三六〇円の単一為替レートの設定と、一九四九年一二月〜一九五〇年一月の民間自由貿易再開により実現した。

ドッジ・ラインを通じての安定化過程の諸特質は、高度成長期の日本資本主義のあり方を規定した。

以上が本章の分析の基本的な枠組みであるが、研究史との関連について簡単に触れておきたい。

一九五〇年代の鈴木武雄の古典派経済学・マルクス経済学的な均衡財政論に立つドッジ・ライン論に対して、[3]一九七〇年代以降の研究はケインズ主義的な視角からドッジ・ラインの意義を再検討しようとした。中村隆英は、一九四八年末にはすでに物価上昇率が鈍っていたことを重視し、「経済安定九原則」によるインフレ抑制が成功したのは実態経済面における条件が「中間安定」期までに整えられていたためであったと主張した。[4]そして、生産復興とインフレ抑制とを同時に推進しようとしたシャーウッド・ファインらニューディーラーの議論は、インフレ抑制一本槍のドッジよりも「発想がより精緻」であったと評価される。[5]またウィリアム・ボーデンは、ウィスコンシン学派の革新的歴史学の立場から、ヴェトナム戦争に帰結する戦後アメリカの膨張主義的な外交政策を国際的規模でのケインズ政策ととらえ、ドッジ・ラインはそうした流れに逆行する時代錯誤的な政策であったと考えた。ボーデンは、「ドッジ・プランは物価にはあまり影響を与えず、むしろ労働力の削減、私的銀行制度による経済支配、日本国民の経済的収奪をもたらし、産業復興を遅らせた[6]」という評価を下している。両者のケインズ主義に対する立場は大きく異なるが、[7]従来の通説がドッジ・ラインの効果を過大評価していたと批判する点では両説は一致している。[8]

しかし、マーシャル・プランをテコにしてアメリカが西ヨーロッパ諸国でも安定化政策を追求したこと、安定化を通じて作り上げられた世界体制が戦後半世紀にわたって成長を促し、安定的な枠組みとして作用したことを想起するならば、ドッジ・ラインの分析も国内経済の「安定」か「復興」かという二者択一論的視角を脱却して、一九四〇年代後半の戦後世界「秩序」形成のなかに歴史的に位置づけるべきであろう。

## (二)　占領政策の転換と安定化政策[9]

日本経済を復興させ、日本を極東における安定勢力にするというアメリカの構想は、もっとも早くは一九四七年五月の国務次官アチソンの「デルタ演説」に見出され、その後、一九四八年一月六日には有名なロイヤル演説で日本経済の自立化がうたわれたが、具体的な政策の検討がはじまったのは一九四八年三月からである。

一九四八年三月に国務省政策企画室長ケナンが来日し、マッカーサーとの意見調整を行ったのち、一九四八年五月二六日に国務省はNSC（国家安全保障会議）に「アメリカの対日政策に関する勧告」（PPS二八／二）を提出した。また、ケナン来日の直後にドレーパー陸軍次官がジョンストン使節団とともに再来日し、マッカーサーおよび日本政府の高官らと会談した。ジョンストン使節団の報告書は、四月二六日に陸軍長官に提出された。PPS二八／二のうち経済復興に関する部分にはジョンストン報告書の内容が取り入れられており、経済政策の主導権は陸軍次官のトレーパーの手中にあったといわれる[10]。PPS二八／二は、その後改訂されたうえで、九月三〇日に国務省から提出された（NSC一三／一）。この政策文書は同年一〇月七日にNSCで採択され、（NSC一三／二）、一九四五年一一月一日の「初期の基本的指令」（ICS一三八〇／一五）に代わる対日占領の基本政策となった。

NSC一三／二は、アメリカの対日政策において経済復興を安全保障につぐ重要な課題として位置づけたうえで、①経済復興には「私企業の強化が不可欠」であり、②経済復興が成功するための前提条件は「勤勉な労働」「最小限の労働争議」「耐乏措置」「財政均衡」を通じてのインフレ収束であるとした。このようにして、財政均衡政策を柱として生産および輸出の増大を図るというドッジ・ラインの骨格はできあがった。NSC一三／二のうち経済復興に関する部分を具体的な政策として列挙し、アメリカ政府が「中間指令」の形で一九四八年一二月一一日にGHQに伝えたのが「経済安定九原則」であった。

したがって、NSC一三／二こそがアメリカの対日政策の根幹であり、従来過大視されてきた「九原則」は「二次的なメルクマール」にすぎないとする評価は妥当である。[11]

ところで、占領政策の転換を画したNSC一三／二やジョンストン報告書も、インフレを収束させる決め手を明記していないという点で画竜点睛を欠くものであった。決め手は単一為替レートの早期の導入であることをはじめて示したのはヤング報告書（一九四八年六月一二日）であった。

ヤング報告書はインフレ収束を次のように考えた。[12]

日本のインフレの根本的な問題は、市場価格で生産物を売却して得られる以上の貨幣所得を農民・労働者・実業家たちが要求し、得ていることにある。そうしたことが可能なのは、価格がもっとも効率の悪い企業のコストにあわせて決定されているからである。非効率な企業や、コストと価格との間の歪みを温存してきたのは、財政資金による補助と金融機関による信用拡大である。とりわけ、複数為替レートにもとづく管理貿易のもとで、政府は輸入品を国際価格より安く払い下げ、輸出品を国際価格より高く買い上げることを通じ莫大な補助金を与えてきた。したがって、単一為替レートの導入により国内価格と国際価格を調整すれば、インフレは収束する。一九四八年一〇月一日までに一ドル＝二七〇〜三三〇円の間で単一為替レートを設定すべきである。複数レートを存続させながら、しだいに最高と最低レートの幅を狭めていき、最後に単一レートに到達させようという考え方もあるが、この方法は適当ではない。なぜならば、当面補助金を残すことを認める結果、行政当局が将来補助金を縮小させようとしても抵抗にあい、かえってレートの幅が拡大する恐れさえあるからである。また、単一為替レートの設定と同時に（可能ならばそれに先だって)、国内経済安定のための諸措置(信用規制の強化、予算の削減、税制の整備、原料・半製品の割当方法の改善、賃金安定、食糧調達計画の改善、為替管理)がとられなければならない。

ヤング報告書とは異なり、ジョンストン報告では、増産と財政均衡によりインフレが抑制されるまでは、安定した為替レートの設定は不可能だとされ、単一為替レートの導入を生産復興とインフレ収束よりも後に回すいわゆる「中間安定論」的な路線が示されていた(13)。ヤング報告書と比較するならば、ジョンストン報告には、統制経済における「コスト・プラス」原則(生産原価にマージンを上乗せして価格を決定する方式)を市場経済の価格原則へ移行させるモーメントが欠けていることが明らかであろう。ヤング報告書を示されたマッカーサーは、早期に単一為替レートを設定することは失業、人々の不満、社会不安をもたらし、経済的・政治的に悪影響を及ぼすとして強く反発した。マッカーサーのクレームは、六月二八日にアメリカの対外政策に関する最高諮問委員会であるNAC(National Advisory Council on International Monetary and Financial Problems)においてとりあげられたが、財務省、国務省と陸軍省の意見は真っ向から対立した。財務省と国務省はマッカーサーの意図するように二年も三年も単一為替レート設定を遷延することは許されないとしてヤング案を支持した。これに対し陸軍省は、マッカーサーの反論を斟酌して、単一レートの設定は他の条件が満たされた後まで待つべきで今ただちに導入の時期を決定すべきでないとした。結局、単一レート導入の時期は明示しないこととなり、一〇月一日導入の線は事実上放棄された。しかしNACの決議はヤング報告書を支持し、「行政上可能な最も早い時期に」単一レート導入を強く求める内容となったので、基本的な考え方では財務省、国務省の意見が貫徹したことになる(14)。

日本の経済状態が改善されないことから、アメリカ本国において陸軍省やGHQの対日政策に対する風当たりが強くなるなかで、陸軍省は単一レート早期導入に抵抗するマッカーサーを抑えるために、トルーマン大統領の「中間指令」という形で一二月一一日に九項目を伝達した。この指令は、安定計画開始後三ヵ月以内に単一為替レートを設定することを指示した。翌年二月に安定計画の実施のためにドッジが派遣されてきた。「新しい経済の帝王ドッジはわずか三ヵ月滞在の計画であったが、〃ドッジ・ライン〃は事実上、その後占領が終わるまで全期間を通じて居座った」(15)といわれるように、以後、経済政策に関する重要な事項がGHQの頭ごしにドッジと日本政府との間で事実上決定されるようになった。

## (三) 賃金および労資関係の安定

### 1 GHQの賃金統制に関する方針

この節では、賃金および労資関係の安定化政策を、「賃金三原則」の成立過程に焦点を当てて論じたい。

前節で、占領側の経済政策の立案の主体が一九四九年にGHQからドッジへ移行したと述べたが、そのことはドッジ来日までGHQが従来の路線を変更しなかったことを意味するものではない。実際にはアメリカ本国での占領政策の転換に伴い、しばしば、新政策が本国で正式に決定されるのを待たずに、GHQ内部での政策転換がはじまっていた。たとえば、集中排除政策は、マッカーサーがFEC二三〇文書の方針を堅持すると公式に意思表明したにもかかわらず、実際にはすでに一九四七年秋から軌道修正がはじまっていた。それは、GHQがさまざまな思想的潮流のグループの均衡のうえに成り立っていたために、アメリカ本国での政策変更がGHQ内部の力関係を大きく変化させたからである。

賃金に関するGHQの政策も、一九四八年春に従来の賃金統制消極論から積極論へ大きく転換した。一九四八年五月六日にＥＳＳ（経済科学局）から日本政府に対して「賃金安定計画に関する覚書」が出された[16]。この覚書は、経済安定化の阻害要因の一つである原料・食糧等の不足、およびその公的配給システムの欠陥が改善されてきたので、もう一つの要因である賃金上昇についても現実的方策が立てられなければならないとして、日本政府に対して次のような措置を求めた。①経営、労働、公益の代表からなる「賃金安定委員会」を設ける。②賃金を現行の賃金・価格関係を反映した水準に安定させる（この水準とは一九四八年六月に決定される三七〇〇円ベースのことをさす）。③この新しい水準を超える賃金は釘付けされ、団体交渉はこの賃金構造の枠内でのみ認められる。④生産が増大する場合に限り報奨的な賃上げは認められる。

この案はＧＨＱ内の代表的ニューディーラーであるＥＳＳ顧問のファインが中心となって作成したものであり、彼は日本側の経済政策担当者に対して、新たな価格体系の弱点は賃金水準にあり、「この一角が崩れると総てのバランスが駄目になる」と強調し[17]、賃金安定のために法的措置をとるべきであると示唆した[18]。

それまでＧＨＱは賃金統制に反対の立場をとってきた。賃金統制は「民主主義の原理に矛盾するもの」であり、「政府は法律をもって最高賃金を制限することを企図すべきではない」というのがＧＨＱの基本的な方針であった[19]。こうした方針を反映して、戦時中の賃金統制令（一九四〇年改訂）は一九四六年九月末に廃止され、他方で、一九四六年二月二六日閣議決定「戦後物価対策基本要綱」、同年三月三日公布「物価統制令」などの公定価格制度を定めた法令や政策文書では賃金は対象から除外された。片山内閣が一九四七年七月に決定した一八〇〇円賃金ベースも、公定価格算定のためのガイドポストにすぎず、強制力はなかった[20]。一九四七年四月のＡＣＪ（対日理事会）の見解は、実質賃金が上昇していない現時点では賃金を特定の水準に固定することは意味がなく、物価統制の最大の目標は投機的利益の除去におかれるべきだとしていた[21]。これは、「ヤミの撲滅」を優先的課題として掲げ、「賃金停止乃至は統制の措置は行わない」（一九四七年六月一〇日閣議決定「緊急経済対策」）とした片山内閣の経済政策と符合するものであった。

このように敗戦後、一九四八年三月の芦田内閣成立までの物価政策は賃金統制なき物価統制であった。

ＧＨＱが賃金統制論に転じた理由は何であろうか。第一の理由は一九四八年三月に来日したドレーパーが日本に経済の安定化を強く要請したことにあったと思われる。(22) 第二に、一九四八年三月の全官公庁争議にあらわれた二・一ゼネスト以来最大の労働組合側の攻勢があげられる。民間賃金水準よりもはるかに低い二九二〇円賃金水準の設定と能力給の導入を争点とした官公庁争議は、全逓を中心に八一万人がストに参加する大争議に発展し、三月二九日にはＧＨＱがスト中止指令を発するに至った。民間では、同じ時期に電産・炭労などが大規模な争議を展開した。電産は三月二五日に五三五八円の賃金ベースを獲得したが、公定物価の基準となる公務員賃金二九二〇円を八三％も上回る水準であり、物価体系に大きな影響を及ぼした。(23) このころからＥＳＳ労働課は、賃金問題を解決するために紛争処理機関を設置することを労使双方に求め始めた。(24) 以上のように、一方ではアメリカの占領政策の転換という外的な契機、他方では労働運動の高揚のなかでの産別会議を中心とした労働組合側とＥＳＳのニューディーラーとの間の対立の顕在化という内的な契機が存在したといえよう。

## 2　「中間安定計画」の挫折(25)

日本政府による賃金統制計画は、一九四八年六月一四日の経済安定本部・大蔵省の「中間的安定計画（試案）」（「中間安定策第一次案」）においてはじめて体系的に示された。(26) この計画は「本格的安定のふみ台」（北村蔵相財政演説）として健全財政の確立、実質賃金の安定、経営の合理化を柱とする「中間安定」を実現しようとするものであった。この案は、一九五〇年三月ごろを目途に段階的に「賃金と物価の悪循環を断ち切ると共に其の他の総合施策を実施して」

インフレを鎮静させたうえで、単一為替レートを導入して国際経済に復帰することをめざした。(27)

この「中間安定策」の最大の狙いは賃金安定にあり、一九四八年一〇月までの「中間安定準備期」には実質賃金水準の維持を前提とした賃金の間接統制を実施し、一九四八年一一月以降九ヵ月ないし一年の「中間安定第一期」に直接統制へ移行するものとした。さらに第一期には、基準賃金を超える賃金要求をかかげた争議の禁止、賃金紛争解決のための「国民的基礎に立つ最終的決定機関」の設置、労働組合から「共産主義的秩序破壊分子」の影響力を排除するための労働組合法規の改正、の措置を予定していた。(28)

ここに示された賃金統制案等は前述のGHQ提案と類似した部分が多いが、賃金統制の検討を開始したのは日本政府の方が早かったようである。(29)

一九四七年一二月二二日の「総合対策要綱案」は、「復興よりも安定が先」であるという立場から、財政の均衡、賃金統制を重視していた。(30)この案は、賃金統制の方法としては、①賃金基本額の最高限度の業種別決定、②賃金に関するストライキの禁止、③紛争処理機関である賃金委員会（労使代表および学識経験者により構成）の設置をあげ、さらに生産増強のために労働基準法施行を一時停止する案も提起した。この後、一九四八年二月以降、賃金統制計画の検討は、大蔵省、経済安定本部、日銀が共同して策定した「中間安定計画」の立案作業に引き継がれた。大蔵省案（「石野試案」一九四八年三月一八日）が「中間安定計画」立案の基礎となったことは注目さるべきである。それは、経済安定本部に代わって大蔵省が安定化計画をリードしはじめたことを意味する。

「中間安定計画案」の性格は、次のように規定できる。①財政金融面からのインフレ抑制策を重視している点で、ドッジ・ラインを先取りしていた。(31)②しかし、安定の後に単一為替レート設定をするという点で、結局のところジョンストン報告の路線にとどまり、経済統制の強化による安定化の枠を脱することはできず、賃金安定も直接統制方式に依拠することになった。③通貨措置（通貨切捨て）を正面から否定しており、経済再建研究会（座長鈴木武雄）が唱えた通貨切捨てによるインフレ対策（三月一五日発表、のちに社会党の一部により採用された）への対案の意味合いも持った。(32)

「中間安定計画案」は結局、政府の正式の政策としては取り上げられず、試案のままに終わった。その理由としては、芦田内閣が連立内閣であり政治基盤が弱かったこと、労働大臣が社会党左派の加藤勘十であったこと、経済安定本部のなかでも労働局が反対したこと、などがあげられている。(33)しかし、「勤労者」の消費水準が一九三四〜三九年の四割にとどまっていたなかで、労働者の「無限に残る」「満たされない欲望」を抑えること自体がきわめて困難であったという事情も無視できないであろう。(34)

### 3 「賃金三原則」以降の賃金統制問題

賃金統制の具体案がまとまらないままに芦田内閣は一〇月七日に辞職した。このころ、賃金闘争は炭労、全石炭、電産、海員組合、全繊同盟などを中心にふたたび高まりをみせていた。一一月六日に炭労、全石炭の争議についてＧＨＱから「賃金三原則」が示された。ＧＨＱ内部での「賃金三原則」の形成過程についてはなお不明な点が多いが、これは財政金融課の主張を反映したプランだったようである。財政金融課はかねてから復興金融金庫の赤字融資停止により賃金安定、企業合理化を図ろうとしていたが、労働課、価格統制課、工業課などの反対で実現できずにいたところ、一九四八年一〇月二六日になって財政金融課のイニシアティブで「賃金三原則」の線でＥＳＳの意見をまとめることに成功した（「安定化政策に関する共同提案」一〇月二六日）。(35)

ＧＨＱから「賃金三原則」を示された日本石炭鉱業連盟は組合側に回答期限の延期を求めたが組合側はこれを拒否

したため、一一月九日GHQ労働課は労使双方を呼んで赤字融資、補給金、物価改訂による解決策は認めない旨いいわたした。しかし、組合側は予定どおり一〇日から一七日までストライキを敢行した。これに対して、GHQはスト中の炭坑への復金融資停止を政府に迫り、政府は一一月一五日に復金融資停止を決めてこれを復興金融金庫に通達した。(36)政府はストライキ中の炭坑へのすべての融資を停止せよとの要求に衝撃を受けたが、一一月一七日になってマーカットESS局長はこの指示を取り消した。(37)

「賃金三原則」は従来GHQが企図していた賃金の直接統制に代わり間接統制方式を打ち出した点で、これまでのGHQの路線からの転換であった。その背後にはファインらニューディーラーから、リード財政金融課長など保守派へのイニシアティブの移行があったと推定される。間接統制方式は金融、財政面から賃金引上げの資金源を断とうとするもので、電産、炭労など当時もっとも戦闘的であった労働運動のアキレス腱をついた措置であった。石炭産業の場合、一九四六年四月から統制撤廃（一九四九年九月）までの赤字は累計三六五億円にのぼり、そのうち七・七物価体系のもとでの赤字（一九四七年七月―一九四八年六月）は二〇五億円を占めた。(38)この赤字は、国庫による補填と復金の赤字融資により糊塗されていたのである。「〈労働者の論理〉にもとづいて作成された賃金」(39)と評価される一九四六年秋の電産型賃金も、赤字融資と価格差補給金のうえに成り立っていた。「賃金三原則」を示された政府は、赤字融資の打切りについてはGHQが強硬姿勢なので受け入れざるをえないと考えたが、財政資金による赤字補塡の道は残そうとした。(40)しかし、「九原則」、ドッジ・ラインは財政面からの賃金引上げの道も厳しく制限したのである。

「九原則」には賃金安定の方法は明記されていないものの、その発想は明らかに「間接統制」であった。最終的に「間接統制」方式の賃金安定政策を確認したのが、一九四九年一月二七日のGHQ主催の労資協議会賃金生産分科会（議長中山伊知郎）における「賃金三原則」支持の決議と、二月八日のアメリカ政府労働次官補ギブソンの「間接統

制」論であった。(41)

## 4　労働組合法の改訂と「無協約時代」の出現

賃金統制が「賃金三原則」に沿った間接統制となった結果、賃金抑制は各企業の経営者の力量にまかされることになった。経営者は不安を抱いたが、(42)そうした経営者をバック・アップしたのが一九四九年六月一日の労働組合法改正であった。

労働組合法改正問題の発端は、官公庁労組を中心とした一九四七年秋の労働攻勢に直面したさいに米窪満亮労相が同年一二月末に行った提案である。(43)しかし、労働組合側の反発は大きく、一九四八年三月一〇日に芦田内閣が成立したさいには、社会党左派との連携を図るために、労働組合法の改正は行わないことを三党協定で決定した。そのため労働組合法改正作業は遷延し、一九四九年二月になってようやく労働組合法改正の労働省試案の発表に至った。(44)

労働組合法改正が労資関係に与えたもっとも大きな影響は、労働協約の自動延長ができなくなったために、一九四六年以降に締結された組合側に圧倒的に有利な労働協約が経営側によって次々と破棄されていったことである。

資本の側の「経営権の蚕食」への反撃は一九四七年後半からはじまり、一九四八年には労働協約の改訂をめぐる労使紛争が起きた。一九四八年六月に日経連は「改訂労働協約の基本方針」を決定し、経営権の回復に乗り出した。(45)GHQの命令による一九四八年七月の「政令二〇一号」は、官公労組の協約をすべて無効とした。さらに、一九四八年一二月二二日の労働次官通牒「民主的労働組合及び民主的労働関係の助長について」には日経連の労働協約案がほぼそのまま盛り込まれた。さらに、一九四九年六月の労働組合法改正により自動延長中の労働協約の破棄が容易にできるようになり、新協定締結をめぐり労使が対立したまま旧契約は会社側により打ち切られ、広範な無協約状態が出現することとなった。(46) 無協約状態はドッジ・ラインのもとでの企業再建整備＝人員整理を容易にした。こうして、これまで手つかずであった人員整理が急速に進行していくことになった。また、実質賃金上昇も生産性上昇の範囲内に抑えられ、一九四九年中には賃金安定は一応達成された（表4）。

表4　労働関係指標（製造など）

| 年平均 | 雇用指標 | 生産性指標 | 名目賃金指数 | 実質賃金指数 | 実質家計費指数 |
|---|---|---|---|---|---|
| 1947年 | 100.0 | 100.0 | 100.0 | 100.0 | 100.0 |
| 48年 | 101.0 | 148.2 | 277.2 | 151.5 | 102.3 |
| 49年 | 101.2 | 201.4 | 475.7 | 197.1 | 107.9 |
| 50年 | 95.1 | 277.1 | 578.0 | 257.0 | 115.5 |
| 51年 | 100.0 | 378.0 | 741.0 | 279.5 | 117.3 |

出所：労働省『労働統計調査年報』1951年版，15頁より作成。

## (四) 通貨安定と金融システムの再建

### 1 ドッジ・ラインの構図

一九四九年一二月一一日にアメリカ政府からGHQへ送付された「経済安定九原則」に関する「中間指令」は、ほぼそのままの形で一二月一九日に「経済安定九原則に関する吉田首相宛マッカーサー書簡」として日本政府に伝えられた。(47)

「中間指令」は、三ヵ月以内に単一為替レートを設定することを目標として掲げた。そして、この目標に向けて経済安定化のための国内政策が講じられねばならないとした。経済安定化のための措置として掲げられたのは、①総合予算の均衡、②徴税の促進・強化、③融資の抑制、④賃金の安定、⑤物価統制の強化、⑥貿易為替統制の改善・強化、⑦物資割当配給制度の改善、⑧生産の増大、⑨食糧供出の効率化、の九項目であった。

このうち、重点は①②③の財政金融政策三項目にあり、あとの六項目は補助的手段であったとみてよい。財政金融政策を重視することはヤング報告書、「九原則」、ドッジ・ラインと一貫して貫かれた姿勢である。ドッジが一九四九年春に実施した政策は①②③の三項目、より厳密には第一項目の総合予算の均衡に限定された。

安定化の方策としては、統制強化による方法、財政金融政策による方法、通貨価値の切下げによる方法の三通りの方法があった。第一の方法は「九原則」以前にGHQが模索してきた方法であり、第三の方法は一九四八年ドイツの通貨改革でとられた方法である。「九原則」は従来のGHQ路線に対するアンチ・テーゼであったから統制強化が中心に据えられるはずはなかった。また、通貨切捨てについては、ドッジがドイツの通貨改革に用いたこの方法を日本には適さないとして採用しなかった。[48]通貨切捨てを伴う通貨改革が実施されることを、吉田内閣や財界（とりわけ金融界）は恐れていたので、一九四八年三月七日のドッジ声明で通貨切捨てを行う意図がないことが明らかにされると、日本側は安堵の息をついた。[49]アメリカ政府は、明示的に通貨切捨て措置を否定したことはなかったものの、日本についてアメリカ政府が通貨改革を検討した形跡は見られない。したがって、ドッジ・ラインが財政金融政策を中心に組み立てられたのはドッジの創意によるものというよりも、一九四八年以来の占領政策の転換の必然的な帰結であったといえよう。

また、経済統制の強化をうたっている「九原則」の④―⑨は、統制解除を含意する財政金融政策と矛盾するものではない。[50]なぜなら、暫定的な経済統制強化は財政金融政策の補助手段として不可欠なものと位置づけられていたからである。

一九四九年二月に来日したドッジが実施した政策（ドッジ・ライン）は、①超均衡予算の編成、②補助金（価格差補給金や、これまで「貿易資金特別会計」から支払われていた「見えざる補助金」）の削減、③復興金融金庫の活動の実質的停止、④「見返資金特別会計」の設置であり、⑤ドッジの意見をふまえてアメリカ政府が決定した一ドル＝三六〇円の単一為替レート（四月二五日実施）もドッジ・ラインの一環であった。ドッジの活動は昭和二四年度予算編成への参画にほぼ限定され、産業政策はもちろん、金融政策にもあまり介入していない。それは、戦後の統制経済下においては財政が金融機能の一部を代位していたために、予算編成への介入によって金融政策までコントロールできたからである。また「九原則」は、アメリカの対外援助が効率的に利用されるための前提条件として対外経済協力法が明記した被援助国の通貨安定措置（為替レートの設定と維持、財政均衡）に相当し、対外援助資金の利用を監督するためには援助の受け皿である政府財政への介入がもっとも正当性があった。

ドッジが実施した財政金融政策と、日本のマクロ経済との連関を述べれば次のようになろう。

(1) 財政を均衡させて政府部門の収支均衡を図る。それは、第一に、これまで政府が行ってきた金融活動を廃止し（一九四九年四月復興金融金庫の新規貸出停止）、それを民間金融機関に委ねることである（財政と金融の分離）。第二に価格差補給金など公定価格を支えていた補助金の廃止を通じて、価格形成を市場メカニズムに移行させる。これらの措置により「竹馬の足」を切り、私企業に人員整理や賃金抑制を迫る。

(2) 家計の消費を抑えることにより、家計部門での貯蓄を促進し、これを企業部門へ回す。

(3) 輸出を促進し、海外部門の均衡を図る。アメリカの援助は新たに設置される「見返資金特別会計」に分離してプールし、援助資金が政府債務の償還、生産的目的での設備投資にのみ向かうように厳重に管理し、消費拡大を招かないようにする。

(4) 財政面でのインフレ抑制策が金融面を通じて無効にならないよう融資抑制を行う。

(5) 以上の措置により、三六〇円レートを維持させつつ、「日本経済の自立」を図る。

## 2　超均衡財政と金融緩和政策

「ドッジ予算」は、一般会計のみならず特別会計も含めた均衡予算をめざして編成され、総合予算で一五六七億円の黒字を計上する超均衡予算となった。[51]

「ドッジ予算」の要は「見返資金特別会計」の設置にあった。この特別会計の新設により、アメリカからの援助物資を日本政府が民間に売却して得た対価はこの特別勘定に分離され、ＧＨＱにより管理されることになった。[52] アメリカ政府は見返資金を日本経済をコントロールするための手段として位置づけており、「経済安定九原則」の原則に沿って、この資金を政府債務償還あるいは投資に用いなければならないとした。[53] 見返資金は債務償還に向けられればデフレ的政策となり、投資に用いられればインフレ的となる。他方では、復興金融金庫の長期産業資金供給が停止され、日本政府が産業に長期資金を供給する道が閉ざされた。ドッジは見返資金の操作を通じて、対外均衡＝三六〇円レートの維持と、対内均衡＝日本経済の復興とのバランスを図ろうとしたのである。ドッジはアメリカの対日援助は長期間続くものと予想していたから、見返資金は占領終結後も経済「自立化を達成するのに必要な措置を日本に要求するための手段となる」と考えた。[54]

ドッジ・ラインの諸政策の結果、財政資金の民間企業への流れはきわめて制限され、民間企業の資金供給は民間の金融機関のルートに任されることになった。政府債務の償還、復興金融金庫の新規貸出停止は、急激な財政資金の引揚げ（揚超）をもたらし、デフレ的現象を引き起こした（「金詰り」現象）。財政資金の対民間収支は一九四八年度の八四一億円の散超（四月—一二月をとればじつに一九〇四億円の散超）から一転して一九四九年度には八四八億円の揚超となった。

「金詰り」打開の措置をとることが財界から強く求められるに及んで、一九四九年六月には大蔵省は打開策を検討しはじめ、七月一五日に総合的なプランである「金詰り緩和方策」をＧＨＱへ提出した。こうして七月ごろから財政資金引揚げのデフレ効果を緩和するためにいわゆる「ディス・インフレ政策」を政府、日銀が本格的に展開しはじめた。一九四九年度の八四八億円の揚超は、八六七億円の日銀追加信用（貸出四〇九億円、買オペ四五八億円）により相殺された。[55] 一九四九年度末の日銀券発行残高は三一一三億円であり、一九四八年度末の三一二五億円とほぼ同水準にとどまった。

次にディス・インフレ政策への日本側と占領側の関わりかたをみておきたい。大蔵省は「九原則」が提示された後、一九四九年三月末までは財政面でも金融面でも抑制方針をとった。ドッジから厳しい財政引締めを迫られることを予想していなかったためであろう。[56] しかし、日銀はすでに二─三月には金融緩和的な措置を検討していた。一九四九年二月半ばの本支店事務協議会での一万田総裁の発言では、インフレ収束の末期においては日銀は貸出増加をまったく抑制するような信用割当政策をとるべきでないと述べており、[57]「今後に於ける金融政策の大綱」（日本銀行、一九四九年三月）では「財政波動の金融面に於ける調整」が必要だとしていた。[58] 一万田総裁のドッジ宛意見書でも、公定歩合の引上げはコスト上昇を招くので高率適用制度を用いるのが適当であり、また、貿易金融の円滑化にはとくに配慮しなければならない、としていた。[59] 一九四九年四月一日の高率適用の強化も、四月一日から輸出金融優遇措置が実施されたのに対応してとられた措置であり、どれほど引締め強化の意味をもったのかは疑問である。

占領側では、ドッジはディス・インフレ政策にまったく関与していなかった。ドッジは、無差別的な金融引締めは好ましくないとしながらも、一九四九年四月以降の金融状況については、「通貨制度に対する信認を回復する有益な効果」を果たしている状態にあるとし、「金詰り」論は日本政府や財界のプロパガンダにすぎないと見做した。[60] そして、大蔵省に対する不信感から、日銀の力を重視し、日銀政策委員会を設けて大蔵省の圧力を排除して「健全な金融」を維持しようとしたのである。[61]

金融緩和政策は、ドッジの帰国後の七月から本格的にはじまった（大規模な買オペの実施、高率適用の緩和、金融機関資金融資準則の改正など)。これらの政策を実施するにあたっては大蔵省と日銀はGHQと協議を重ねた。GHQの態度はおおむね日本側の「金詰り緩和方策」に肯定的であった。[62] そのさいに、GHQがドッジなどアメリカ本国側の反対を回避しようとしたことは注目に値する。たとえば、一九四九年八月の融資準則の改正(それまで厳しく制限していた商業への銀行貸出しを緩和した措置)については当該情報の公表範囲を限定し、金融緩和の動向が本国に伝わらないようにとくに配慮した。

しかし、GHQは一九五〇年二月ごろになると、日銀の金融緩和政策に対して警戒感を強めてきた。対日援助に対するアメリカ議会での反応が厳しさを増してきたために、安定化の実を示さなければならなかったものとみられる。一九五〇年二月二六日のドッジ宛の書簡でマーカットは「日本側がインフレ政策に戻りたがっていることは疑いない」と指摘した。[63] GHQ、ドッジの指示により日本側は一九四九年五月金融引締めに転じざるをえなくなった。[64] 金融引締めがデフレ的影響を及ぼすかにみえたとき、朝鮮戦争が勃発し、外貨受取の急増によって国内信用が拡大したので、日本政府、日銀、財界が憂慮した問題は一応解消した。しかし、朝鮮戦争の特需によりディス・インフレ政策をめぐるアメリカ側と日本側との対立は回避されたかにみえたものの、投資とインフレ抑制との調整、オーバー・ローン激化に伴う銀行の健全性確保といった根本的な問題は未解決のまま先送りされることとなった。

## 3 産業資金の確保と金融システムの安定化

ディス・インフレ政策は二つの問題を引き起こした。

第一は、インフレの再燃である。とくに、朝鮮戦争期にはかなりの物価上昇がみられた(図1)。しかし、賃金上昇というインフレの最大の問題は消滅しており、物価上昇は制御可能な範囲内に収まっていたといえるであろう。一

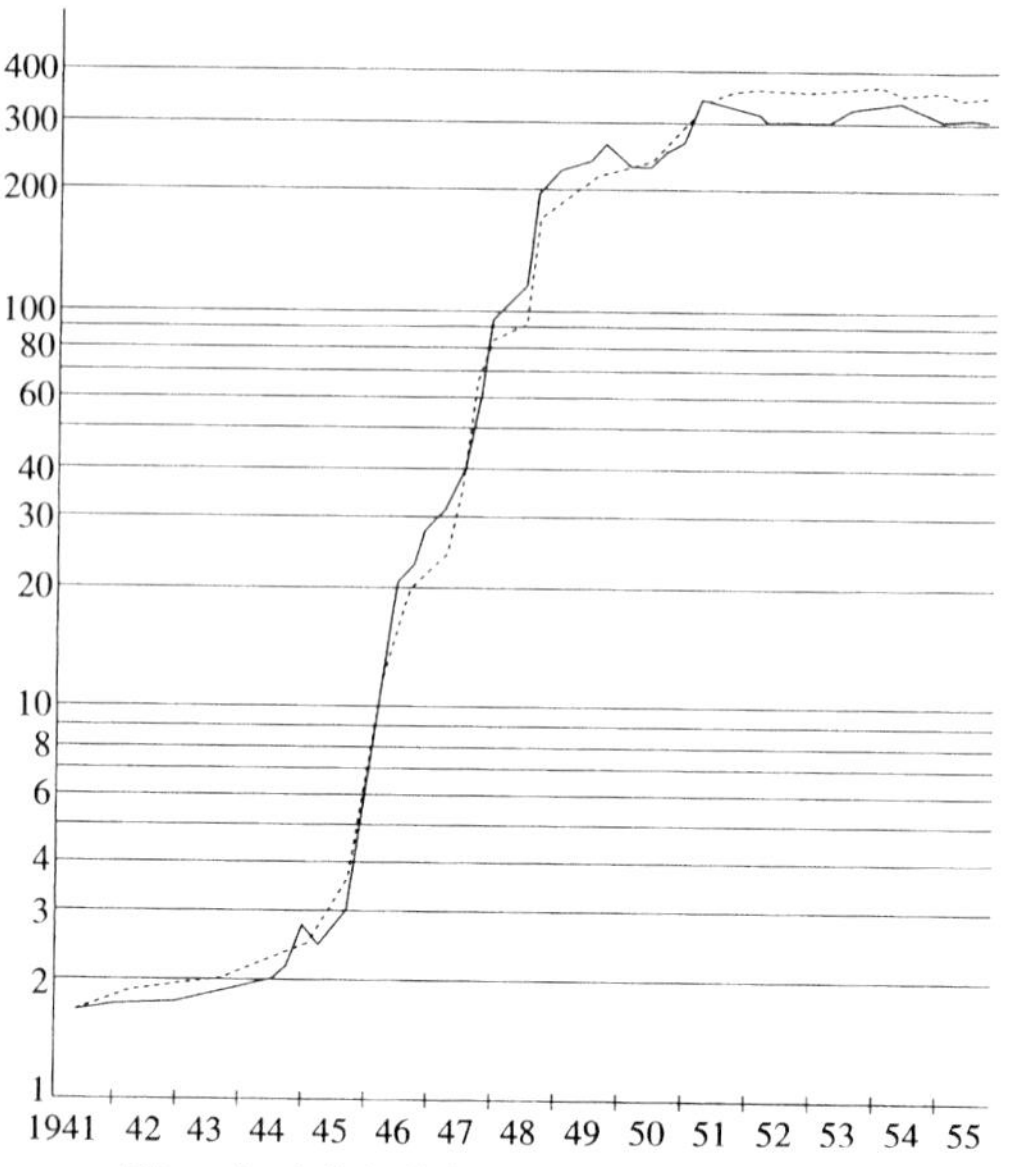


図1　卸売物価指数・東京小売物価指数

注：1934-36年平均＝1，実線は東京小売物価指数，点線は卸売物価指数。

出所：日本銀行統計局『明治20年―昭和37年　卸売物価指数』(1964年)，同『大正11年―昭和42年　東京小売物価指数』(1968年) より作成。

九五一年五月の大蔵省『銀行局月報』は、もっとも警戒を要するインフレである「賃金と物価の悪循環」に由来するインフレおよび「赤字財政」に由来するインフレは抑えることができたと述べているが、この指摘は妥当と思われる(65)。

むしろ問題は、オーバー・ローンのもたらす金融システムの不安定性を回避しながら、資本蓄積再開の条件である産業資金の供給をいかにして確保するかにあった。

ディス・インフレ政策による日銀信用の拡大はオーバー・ローンの激化をもたらした(図2)。ドッジはこの問題をきわめて重視した。一九五〇年秋に来日したさいには、「経済上のもっとも深刻な問題は政府財政にはなく、金融にある」と述べ、「現在の銀行の行動はアメリカにおいて一九二〇年代に金融恐慌をもたらしたものとよく似ている」と、市中銀行の日銀依存に懸念を表明した(66)。大蔵省も「金融緩和政策は商業銀行の性格と資産構成から見て、二四年度途中において、限界が来る可能性が強い(67)」と、資産内容の悪化を認めていた。

日銀の金融緩和政策により通貨安定が阻害されることを防ぐとともに、民間銀行のオーバー・ボロウィングを解消するため、銀行法改正をＧＨＱは指示した。ＧＨＱは、金融政策を財政政策と協調させるために日銀の権限を縮小して大蔵省の権限を拡大しようとした。また、民間銀行の健全性維持のために準備預金制度、大口貸出規制の導入を求めた。これらは、銀行法改正第三次―第五次案（一九五〇年七月―一〇月）に盛り込まれたが、金融界の反対により結局実現しなかった。[68]

また、商業銀行の短期借り・長期貸しのリスクを回避するために、長期信用銀行制度の創設への動きが一九五〇年以降進んだ。一九五〇年一月のＧＨＱ覚書「銀行の債券発行に関する覚書」にもとづいて三月三一日に「銀行等の債

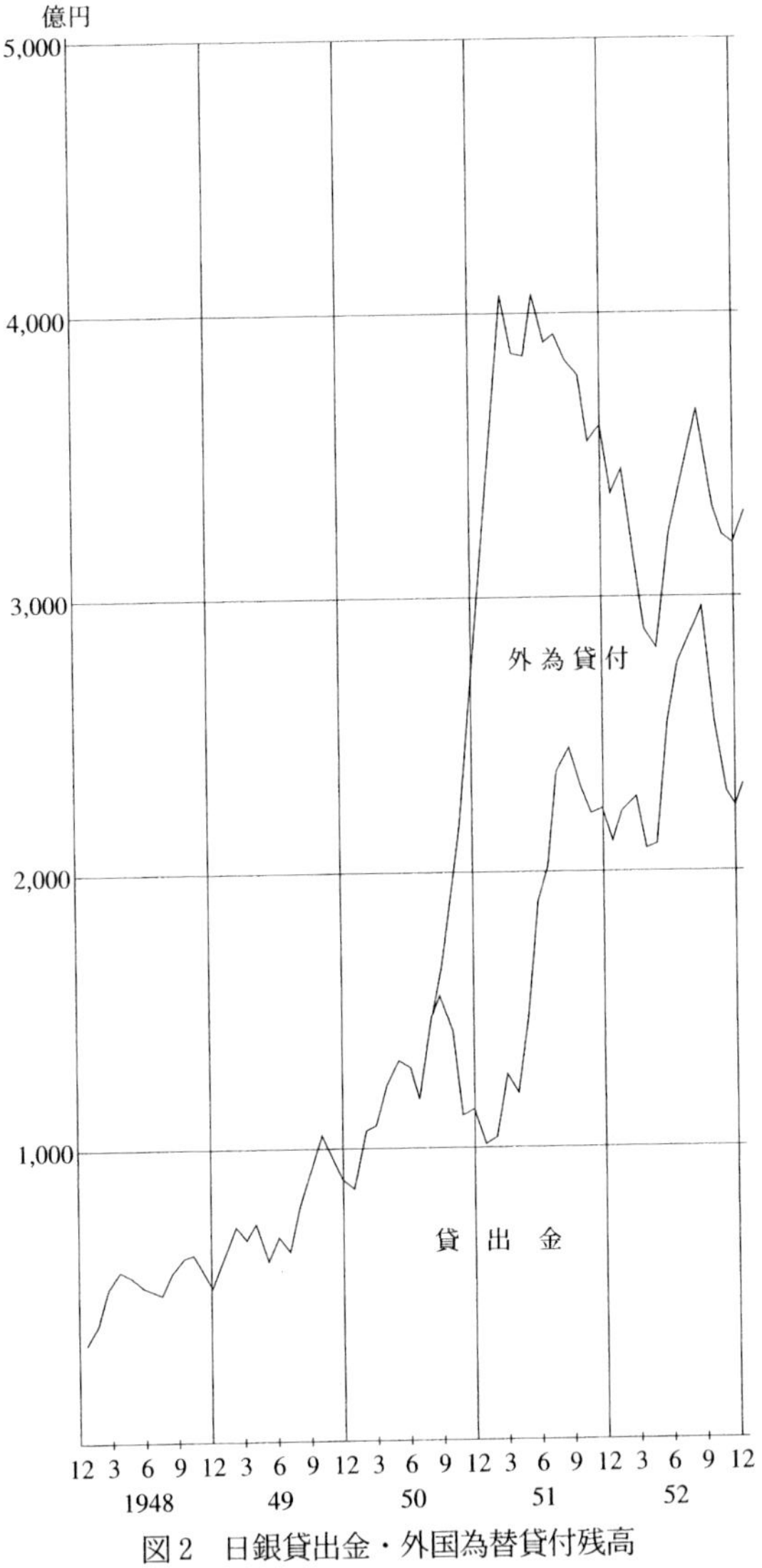


図2　日銀貸出金・外国為替貸付残高

出所：大蔵省財政史室編『昭和財政史―終戦から講和まで―』第19巻，476–479頁より作成。

券発行等に関する法律」が公布され、銀行の金融債発行が法的に認められ、日本興業銀行等による債券発行が活発となった。

一九四九年度の産業設備資金の約半分は復興金融金庫にあおぐ予定になっていたので、復興金融金庫の新規貸出停止の影響は大きかった(69)。設備投資資金の供給については民間銀行の資金供給力に限界があることは明らかであった。復興金融金庫の活動停止後の長期資金供給の有力なルートとして見返資金と預金部資金が浮上してくることになる。

ドッジ・ライン開始当初は、通貨安定優先のために見返資金は国債の償還に優先的に向けられ、長期産業資金への運用は限定された。また、預金部資金の運用は政府・地方公共団体への投融資に限定されるという一九四六年一月のGHQ指令の原則も堅持された。しかし、一九五〇年秋の来日のときからドッジは金融機関の健全性を保持し、産業資金を確保するために、見返資金、預金部資金を積極的に利用すべきであるとの見解に変わった。

ドッジは一九五〇年一〇月に動産設備信託構想（見返資金および一般会計からの出資による）を日本政府に示して、日本側の日本開発銀行設立の計画に積極的にコミットした(70)。見返資金の産業資金への利用は一九五〇年から増大し、一九五〇年度から一九五二年度の三年間において私企業設備資金調達の約二割を見返資金が占めた(71)。また、一九五〇年には日本興業銀行の優先株の見返資金による引受けが実現し、日本興業銀行の資本充実―債券発行限度の拡大という経路で、設備資金供給の拡大も図られた（表5）。

一九五一年度でアメリカ政府の援助が打ち切られた後、日本がマーシャル・プラン型経済援助をアメリカに対して要請し続けたのは、産業投資資金の不足を援助で補おうという意図からであったが、アメリカ政府は軍事援助重視の方針に転換していたので、日本側の思

（単位：10億円）

| 外国為替貸付 | (参考)自己資金 |
|---|---|
| — | 19 |
| — | 43 |
| — | 89 |
| — | 161 |
| 52 | 342 |
| 41 | 442 |
| △30 | 462 |
| 29 | 617 |
| △70 | 839 |

惑は挫折した（ＭＳＡ援助）。しかしその代わりに、一九五四年以降世界銀行から借款を引き出すことに成功した。世銀借款はいわば見返資金を引き継ぐものであった(72)。

　預金部資金については、ドッジは大衆預金の安全性確保の点から産業資金への直接的利用には難色を示していたが、一九五〇年秋の来日時に資金運用部への改組を条件に、金融債への運用を認めた(73)。

　このようにして、都市銀行のオーバー・ローンを長期信用銀行、財政投融資、外資により補完する金融システムが構築された。

## (五)　対外経済関係の安定

### 1　三六〇円レートの成立(74)

　ドッジに課せられた最大の任務は円の対外価値の安定であった。アメリカ政府は対外援助を武器にして被援助国の財政金融政策に介入し、ドルを中心とした国際的な通貨体制の確立を図ろうとしていた。アメリカ側は日本の国内経済を改革、再編するための政策手段として単一為替レートを導入したわけではない。これは戦前の金解禁との大きな相違点である。ドッジの一九四九年三月七日の声明は、

表 5　産業資金供給状況

| 年中 | 合計 | 株式 | 事業債 | 貸出 | | | | | | | |
|---|---|---|---|---|---|---|---|---|---|---|---|
| | | | | 小計 | 民間金融機関 | 政府金融機関 | 融資特別会計 | | | | |
| | | | | | | | 小計 | 資金運用部 | 対日援助見返資金 | 農林漁業資金融通 |
| 1946 | 59 | 5 | △ 1 | 56 | 56 | — | 0 | 0 | — | — |
| 47 | 133 | 9 | 0 | 124 | 80 | 44 | 0 | 0 | — | — |
| 48 | 438 | 59 | 0 | 378 | 312 | 67 | △ 1 | △ 1 | — | — |
| 49 | 492 | 109 | 15 | 368 | 363 | △ 3 | 8 | △ 1 | 9 | — |
| 50 | 513 | 32 | 43 | 438 | 373 | △ 16 | 29 | 0 | 29 | — |
| 51 | 858 | 70 | 36 | 752 | 640 | 13 | 58 | 0 | 49 | 8 |
| 52 | 1,022 | 122 | 37 | 862 | 796 | 27 | 69 | 0 | 51 | 18 |
| 53 | 1,063 | 166 | 41 | 856 | 736 | 83 | 9 | 3 | 1 | 4 |
| 54 | 612 | 142 | 18 | 451 | 405 | 100 | 16 | 16 | — | — |

注：株式の 1946-1949 年，自己資金の 1946-1950 年は年度の計数。
出所：大蔵省財政史室編『昭和財政史—終戦から講和まで—』第 19 巻，462-463 頁より作成。

「現状を基礎として一つのレートを算定することはさして困難ではないが」、問題はそれだけでは片づかず、「設定されたレートを維持していくということも必要である」と述べた[75]。ただちに為替レートを切り下げざるをえない事態に陥らないように、為替レートは現状の物価水準を基準とした無理のない水準で決定された。

三六〇円レートが実際に円高であったか円安であったかの評価は定まっていないが、少なくともアメリカ側の意図は当時の購買力平価でのレート設定であった。一九四八年六月のヤング報告書は、輸出為替レートよりも円高にレートを設定することは、「輸出メーカーに対して、その生産費の調整をあまりに急激かつ突然に強制することにな」るとして、日本の輸出品の八〇%がやっていける円レートの設定を提案した。

三三〇円レートを提案した一九四九年一月一四日のGHQ内部の検討案は、その根拠として、一九四九年度に計画されている輸出額の八三%に相当する輸出品が現在の生産コストで無理なく輸出できる水準であり、全体の七五%の輸入品が国際価格で日本国内においてそのまま売却されても国内の物価水準を大幅に上昇させない水準であるとしている[76]。しかし、実際に適用されていた輸出価格の平均と輸入価格の平均との間には大きな開きがあり、為替レートは主として輸出平均価格を基準につくられた（輸出平均価格は三五八円、輸入平均価格は一五四円であった）。予想される輸入物価の高騰については、輸入品に対する補助金を設けることで対処しようと考えた。

周知のように、ドッジの指示によりGHQは一九四九年三月二二日にアメリカ陸軍省に対して三三〇円レートを提案したが、NAC（国際通貨金融問題に関する国家諮問委員会）はそれよりも円安の三六〇円レートを勧告した[77]。日本側は三三〇円レートを予想していたので、四月二三日に三六〇円レートが発表された直後に池田蔵相はマッカートESS局長に、日本側は単一レートが予想より円安にしかも早く決まったことを歓迎していると伝えた[78]。

## 2　多角的貿易システムの未確立

ドッジはかなり単純な輸出優先主義者であったようだが、多角的貿易システムの再建の目途がたっていない状態では古典派的な貿易理論は成り立たなかった。三六〇円レートの成立や民間貿易の正常化（輸出一九四九年一二月、輸入一九五〇年一月）により対外経済関係の一応の安定が達成された後も、日本の対外経済関係は多くの問題を抱えていた。戦後復興過程において貿易の回復はもっとも遅れ、一九五四年においても輸出数量はまだ戦前（一九三四―三六年）の四六％、輸入数量は七五％までしか回復していなかった。このことは、戦後の日本が国際分業体制のなかにみずからを位置づけるのに少なからぬ困難を伴ったことを示している。

対外貿易面での困難は、主として①中国貿易の途絶と、②多角的貿易システムの未確立（とりわけポンド圏問題）の二点にあった。

日中貿易の途絶についてはここで触れるまでもないが、注意すべき点は、冷戦の開始ではなく朝鮮戦争が両国間の経済関係を切断したという点である。少なくとも一九四九年まではアメリカは中国の「チトー化」（ソ連離れ）を模索しており、中国共産党政権との貿易を大幅に制限する意図はなかった（一九四九年二月NSC四一文書「中国貿易に関するアメリカの政策」）[79]。日中貿易についても国防省が一九四九年半ばごろから制限強化を主張しはじめたのに対して、国務省は日中貿易の制限は日本経済の自立化を阻害するとして反対した[80]。しかし、朝鮮戦争が勃発すると制限は強化され、一九五〇年一二月には日中貿易はほぼ全面的に禁止された。占領期における対共産圏貿易制限はココムよりもはるかに厳しいものであり[81]、日本貿易会の意見書「対中共貿易の改善に関する意見」も輸出禁止品目をせめてバトル法の線まで緩和することを求めるほどであった。

多角的貿易システムの再建というアメリカが掲げた目標の実現は、通貨の交換性が回復せず、なお複数の通貨圏に分裂している事態によって阻まれていた。アメリカへの金の集中（アメリカ以外でのドル不足）は多角的決済システムの回復を妨げる最大の要因であった。日本の貿易決済はドル圏、ポンド圏、二国間の決済協定にもとづくオープン・アカウント地域に分かれており、結局のところそれぞれの決済圏ごとにバランスをとるしかなかった。対ドル圏の貿易赤字は構造的なものであったが、これをポンド圏での黒字でうめることはできなかった（表6）。

ＧＨＱの主導で締結された一九四八年五月の「日英一般支払協定」には「ドル条項」が盛り込まれ、半年ごとにポンド残高を日本がドルに交換できることになっていたが、その後、イギリスが「ドル条項」の撤廃を求めてきたために、一九五一年の支払協定の改訂のさいにはこの条項は削除された(82)。ポンド地域は日本の有力な輸出市場であり、恒常的に輸出過剰の状態にあったので、「ドル条項」の廃止は日本が弱いポンドをためこまざるをえないことを意味した。

貿易再開当初は、完成品のみならず食料品や原料もアメリカに依存しており、対ドル圏貿易は大幅な赤字であった。そこで、ドル圏からの原料、食料品輸入を、ポンド圏からの輸入に振り替えることにより「ドル不足」を解消しようという構想が生まれた。こうした視点から、アメリカは一九四七年ごろから、日本と東南アジア諸国（ポンド圏が多かった）との間の貿易の振興を検討しはじめた。一九五〇年四月には東京でアメリカ国務省主催の経済貿易会議が開かれ、東南アジアを一次産品供給国として重視する方向が出された(83)。

敗戦時に日本に残存した生産設備には、老朽化したものが多かったとはいえ、その規模は重化学工業ではほぼ戦前水準を上回っていた(84)。それに比して敗戦後の生産の

（単位：100万ドル）

| オープン・アカウント地域 | | (参考)特需 |
|---|---|---|
| 輸出 | 輸入 | |
| 69 | 11 | ― |
| 110 | 48 | 19 |
| 114 | 85 | 49 |
| 282 | 193 | 63 |
| 453 | 361 | 625 |
| 336 | 305 | 792 |
| 467 | 502 | 811 |
| 576 | 555 | 614 |
| 545 | 540 | 524 |
| 499 | 447 | 524 |
| 292 | 289 | 486 |
| 207 | 140 | 424 |

東洋経済新報社編『昭和
版，101頁より補足。

表6　輸出入決済地域別

| 暦年 | 貿易総額 | | | ドル地域 | | | ポンド地域 | | |
|---|---|---|---|---|---|---|---|---|---|
| | 輸出 | 輸入 | 差額 | 輸出 | 輸入（うち米国援助） | 差額（援助を除いた差額） | 輸出 | 輸入 | 差額 |
| 1947 | 174 | 526 | △ 353 | 49 | 491（404） | △ 442（△ 38） | 56 | 25 | 31 |
| 48 | 258 | 684 | △ 426 | 87 | 563（461） | △ 476（△ 15） | 62 | 73 | △ 12 |
| 49 | 510 | 905 | △ 395 | 168 | 680（535） | △ 512（ 22） | 228 | 140 | 88 |
| 50 | 820 | 974 | △ 154 | 294 | 559（361） | △ 264（ 97） | 244 | 222 | 22 |
| 51 | 1,355 | 1,995 | △ 641 | 317 | 1,180（180） | △ 863（△ 683） | 585 | 454 | 131 |
| 52 | 1,273 | 2,028 | △ 755 | 397 | 1,222（ 5） | △ 825（△ 820） | 540 | 502 | 38 |
| 53 | 1,275 | 2,410 | △ 1,135 | 490 | 1,305（ —） | △ 815（△ 815） | 318 | 603 | △ 285 |
| 54 | 1,629 | 2,399 | △ 770 | 561 | 1,411（ 4） | △ 850（△ 846） | 493 | 433 | 60 |
| 55 | 2,011 | 2,471 | △ 461 | 816 | 1,332（ 5） | △ 516（△ 511） | 649 | 600 | 50 |
| 56 | 2,501 | 3,230 | △ 729 | 1,095 | 1,725（ 2） | △ 630（△ 628） | 906 | 1,057 | △ 151 |
| 57 | 2,858 | 4,284 | △ 1,426 | 1,319 | 2,404（ 1） | △1,085（△1,084） | 1,247 | 1,591 | △ 344 |
| 58 | 2,877 | 3,033 | △ 157 | 1,427 | 1,720（ 2） | △ 293（△ 291） | 1,242 | 1,173 | 69 |

注：特需は国際収支表のうち，軍関係を集計した広義の特需。
出所：大蔵省財政史室編『昭和財政史―終戦から講和まで―』第19巻，106–107，114頁より作成。特需は
国勢総覧』649頁による。援助のうち，1954年以降は，日本銀行統計局『外国経済統計年報』1960年

落込みは著しく、一九三四―三五年を一〇〇とする鉱工業生産指数は一九四六年三一、一九四六年三七にすぎなかった。操業度の低さの最大の原因は、貿易がほぼ完全に停止し、原料が極端に不足したことにあった。当時の日本にとっての最大の問題は輸出ではなく、原料の調達であった。そこから、当時の輸入優先的発想が生まれたのである。

日本が戦前型の繊維輸出中心の輸出を再現することは、アジア諸国の軽工業の急速な発展を考えればもはや不可能であり、今後は重化学工業製品を主体とすべきであるという認識が当時わが国では一般的であった[85]。一九五〇年当時、通産省は、「将来の貿易の見通し及び外貨手取り率の有利性等からみて促進せらるべきわが国産業構成の高度化（重化学工業の育成等）と産業施設の近代化に施策の重点を志向することが肝要」であり、近年「資本財を需要する傾向にある」東南アジアとの経済関係緊密化が必要であると述べていた[86]。

## 3　対東南アジア関係強化の困難性

しかし、東南アジア貿易は順調には発展しなかった。表7にみるように、東南アジア貿易は伸び悩んだ。その理由としては、イギリスなど旧宗主国との強い関係の残存、過去の日本の侵略に由来する警戒感、賠償問題の未解決なども重要ではあるが、最大の理由は東南アジア地域が低開発状態にあり、開発のための資本を必要としたにもかかわらず、日本がこの地域に資本輸出する余力を持っていなかったことにあったと思われる。

東南アジア開発構想は「日米経済協力」構想（一九五一年）の柱であった。すなわち、日本の過剰生産能力と余剰労働力を東南アジアの原料と結びつけて、日本を「アジアの工場」たらしめ、アメリカ軍の必要とする資材調達の一端を日本に担わせようという構想である。[87]この計画は軍需生産計画の外皮をまとっているが、その根底にはドル不足のもとで日本経済をいかに復興させるかというテーマが存在していた。すなわち、①日本が原料を東南アジアからあおぎ、製品を東南アジアへ輸出することによってドル圏からの原料輸入をポンド、オープン・アカウント圏に転換させ、②アメリカがドルで日本から物資を購入し、これを東南アジアに援助することによって日本の対ドル圏貿易赤字を削減しようという狙いである。

フィリピンのララップ鉱山、インドのゴア鉱山、マレーのタマンガン鉱山およびランビン鉱山などの開発計画が一九五二年ごろから立てられたが、順調には進まなかった。そこで、一九五四年ごろからアメリカ資本を導入して東南アジア開発に利用しようという構想が練られはじめた。一九五六年に一万田蔵相はアジア開発金融機関構想を作成し、アメリカ側に打診した。参加国は米、英、日、その他で、資本はさしあたり一億ドルとされた（アメリカが五〇〇〇万ドル、英国二〇〇〇万ドル、日本一〇〇〇万ドル）。[88]この案に対するアメリカ側の反応は、多国間の調整は困難なので実現はむずかしい、あるいは、『大東亜共栄圏』構想の焼き直しには食欲がない」という消極的なものであった。

一九五七年に岸信介首相が東南アジア歴訪のさいに提起した「東南アジア開発基金構想」は、上記の案を引き継いだものである。この構想は、アメリカおよび東南アジア諸国の消極的姿勢のために実現しなかった[89]。日本の資本輸出に裏づけられた東南アジアとの経済関係が軌道に乗るのは一九七〇年代に入ってからである。

戦後日本の対外経済関係は、西ドイツのようにヨーロッパ市場を中心に発展していくという形はとりえなかった。水平分業が展開して東アジア経済圏が形成される条件は最初からまったくなかったのである。東南アジアは日本の原料基地として位置づけられたが、賠償による東南アジア貿易の拡大効果には限界があった。結局は、日本の資本不足

表7　輸出入市場別構成　(%)

| 暦年 | アジア | | | | アメリカ合衆国 |
|---|---|---|---|---|---|
| | 合計 | 中国その他 | 東南アジア | インド・パキスタン・ビルマ・セイロン | |
| 〔輸出〕 | | | | | |
| 1948 | 47.3 | 16.9 | 19.0 | 4.9 | 32.5 |
| 49 | 49.8 | 10.3 | 17.1 | 16.4 | 18.1 |
| 50 | 46.3 | 15.6 | 15.8 | 12.0 | 21.7 |
| 51 | 51.5 | 9.8 | 21.4 | 15.0 | 13.6 |
| 52 | 51.5 | 15.1 | 14.8 | 15.2 | 18.0 |
| 53 | 51.3 | 18.4 | 18.3 | 7.0 | 17.8 |
| 54 | 48.9 | 14.2 | 17.0 | 10.0 | 17.0 |
| 55 | 41.9 | 10.9 | 14.4 | 9.3 | 22.3 |
| 56 | 40.9 | 13.7 | 13.5 | 7.3 | 21.7 |
| 57 | 40.1 | 11.6 | 13.8 | 8.1 | 20.9 |
| 58 | 37.4 | 4.9 | 12.7 | 6.5 | 23.7 |
| 〔輸入〕 | | | | | |
| 1948 | 16.1 | 4.4 | 4.7 | 3.0 | 62.6 |
| 49 | 21.4 | 5.8 | 8.4 | 4.2 | 62.2 |
| 50 | 32.6 | 9.5 | 12.9 | 7.6 | 43.2 |
| 51 | 28.9 | 4.3 | 11.3 | 9.1 | 33.9 |
| 52 | 31.2 | 5.2 | 11.0 | 9.3 | 37.9 |
| 53 | 33.2 | 4.6 | 12.4 | 9.8 | 31.5 |
| 54 | 30.7 | 4.6 | 12.3 | 6.4 | 35.3 |
| 55 | 36.6 | 7.2 | 15.0 | 7.0 | 31.3 |
| 56 | 32.5 | 4.9 | 13.2 | 6.2 | 33.0 |
| 57 | 29.1 | 4.4 | 10.8 | 4.3 | 37.8 |
| 58 | 32.4 | 4.3 | 11.2 | 4.2 | 34.7 |

出所：一橋大学経済研究所編『解説　日本経済統計』(岩波書店, 1961年) 94頁。

がネックとなって東南アジア貿易は拡大できず、対米貿易のみが肥大化することになった。

注

（1）第二次大戦後の政治的「安定化」における成長政策の意義については、Charles S. Maier, *In Search for Stability—Explorations in Historical Political Economy*, Cambridge University Press, 1987, Part 1, Chap. 3 "The Politics of Productivity—Foundations of American International Economic Policy after World War II" を参照。

（2）一九四六年三月の三・三物価体系と一九四七年七月の七・七物価体系により「価値体系＝賃金規定」が貫徹した後に、ドッジ・ラインにより円がドルにリンクしたと二段階の過程としてとらえる見方は正しくないと考えている（山田盛太郎「戦後循環の性格規定（準備的整理報告の要旨）」『山田盛太郎著作集』第五巻、岩波書店、一九八四年所収）。

（3）鈴木武雄のドッジ・ラインに関する著作は多数あるが、歴史的分析としては、記念碑的労作『現代日本財政史』（全四巻、東京大学出版会、一九五二～一九六〇年）がもっとも包括的である。

（4）大蔵省財政史室編『昭和財政史—終戦から講和まで—』第一二巻「金融政策」〈中村隆英〉（東洋経済新報社、一九七六年）。

（5）中村隆英「ＳＣＡＰと日本——占領期の経済政策形成」（中村隆英編『占領期日本の経済と政治』東京大学出版会、一九七九年）。

（6）William S. Borden. *The Pacific Alliance: United States Foreign Economic Policy and Japanese Trade, 1947—1955*, University of Wisconsin Press, 1984, p. 101.

（7）中村は経済成長政策としてのケインズ政策を評価しているが、ボーデンはケインズ政策はヴェトナム戦争に加担したという否定的見解をとっている。

（8）ほかに、中村に近い見解をとるものとしては、D. K. Nanto, "The Dodge Line—A Revaluation", L. H. Redford ed., *The Occupation of Japan: Economic Policy and Reform*, The MacArthur Memorial, 1980 がある。また、ボーデンに近い立場からの研究としては、H. B. Schonberger, *Aftermath of War: Americans and the Remaking of Japan*, Kent State U. P., 1989（邦訳『占領　一九四五～一九五二——戦後日本をつくりあげた8人のアメリカ人』宮崎章訳、時事通信社、一九九四年）がある。また、ドッジ・ラインは「中間安定」政策によって先取りされていたという注目すべき見解を示した

ものとして、塩野谷祐一「占領期経済政策論の類型」（宮沢健一編『戦後経済政策論の争点』勁草書房、一九八〇年）がある。さらに、また、政治学者の側からドッジ・ラインの重要性を強調するいくつかの研究がある。「社会民主主義」から「経済的自由主義」への転換の画期（大嶽秀夫『アデナウアーと吉田茂』中央公論社、一九八六年）、軽武装路線の出発点としてのドッジの緊縮財政（樋渡由美『戦後政治と日米関係』東京大学出版会、一九九〇年）、戦後日本を特徴づける「組織された市場」の形成の契機（樋渡展洋『戦後日本の市場と政治』東京大学出版会、一九九一年）など、それぞれの戦後体制論の起点をドッジ・ラインに求めている。政治学者がドッジ・ラインに着目するのは、ドッジ・ラインとほぼ同時に成立した第三次吉田内閣（一九四九年二月発足）が戦後保守単独支配の出発点となったからである。

(9) アメリカの対日占領政策についての研究は、一九七〇年代はじめＧＨＱ文書の公開を機に急速に進み、研究水準は一変した。こうした研究の進展に伴い、アメリカの政策当局者がいかなる意図で「経済安定九原則」を発し、ジョゼフ・ドッジを日本に派遣してきたのかがほぼ明らかになってきたといえよう。本節ではこうした研究成果にもとづいて「経済安定九原則」の成立過程を概観しておく。占領政策の転換についての主要な邦語文献には次のようなものがある。前掲『昭和財政史―終戦から講和まで―』第三巻「アメリカの対日占領政策」〈秦郁彦〉（東洋経済新報社、一九七六年）。五十嵐武士『対日講和と冷戦』（東京大学出版会、一九八六年）、三和良一「戦後民主化と経済再建」（中村隆英編『日本経済史7「計画化」と「民主化」』岩波書店、一九八九年、所収）、石井修『冷戦と日米関係』（ジャパン・タイムズ、一九八九年）、通商産業省編『通商産業政策史』第二巻（通商産業調査会、一九九一年）第一章「対日占領政策の推移」〈三和良一〉。

(10) 前掲『通商産業政策史』第二巻、一三六頁。

(11) 前掲『昭和財政史―終戦から講和まで―』第三巻、三五一頁。

(12) "Report of the Special Mission on Yen Foreign Exchange Policy", Jun. 12, 1948（日本銀行金融研究所編『日本金融史資料　昭和続編』第二五巻、大蔵省印刷局、一九九一年、六六五―六九七頁所収。邦訳は『エコノミスト』一九七二年三月七日号所収）.

(13) "Report on the Economic Position and Prospects of Japan and Korea : Measures Required to Improve Them"（前掲『昭和財政史―終戦から講和まで―』第二〇巻、四八三―四八五頁に一部所収、邦訳は『ドレーパー報告』時事通信社、一九四八年、所収）.

(14) "NAC Minutes on International Monetary and Financial Problems", June 28, 1948（同上書、六〇四―六〇七頁）.

(15) Theodore *Cohen, Remaking Japan: American Occupation as New Deal*, The Free Press, New York, 1987, p. 428（邦訳『日本占領革命』下、大前正臣訳、ＴＢＳブリタニカ、一九八三年、三一二頁）.

(16) Marquat's Memo on Wage Stabilization Program", May 6, 1948（前掲『昭和財政史―終戦から講和まで―』第二〇巻、五四一―五四二頁）. また、マッカーサーは五月一四日に芦田首相に賃金統制の必要性を説いている（『芦田均日記』第二巻、岩波書店、一九八六年、一一〇頁）。

(17) 「経済閣僚とファイン博士との懇談要旨」一九四八年五月一一日（総合研究開発機構〈ＮＩＲＡ〉戦後経済政策資料研究会編『経済安定本部　戦後経済政策資料』第一巻〈経済一般、経済政策(1)〉、一九九四年、日本経済評論社、六五四―六五九頁）。

(18) 「日本政府　司令部会談要録（二三年五月一八日）」（前掲『経済安定本部　戦後経済政策資料』第一巻、六六〇―六七二頁）。

(19) 労働省『労働行政史』第二巻（労働法令協会、一九六九年）九一〇頁。

(20) 前掲『昭和財政史―終戦から講和まで―』第一〇巻「物価」〈塩野谷祐一〉（一九八〇年）三五四頁。

(21) "ACJ's View on Stabilization of Wage-price Relationships", April 14, 1947（前掲『昭和財政史―終戦から講和まで―』第二〇巻、五二一―五二二頁）.

(22) ドレーパーと一緒に来日した使節団団長のジョンストンは、賃金の動向には関心を示したが、賃金統制については実施しないですめばそれが最高と日本側に述べた（「ドレーパー氏との会談記録」一九四八年三月二六日〈大蔵省資料〉）。

(23) キレン労働課長は電産五三〇〇円の中労委案を「労働対策上」やむをえないと認めたが（大蔵省財政史室編『渡辺武日記』東洋経済新報社、一九八三年、一九八頁）、ファインは賃金統制のターゲットを電産、炭労の賃金抑制においた（前掲「経済閣僚とファイン博士との懇談要旨」）。

(24) 前掲『労働行政史』第二巻、三七八―三八三頁。

(25) 現在では、中間安定論は「中間安定」か「一挙安定」かをめぐる有沢・木村論争を中心に論じられることが多い。その対立点は、一定の生産回復（戦前水準の六割）を待って安定化するか、まず安定化してから生産回復に着手するかにあるとされる。しかし、「中間安定論」をこの論争を中心に理解すると、その政治的・経済的な位置づけが不明瞭になる。本章では「中間安定論」の核心は、経済安定本部、大蔵省、日銀の「中間安定計画」にあると考える。

(26) この案のテクストおよび成立過程については、前掲『昭和財政史―終戦から講和まで―』第一二巻「金融(1)」〈中村隆英〉二八七―三〇六頁参照。

(27) 「中間安定の段階的計画（案）」一九四八年四月二二日（経済企画庁所蔵　経済安定本部資料）二八七―三〇六頁。

(28) 「中間安定計画」の狙いが賃金統制にあったことを明確に指摘したのは塩野谷祐一である（前掲『昭和財政史―終戦から講和まで―』第一〇巻「物価」三九三頁）。しかし、それに近い指摘はすでに鈴木武雄の著書にもある（『現代日本財政史』第二巻、東京大学出版会、一九五六年、二二〇―二二一頁）。

(29) ＧＨＱ側が賃金統制を示唆したもっとも早い事例としては、一九四八年二月一二日のマーカットの都留重人に対する発言があるが、この段階ではＧＨＱ側ではまだ具体案を検討していなかったようである（「都留重人日誌」『戦後経済復興と経済安定本部』経済企画庁、一九八三年）。

(30) 大蔵省資料。この資料は作成者名がないが、中村隆英は経済安定本部の公式作業であったとしている（前掲『昭和財政史―終戦から講和まで―』第一二巻、二八七頁）。

(31) 塩野谷祐一はこの側面に着目して、「中間安定計画」とドッジ・ラインの類似性を強調しているが、②の側面をみのがす訳にはいかない（前掲『昭和財政史―終戦から講和まで―』第一〇巻、四一〇頁）。

(32) 前掲『現代日本財政史』第二巻、二〇〇―二〇七頁。なお、鈴木武雄らのマルクス経済学に立つ「一挙安定」論者は、戦後統制経済下のインフレは非合理なもので、インフレ収束を通じて金本位制に復帰することが経済合理性の回復であると考えた。「ドッジの安定計画は、日本経済にとって、連合国の日本経済民主化政策と比肩するに足る進歩的、前進的な意義をもった」という評価はここから出てくる（鈴木武雄『ドッジ・ライン』時事通信社、一九五〇年）。

(33) 石野信一「中間安定政策について」一九五二年二月（大蔵省資料）。

(34) 経済安定本部経済復興企画室「中間的経済安定計画（試案）に関して」一九四八年六月（経済企画庁所蔵　経済安定本部資料）。

(35) 前掲『昭和財政史―終戦から講和まで―』第一〇巻、四五七頁および日本銀行資料。

(36)『朝日新聞』一九四八年一一月一六日。
(37)「一一月一七日泉山大蔵大臣兼経本長官とマーカット将軍との会談要録」(前掲『経済安定本部　戦後経済政策資料』第一巻、六九一―六九六頁)、前掲『渡辺武日記』二八六頁。
(38)中村隆英「戦後統制期における石炭鉱業の蓄積過程」(東京大学『社会科学紀要』一九五六年度、一九五七年三月)、二三七頁。中村も指摘するように、赤字額はより多くの融資と補給金をのぞむ企業側により水増しされていたと推定される。
(39)河西宏祐『企業別組合の理論』(日本評論社、一九八九年)一七七頁。もっとも、価格体系自体が人為的に決められたものであり、電力、石炭のエネルギー価格は傾斜生産のもとでコストを著しく下回る価格に抑えられていた。
(40)前掲「一一月一七日泉山大蔵大臣兼経本長官とマーカット将軍との会議記録」。
(41)大原社会問題研究所『日本労働年鑑』一九五一年度版、八一五―八一六頁。
(42)財界の賃金直接統制論については、たとえば、一九四八年一二月～一九四九年二月の単一為替設定対策審議会における議論が興味深い(前掲『昭和財政史―終戦から講和まで―』第一八巻、二七〇―二七五頁)。
(43)『朝日経済年史』(昭和二三年)一六〇頁。
(44)労働組合法改正については、竹前栄治『戦後労働改革』(東京大学出版会、一九八二年)第四章、遠藤公嗣『日本占領と労資関係策の成立』(東京大学出版会、一九八九年)第六章、参照。
(45)労働省編『資料　労働運動史』昭和二三年版(一九五二年)一〇二一―一〇二七頁。
(46)藤田若雄『日本労働協約論』(東京大学出版会、一九六一年)一六〇―一六二頁。
(47)ただし、「マッカーサー書簡」は、単一為替レート設定の時期を「早期に」と表現しているだけで、具体的な時期を明記していないことが注目される。
(48)ドッジが通貨改革を採用しなかった理由は、ドッジ自身の言によれば、通貨改革は国民各層の間に不公平な政策効果をもたらすということにあった。それとはまったく逆に、社会党系のグループの通貨改革構想は、通貨切捨て措置によりインフレ過程で生じた不平等を是正(ヤミ所得を除去)できると考えた。
(49)経済団体連合会「通貨処理問題に関する意見」一九四九年二月一八日(『経済連合』一九四九年三月号)七四頁。
(50)ヤング報告書は、「為替安定化への諸手段」として、通貨・信用政策、予算均衡、税制改革と並んで、原材料・半製品の割当、賃金安定、外国為替の管理・統制、食糧調達の効率化を掲げており、ドッジも、輸入抑制のために外為管理、物価安定のために食糧統制の必要性を重視した（為替統制の必要性については、たとえば、"Dodge's Letter to Prime Minister Ikeda", Feb. 1, 1950（Dodge Paper）参照。また、米の統制についてはとりあえず、樋渡展洋、前掲書、一六三―一七一頁参照）。「九原則」は最初の三原則の「古典派的な引締政策」と、後半の六項目の「統制強化方針」からなり、これは「ドレーパー陸軍次官やジョセフ・ドッジに代表される保守的なアメリカ財界人の発想と、東京における『ニュー・ディーラー』の考え方との、一種の妥協の産物」であるとする中村隆英の見解は、実証的に裏付けることは困難である（「SCAPと日本」中村隆英編『占領期日本の経済と政治』東京大学出版会、一九七九年、一六頁）。

(51) ただし、価格調整費は、貿易資金特別会計を通じた「隠れた補給金」が新たに計上されたために、一九四八年度の六二五億円から一九四九年度には二〇二二億円に三倍にも増大した。これは、従来表面にでていなかった部分が計上されたただけでなく、価格調整費の漸減方針によるものでもあった。安定帯物資価格調整費（特定産業向石炭、鉄鋼、銅、肥料、ソーダ）としては前年度よりも多額の一〇〇二億円を計上しており、輸出補給金は廃止されたものの輸入物資については価格調整補給金八三三億円が計上された。一九四八年度の「見えざる補給金」は約一〇〇〇億円と推定されるから、輸出入品への補給金は二割程度削減されただけである（大蔵省主計局『国の予算』昭和二四年度、一二三頁。なお、物価・価格調整費は決算ベースで、一九四九年度の二〇七三億円から、一九五〇年度六五〇億円、一九五一年度三七四億円と、統制価格の廃止とともに減少した）。ドッジの漸進的削減方針は、産業の合理化とのかねあいを考慮したものであり、ドッジ予算が生産復興を軽視したものではなかったことを示している。

(52) 見返資金は日本だけでなく、マーシャル援助を受けた西欧諸国にもアメリカの要請で設けられた。

(53) "Dodge's Statement on the Japanese Budget", April 15, 1949（前掲『昭和財政史―終戦から講和まで―』第二〇巻、七七二頁）.

(54) "Letter from Dodge to Marquat", May 15, 1950（前掲『日本金融史資料　昭和続編』第二五巻、四〇九―四一四頁）.

(55) 経済企画庁『戦後経済史（財政金融編）』（大蔵省印刷局、一九五九年）一四三頁。

(56) 前掲『昭和財政史―終戦から講和まで―』第一二巻「金融(1)」、三七一―三七二頁。

(57) 『日本銀行百年史』第五巻（一九八五年）二三一頁。

(58) 前掲『日本金融史資料　昭和続編』第九巻（一九八一年）三八―四〇頁。

(59) Bank of Japan, "Japanese Inflation, Actual Conditions and Measures for Eradication", Mar. 12, 1949 (Dodge Paper).

(60) J. M. Dodge, "Comment on Credit and Budget Policy", Apr. 27, 1949（前掲『日本金融史資料　昭和続編』第二五巻、二九六―三〇〇頁）。

(61) 武藤正明「政策委員会の設置」（『創価経営論集』第一〇巻第一号、一九八五年一二月）。

(62) 前掲『昭和財政史―終戦から講和まで―』第一二巻、四二二頁。

(63) "Marquat's letter to J. Dodge", Feb. 26, 1950 (Dodge Paper).

(64) 前掲『昭和財政史』第一二巻、四五〇―四五七頁、R. H. Marlow (Banking and Foreign Exchange Division), "Conversation with Mr. Ichimada, Governor of the Bank of Japan", Feb. 9, 1950（前掲『日本金融史資料　昭和続編』第二五巻、三七二―三七六頁）。

(65) 前掲『昭和財政史―終戦から講和まで―』第一二巻、五四三頁。

(66) "Memorandum for W. F. Marquat", Nov. 29, 1950 (Dodge Paper).

(67) 「安定化計画実施に伴う諸問題とその対策（案）」（大蔵省銀行局、一九五〇年三月一三日〈大蔵省資料〉）。

(68) 日本銀行調査局『戦後わが国金融制度の再編成』（一九六七年、前掲『日本金融史資料　昭和続編』第一〇巻、所収）一六三―一八六頁。

(69) 前掲『昭和財政史―終戦から講和まで―』第一三巻「見返資金」〈柴田善雅〉九七九頁。

(70) 同上書、第一三巻「金融(2)」「日本開発銀行」〈伊藤修〉一〇二―一〇七頁。

(71) 同上書、第一三巻「見返資金」九八五頁。

(72) 一九五四年の世銀借款成立を、戦後軽工業化段階から重化学工業化段階への飛躍のモーメントとしてとらえる見方があるが、これは世銀借款に対する過大評価である（南克巳「戦後重化学工業段階の歴史的地位」『新マルクス経済学講座』五、有斐閣、一九七六年、八〇―八二頁）。

(73) 前掲『昭和財政史―終戦から講和まで―』第一〇巻「預金部資金・資金運用部資金」〈山村勝郎〉八七五―八八一頁。

(74) 三六〇円レートの成立に関する最新の研究として、前掲『通商産業政策史』第四巻、第五章第三節「外貨・為替管理と単一為替レートの設定」〈伊藤正直〉一九九〇年がある。
(75) 「ドッジ声明」(一九四九年三月七日、前掲『昭和財政史―終戦から講和まで―』第一八巻、三八頁)。
(76) "Exchange Rate", Jan. 11, 1949 (前掲『日本金融史資料 昭和続編』第二五巻、七二四―七三四頁).
(77) GHQが提案したよりも円安のレートで決まったのは、ポンド切下げが予想されたからという説があるが、実証的にはいまのところ裏づけられていない(前掲『通商産業政策史』第四巻、三四四―三四五頁)。
(78) 「マーカット少将との定例会談記録」一九四九年四月二七日(大蔵省資料)。
(79) 前掲『通商産業政策史』第四巻(一九九〇年)第五章第一節「連合国の占領政策と日本の貿易」〈安原洋子〉三八―四〇頁。
(80) 酒田正敏「講和と国内政治――日中貿易問題との関連を中心に」(渡辺昭夫・宮里政玄編『サンフランシスコ講和』東京大学出版会、一九八六年)一〇一―一〇二頁。
(81) 前掲『通商産業政策史』第六巻(一九九〇年)第四章第一節「通商関係の回復と経済外交の推進」〈寺村泰〉二九―三一頁。
(82) 内田勝敏『国際通貨ポンドの研究』(東洋経済新報社、一九七六年)一八七―一九一頁。
(83) Borden, *op. cit.*, pp. 131-137.
(84) 香西泰『高度成長の時代』(日本評論社、一九八一年)四〇―四四頁。
(85) たとえば、一九四八年五月に経済安定本部が作成した「経済復興計画第一次試案」は重化学工業に重点を置いた復興プランである。それにもかかわらず、戦後まっ先に繊維工業が輸出工業として復興したのは、①繊維工業の戦前からの技術蓄積という比較優位性のほかに、②占領政策のもとでは軽工業である繊維産業の復興は重工業に比べて容易であったこと(設備の上限は一九四七年八月四〇〇万錘、一九五〇年六月制限撤廃)、③アメリカの過剰綿花の輸出というアメリカの利害があったこと(一九四八年六月、六〇〇〇万ドルの綿花借款が成立、同月一億五〇〇〇万ドルの回転基金の創設)が大きな要因であった。とくに、占領軍の管理貿易下にあっては原料輸入の許可は決定的であり、綿業の復興はいわば外から与えられたものであったといえよう。そうした点から戦後経済発展の二段階説(第Ⅰ部門段階―第Ⅱ部門段階)はここではとらない。

なお、二段階説への批判としては、本章とは視角は異なるが、井村喜代子「〝一九四九年秋——朝鮮戦争〟と〝合理化投資〟」（『三田学会雑誌』第八〇巻第四号〈一九八七年一〇月〉、第八一巻第一号〈一九八八年四月〉）、同『現代日本経済論（新版）』（有斐閣、二〇〇〇年）第二章第三節、も参照されたい。

(86)　「経済自立を目途とする貿易及び産業振興対策について」（通商産業省、一九五〇年）。

(87)　中村隆英「日米『経済協力』関係の形成」（『年報　近代日本研究』四、山川出版社、一九八二年）。

(88)　「アジア開発のための金融機関設立の構想について」一九五六年三月二日（大蔵省資料）。

(89)　樋渡由美「岸外交における東南アジアとアメリカ」（『年報　近代日本研究』一一、山川出版社、一九八九年）。

# 五　対日援助と経済復興

## (一)　ドッジ・ラインの評価をめぐって

ドッジ・ラインのイメージは、ジョゼフ・ドッジの思想・個性と分かちがたく結びついている。デトロイト銀行頭取、全米銀行協会会長の職にあったドッジは、連合国最高司令官マッカーサーに対するアメリカ政府の「経済安定九原則」の中間指令（一九四八年一二月一一日）の実施を指導、監督するために、トルーマン大統領の命を受けて一九四九年二月一日に来日した。一九四九年度予算を「超均衡予算」として編成するなかでとられた一連の経済安定化措置と、一九四九年四月二五日の単一為替レート実施はドッジ・ラインと呼ばれる。ドッジは、その後三回（一九四九年一〇月―一二月、一九五〇年一〇月―一二月、一九五一年一一月―一二月）来日し、そのつど、予算編成をチェックし、安定化政策が維持されるように監督した。

ドッジの思想は単純明快であり、しかも彼は、日本人が辟易とするほど繰り返しその思想を「説教」した。「日本国民は自分の手で賄える以上の生活をつづけてきた」として耐乏と勤勉を説き、「他国の慈悲に頼」らず、自立を達成しなければ、日本の「政治的自由はありえない」ことを強調するのが、ドッジの「説教」の基本的なスタイルであった。さらに、「小さな政府論」や、労働者保護無用論も、ドッジが好んで取り上げた話題であった。このような言説から浮かび上がるドッジの思想は、疑問の余地なく、「古典的資本主義の信条」(1)である。

通説的には、ドッジはみずからの古典的自由経済論に則って経済安定化政策を実施したと理解されている。しかし、先進諸国で第二次世界大戦後に実施された経済安定化政策が、第一次世界大戦後の安定化政策とは歴史的段階を異にすることを考慮にいれた場合、このようなドッジ・ライン理解は単純すぎると思われる。

第一次大戦後には、古典的自由経済論にもとづいた対外均衡優先の安定化政策がとられたが、第二次大戦後には、対内均衡と対外均衡の調和が目指され、生産復興、生産性向上を意識的に追求する政策により両者の矛盾を緩和することが試みられた。大恐慌の悲惨な経験から学んだニューディール期の経済政策は、国民総支出のうちで、もっとも変動の大きい要素である投資の管理を通じて、景気変動をマイルドにし、完全雇用(=対内均衡)を維持しようとした。第二次大戦後の経済復興を起動させたこの政策は、一九五〇年代後半から六〇年代の高度成長政策に引き継がれた。消費よりも投資を優先させる政策を実施するためには、将来の高賃金・高生活水準の実現を労働者に約束することと引きかえに、現在の労働分配率を抑えることが不可欠であった。こうした方向で労働者を説得する前提として、労資協調体制が樹立されている必要もあった。

第二次大戦後のアメリカでは、民主党のトルーマンから共和党のアイゼンハワーへの政権交替があったにもかかわらず、基本的にはニューディール期の政策の枠組みが維持された。対外政策の面でも、冷戦体制のもとで社会主義圏に対抗して資本主義体制の優位性を示すために、アメリカは、経済援助や軍需物資の域外調達を通じて西ヨーロッパ諸国と日本の生産復興や生産性上昇を支援した。こうして、先進諸国の経済復興を基礎に、アメリカ主導の自由貿易体制を樹立することが、一九四〇年代末から一九五〇年代前半のアメリカの対外政策の基本となった。

このような歴史的文脈のなかにドッジ・ラインを矛盾なく位置づけるとすれば、二つの仮説が成り立つ。一つは、ドッジは「時代錯誤的」な古典的自由経済主義の政策を採用し、そのためにこの路線は破綻し、まもなく修正されたという仮説である。もう一つは、ドッジの政策自体、特定の歴史的環境の産物であるから、ドッジ・ラインは最初から彼の持論である古典的自由経済論とは異質の側面を含んでいたとする理解である。

前者の考えに立つウィリアム・ボーデンの説を要約すれば、以下のとおりである。(2)

第二次大戦後にアメリカが直面した最大の問題は、アメリカを中心とした多角的貿易・決済システムの構築が、「ドル・ギャップ」(ドルの偏在)によって阻害されたことであった。アメリカはその障害を、経済援助を通じてドルを散布することにより除去しようとした。そのさいに、「納税者の論理」に立つアメリカ国内の均衡財政派の反対を回避するために、援助のための財政支出を正当化する論理としてアメリカ政府が持ち出したのが「冷戦の論理」であった。アメリカは戦後の世界市場を「大西洋同盟」(“Atlantic Alliance”)と「太平洋同盟」(“Pacific Alliance”)の二つの基軸により編成しようとし、西ドイツと日本をそれぞれの地域の中核と想定した。西ヨーロッパと日本の経済復興には、製品輸出・原料供給市場としての第三世界の存在が不可欠であり、経済復興はこの地域の「新植民地主義」的な再編と一体になって進められた。東アジアの場合には、日本を工場とし、東南アジアを原料供給地とする日・米・東南アジアの三角同盟が形成された。しかし、援助によるドル散布(「国際的ケインズ政策」)は一九五二年までに「ドル不足」を解消できず、課題はその後のアメリカによる軍需品の発注と軍事援助(「国際的・軍事的ケインズ政策」)に引き継がれていった。

このようなシェーマにもとづいてボーデンは、通説はドッジ・ラインを過大評価してきたと批判する。「産業活動に対する大きな刺激を当時の日本は必要としていたのであり、ドッジ・ラインと国際環境はそれを押しとどめる役割を果たした。ドッジ・プランは物価水準にはあまり影響を与えず、むしろ労働者の力をそぎ、民間の銀行による経済の支配を復活させ、それにより日本国民の経済的収奪を加速させ、産業復興を遅らせたのである」[3]。

本章は、ボーデンの説はとらず、ドッジ・ラインは金本位制的なデフレ政策とは基本的に異なると考える。ボーデンの説は魅力的ではあるが、西ヨーロッパの援助受入れ国に対しても、アメリカが経済安定化政策の実施を求めたことの意味を看過している点が疑問である。アメリカの対外援助は一方的なドル散布ではなく、援助受入れ国の経済安定化政策と一対になっていた。本章の目的は、日本に対するアメリカの対外援助と安定化政策および経済復興政策との関係を、マーシャル援助を受けた西ヨーロッパ各国との比較において考察することにある[4]。

## (二) マーシャル援助と対日援助

### 1　戦後復興期のアメリカの対外援助の性格

一九四一年から本格的にはじまったアメリカの対外援助の歴史のなかで、一九四五―五二年の時期は、西ヨーロッパへの経済援助が中心的であったという点にきわだった特徴がある。一九四一年の武器貸与法（The Lend Lease Act of 1941）から第二次大戦終結までの援助は、ヨーロッパ中心であったが、内容は軍事援助が主体である。また、一九五一年相互安全保障法（Mutual Security Act of 1951）成立以後は、ヨーロッパへの援助は急速に比重を低下させ、第三世界が中心となり、内容も軍事援助が主体となる[5]。

この点を数字によって確認するならば、一九四五年七月―一九五二年一二月までのアメリカの対外援助総額の八五%が経済援助であり、経済援助の七四%が西ヨーロッパ向け（トルコ、ユーゴスラヴィアを含む）であった（表8）。

マーシャル・プランは、アメリカが実施した援助のなかで、もっとも成功した事例として有名である。しかし、その成功があまりにも目立つゆえに、次のような側面が見逃されがちである。

第一に、西ヨーロッパに対する援助額は、マーシャル・プラン以前からすでに高い水準にあり、この時期に顕著に増大したわけではないということである。マーシャル・プランが画期的である理由は、ソ連に対抗して西ヨーロッパの資本主義的再建を図るという目的の明確さにある。アメリカの援助が対ヨーロッパ経済援助中心であった一九四五―一九五二年の時期においても、一九四七年以前と、一九四八年以降とでは援助の性格がまったく異なる。一九四七年以前は援助の目的は貧困や飢餓からの救済であり、国際連合の実施したアンラ援助（UNRRA）の場合のように、ソ連との協調関係を前提としていた。

表8　アメリカの対外援助（1945.7–1952.12）

（単位：100万ドル）

| | |
|---|---|
| A　経済援助 | 34,962 |
| 1　西ヨーロッパ | 25,857 |
| 　イギリス（英連邦） | 7,441 |
| 　フランス（属領を含む） | 5,070 |
| 　西ドイツ | 3,891 |
| 　イタリア（トリエステを含む） | 2,693 |
| 　オランダ | 1,243 |
| 　ギリシア | 1,209 |
| 　オーストリア | 1,013 |
| 　ベルギー・ルクセンブルグ | 806 |
| 　ユーゴスラヴィア | 525 |
| 2　その他ヨーロッパ | 1,160 |
| 3　中近東・アフリカ | 448 |
| 4　アジア・太平洋地域 | 5,600 |
| 　中華民国 | 1,070 |
| 　日本（沖縄を含む） | 2,414 |
| 　フィリピン | 807 |
| 　韓国 | 717 |
| 5　中南米 | 818 |
| 6　カナダ | 150 |
| 7　国際機関・その他 | 928 |
| B　軍事援助 | 6,072 |
| 1　西ヨーロッパ | 4,271 |
| 2　アジア・太平洋 | 1,590 |
| 3　中南米 | 123 |
| 4　その他 | 88 |
| 総　計 | 41,034 |

注1：援助額は累計総額。
2：軍事援助については，国別の数字は公表されない。
3：西ヨーロッパは，トルコ，ユーゴスラヴィアを含む。
4：国別援助額は，総額5億ドル以上の国を掲げた。
出所：U. S. Department of Commerce, *Statistical Abstruct of the United States, 1953*, pp. 887–890より作成。

第二に、日本がマーシャル・プランに含まれていないことから、対日経済援助がマーシャル・プラン参加国と較べて著しく少額であったと見做されがちであるが、それは必ずしも根拠はない。戦後一九五二年一二月までの対日経済援助は二四億ドル（沖縄を含む）であり、イタリアと同水準に達していた。[6] しばしば、西ドイツとの対比において、アメリカの対日援助が非常に少なかったといわれる。たしかに、人口比でみるならば、対日援助は対西ドイツ援助の約三分の一にすぎない。しかし、国民所得比でみるならば、西ヨーロッパ諸国とほぼ同水準にあった。[7] もっとも、われわれは、朝鮮戦争以前の時期において、アメリカの関心がアジアよりもヨーロッパにおかれていたという通説を否定するつもりはない。

## 2　マーシャル援助および対日経済復興援助の成立

マーシャル援助と、ドッジ・ライン期の対日援助の目的は、基本的に同じである。また、経済援助をテコとしたアメリカの各国経済への介入の仕方も似ていた。

マーシャル・プランの目的は、ヨーロッパ諸国が一九五二年までに外国の援助に頼らない自立した経済を樹立することにあった。自立化は、①生産増強への努力、②外国貿易の促進、③対外的通貨価値の維持、④ヨーロッパ内の経済協力の促進、を通じて達成するものとされた。

マーシャル・プランの端緒は、一九四七年二月にイギリスが対ギリシア・トルコ援助の肩代わりをアメリカに求めたのに呼応して、全体主義に脅かされている「自由な諸国民」をアメリカは援助する用意があると表明した、三月一二日のトルーマン・ドクトリンである。この声明の背後には、ギリシア、トルコへのソ連の影響力の拡大を阻止するという直接的な動機だけでなく、一九四六年末以降のヨーロッパの経済状態の悪化に対するアメリカ政府の強い懸念が存在したといわれる。

一九四七年五月初めに設置されたアメリカ国務省政策企画室がヨーロッパ援助計画の検討を行うこととなり、六月五日にマーシャル国務長官から対ヨーロッパ援助の方針が発表された。マーシャル・プランはこのときに公式に発足した。英仏ソとの予備会議を経て、七月一二日にマーシャル・プラン参加一六ヵ国による会議が開催され、マーシャル援助の受け皿として欧州経済協力委員会（ＣＥＥＣ）が設置された。この委員会は、九月二二日に一般報告書をアメリカ政府に提出した。

この報告書の作成過程において、アメリカはヨーロッパ諸国といくつかの点で対立したが、アメリカが必要不可欠と考えた諸原則をこの報告書に盛り込ませることに成功した。アメリカ政府は、報告書はヨーロッパ諸国が輸入を希望する商品のたんなる「買物リスト」となってはならないと主張し、各国による自主的な復興計画と、参加各国の共同での復興計画の立案を条件とした。また、アメリカ政府は、援助実施と同時に各国が、通貨・財政面で安定化政策をとることを強く要請した(8)。

アンラ援助が終結したのち、マーシャル援助が実施されるまでの空白期間を埋めるための援助として、アメリカ議会は一九四七年一二月一七日、外貨・食糧の不足がとくに深刻なフランス、イタリア、オーストリアに対する五億四〇〇〇万ドルの緊急援助を可決した。一二月一九日には、総額一七〇億ドルの欧州援助四ヵ年計画に関する大統領教書が議会に提出され、議会での審議を経て、一九四八年四月三日に「一九四八年対外経済協力法」(Economic Cooperation Act of 1948) の成立に至った。

共産主義勢力が強いイタリアとフランスは、アメリカ政府にとって不安の種であった。四月一八日に予定されたイタリアの総選挙で共産主義勢力が躍進することを懸念したアメリカ政府は、選挙日以前に援助法案がアメリカ議会を通過するように図った。事実、選挙戦においてキリスト教民主党は、「アメリカとキリスト教民主党の側にたってパンを得るか、共産主義の側にたって飢えるか」という選択を民衆に迫ったのである。(9)

マーシャル援助受入れ国相互の協力を図るための常設機関として、一九四八年四月に欧州経済協力機構（ＯＥＥＣ）が結成された。それと同時に、個々の援助受入れ国とアメリカとの間で二国間の協定も結ばれた。アメリカ政府は、ＯＥＥＣ（在パリ）には特別代表部をおき、ハリマンを代表として派遣するとともに、各国に特別使節団を常駐させて、二重のルートで援助の実施過程を監督した。また、アメリカ本国には、マーシャル援助の実施機関として経済協力局（ＥＣＡ）が設置された。

次に対日援助について概観しておこう。

一九四八年一月のロイヤル声明を通じて、アメリカ政府は、日本を極東における共産主義勢力への対抗力とすべく、日本経済の復興を図る意図を内外に表明した。アメリカ政府は、賠償規模を縮小し、これまで追求してきた改革政策を見直すとともに、復興のための経済援助の実施を企図した。

一九四八年三月に陸軍次官ドレーパーとともに来日したジョンストン使節団の報告書（一九四八年四月二八日）は、日本の経済復興が遅れている最大の原因は、ドル不足のために工業生産に必要な原料を十分に輸入できない点にあると指摘し、ドルによる適切な経済援助が与えられれば、一九五三年までに日本は経済自立を達成できるだろうと述べた。(10)

陸軍省は日本の経済復興を図るために、一九四九米会計年度において、ガリオア援助（三億七六〇〇万ドル）以外に、工業原料を中心とした一億八〇〇〇万ドルの特別援助を要請した。陸軍省の要請は、一九四八年四月二一日に、アメリカ政府の対外経済問題に関する最高諮問機関である「国際通貨金融問題に関する国家諮問委員会」（ＮＡＣ）にかけ

られた。(11)

NACは、陸軍省の要請は「日本の輸入水準を引き上げ、工業生産を増大させ、輸出能力を高めるという計画を資金的に支える目的にかなうもの」であるとして、この提案を支持した。それと同時にNACは、「このような計画は、国内経済の安定を達成し、そのために必要な経済統制を効果的に実施するための諸政策を伴わなければならない」と、援助実施の条件として経済安定化政策が不可欠であることを指摘した。

経済協力局の主任管理官としてマーシャル・プランの実施に中心的な役割を果たし、また、ジョンストン使節団の一員として来日したポール・ホフマンは、疾病と社会不安のための援助に終止符を打とうと思うならば、「復興のために若干のドルを投下することは望ましい」ことであると、対日経済復興援助を強く支持し、「この種の援助がなければ、日本の経済状態はいっそう深刻化するであろう」と警告した。

NACが援助計画を支持したものの、「納税者の論理」にたち、援助の拡大に消極的な議会は、経済復興目的の対日援助予算の新設を承認せず、結局、一九四九会計年度のガリオア予算の枠内に九七五〇万ドルのエロア（EROA, Economic Rehabilitation in Occupied Areas, 占領地における経済復興のための援助）予算が追加されたにとどまった。(12)

当初予定した金額をかなり下回ったものの、エロア援助によりマーシャル・プラン型の援助が実現した意義は大きい。エロア援助の創設を契機に、アメリカの対日援助の目的は、占領地住民を飢餓から救うことから、日本経済の資本主義的再建を図ることに大きく転換したのである。

### 3　マーシャル援助と対日援助の内容

ガリオア援助だけの時期と、エロア援助が開始された後とでは、援助物資の内容にどのような相違があったか、また、マーシャル・プランの援助物資と対日援助物資との内容の違いはどこにあるかをみておこう。

ガリオア援助による対日援助物資（エロア援助を含む）の内訳は、一九四五―四八年度では、食糧七五・〇％、肥料一二・四％、石油八・四％の三種類で九五・八％までを占めた。一九四九―五一年度では、食糧四五・一％、綿花二八・四％、石油八・六％、油糧七・七％、肥料六・三％と続き、この五種類で九六・一％を占めた。[13] エロア援助の創設以前と以後との違いは、食糧の比重低下の分が、綿花におきかわった点である。

他方、マーシャル援助物資の構成は、食糧・飼料・肥料三二・一％、原料・半製品三一・八％（うち綿花一四・〇％）、燃料（石炭・石油）一五・五％、機械類一四・三％などとなっている。[14] 機械類がある程度の比重を占めていること、また、援助計画の二年次以降に機械類の比重が高まったことは、対日援助の場合とは異なる。援助物資の構成は、マーシャル援助受入れ国でも国によって異なり、西ドイツの場合は、食糧・飼料・肥料が四七・四％、原料・半製品三七・二％（うち綿花二〇・九％）、燃料四・八％、機械類三・〇％で、一九四九年度以降の日本と類似した構成となっている。[15]

援助により日本にもたらされた原料は、重化学工業の原料ではなく、綿業の原料であった。これは、重工業製品の輸出を伸ばそうとするアメリカ陸軍やＧＨＱの意向とは矛盾する。一九四七年一〇月のＧＨＱ経済科学局の報告書「均衡のとれた日本経済の可能性」（通称グリーン・ブック）は、一九五三年の輸出品の構成は、戦前に較べて機械・金属の比率がかなり高くなると予想していた。[16] また、陸軍次官のヴォーヒーズは、対外援助に関する下院公聴会での発言において、重工業設備などの輸出が、戦前の生糸にとってかわる必要があると述べている。[17]

日本の重工業製品輸出の拡大については、アメリカ政府内に悲観的な見方も強かったことを想起すれば、上記の援助物資の構成も、アメリカ政府の日本経済復興プランと必ずしも矛盾するとはいえないだろう。ドッジとその周辺は、日本の鉄鋼業の将来について、厳しい見方をしていた。ドッジ使節団の随員の一人であるＰ・オーリアリーは、日本の鉄鋼生産の廃止論を唱えたといわれる。[18] 当時の鉄鋼製品の生産費はきわめて高く、このような議論もあながち根拠がないわけではなかった。また、アメリカ政府は、原料の鉄鉱石や石炭を日本へ輸出することには消極的で、原料の節約と国内資源の活用を日本政府に強く要請した。アメリカ政府は、日本国内に存在する鉄屑の使用増加を求め（一九四八年八月、第一回鉄屑調査団来日）、一九四九年度においては日本側に輸入鉄鉱石の使用制限、輸入石炭の節約を実施させたのである。[19]

それとは対照的に、アメリカは綿花の輸出にきわめて積極的であった。その背景には、しばしば指摘されるように、援助がアメリカの余剰農産物のはけ口として利用されたという事情がある。[20] アメリカでは戦時中は食糧増産政策のために綿花栽培は縮小傾向にあったが、一九四九年には早くも過剰生産に転じ、一九四九年農事法にもとづいて戦後はじめての価格支持政策が発動された。[21] エロア援助の開始以前にも、ワシントン輸出入銀行を中心としたアメリカの銀行団が、輸出入回転基金（一九四七年七月設置）を引当てに綿花借款六〇〇〇万ドル（一九四八年五月成立）を供与するなど、アメリカ側は綿花の対日輸出には積極的であった。

次に、援助の条件をみると、マーシャル・プラン諸国（被占領国を除く）と、被占領国である日本・西ドイツとを比較した場合、一言でいえば、被占領国の援助受入れの条件の方が不利であった。[22] マーシャル援助の場合には、援助はドルで提供されたのに対して、ガリオア・エロア援助の場合には、物資で提供された。しかし、いずれの場合にも、援助の大部分はアメリカからの物資輸入にあてられたので、実質的にはどちらも物資援助であった。だが、マーシャル援助の場合には、援助物資の種類・数量について、援助受入れ国の要望がある程度容れられた（各国が希望する物資の「買物リスト」を提出して、それをOEECやアメリカ経済協力局が審査した）のに対して、ガリオア・エロア援助の場合には、GHQや米陸軍省がその内容を一方的に決定したのである。

もう一つの違いは、マーシャル援助の大部分が贈与であり、返済の必要がなかったのに対して、日・独のガリオア援助は返済義務が伴う援助であったことである。[23]さらに、マーシャル援助においては、借款による部分は見返資金を積み立てる必要がなかったが、ガリオア・エロア援助は返済義務がある事実上の借款であったにもかかわらず、援助受入れ国は見返資金の設定を義務づけられた。[24]

## (三)　援助の条件――「自立」のための安定化と復興

### 1　安定化と復興

前述したように、マーシャル・プランは、ＯＥＥＣ諸国を一九五二年までに「自立」させることを目的とし、その目的を達成するためにＯＥＥＣ諸国は、①生産増強への努力、②外国貿易の促進、③対外的通貨価値の維持、④ヨーロッパ内の経済協力の促進、に努力する義務を負った。

ここでは、安定＝通貨価値の維持＝インフレ抑制と、復興＝生産増大とが同一の政策のなかに盛られている。二つの目標を同時に追求しようとすれば矛盾が生じかねないにもかかわらず、少なくともプランのうえでは、並行して実施することがうたわれていた。

援助供与国であるアメリカにとっての最大の関心は、早期にＯＥＥＣ諸国の経済を援助を必要としない水準にまで復興させることであった。そこでアメリカ政府は、援助が最大限有効に利用されるよう各国の政策を誘導し、援助物資売却代金の用途を監視しようとした。

被援助国の消費の拡大につながる財政支出や、生活基盤安定のための財政支出を、アメリカ政府はできるだけ抑制しようとした。また、失業救済を第一義的な目的とする公共事業についても、生産拡大に直結しないとし、アメリカ政府は批判的であった。さらに、生産増強に用いる場合でも、OEEC諸国内で資源を有効利用し、設備をフル稼働させることをアメリカ政府は優先的な課題としており、新規の設備投資には必ずしも積極的ではなかった。

一般に援助供与国と援助受入れ国との関係においては、援助受入れ国が援助を追加的な財源と考えて、インフレ的な政策に走りがちであるのに対し、援助供与国は援助の有効な利用、そのための経済安定化政策の実施を求めるのが通例である。(25)

マーシャル・プランにおいても、援助供与の条件として経済安定化政策を援助受入れ国が実施することを、援助供与国であるアメリカ政府は強く要請した。一九四七年九月に欧州経済協力委員会が報告書を作成したさいには、アメリカ政府は原案にあった復興優先的な記述を批判し、経済安定化が復興よりも後回しにならないように表現を改めさせた。(26) さらに、同年一一月一日のハリマン委員会（ハリマン商務長官を議長とする対外援助に関する委員会）の報告書は、アメリカ政府の意向を反映させたこの欧州経済協力委員会の報告書についても、通貨安定に対する配慮が足りないと批判したのである。(27)

しかし、また逆に、安定化政策に著しく傾斜し、外貨準備の積増しを追求するような政策に対してもアメリカ政府は否定的であった。援助が生産増大に有効に活用されず、外貨準備として死蔵されることは、援助の有効利用ではないと見做したのである。

さて、日本の場合に目を転じれば、「経済安定九原則」に示された条項には、マーシャル・プランと同様に、①生産増強（＝「国内原料・製品の増産」）、②対外通貨価値の維持（＝三ヵ月以内の単一為替レート設定）、③貿易促進（「輸出向け資材配給制度の効率化」）が含まれていた。しかし、ここには④地域内経済協力についての具体的構想は存在しない。

たしかに、「経済安定九原則」は生産増強と安定化の両面を併記してはいるものの、その力点は疑いなく、単一為替レートの設定をテコとした経済安定化に置かれた。

一九四八年前半に対日政策が改革から復興へ転換し、[28] マーシャル援助の代替措置として対日エロア援助が具体化していくにつれて、[29] 日本で進行中のインフレによって援助の効果がそがれる危険性をアメリカ側は強く意識しはじめた。一九四八年五月に来日したヤング使節団の目的は、経済安定化政策を立案することであった。ヤング報告書（一九四八年六月一二日）は、一〇月一日までに単一為替レートを設定することを提案し、そのために国内的な安定化措置を即座に実施することを勧告した。

ヤング報告書は、次のような手順で経済安定化を構想していた。

単一レートの設定に先だって、インフレの主要な原因である財政赤字を削減し、財政を均衡化させる必要がある。戦後統制経済のもとで傾斜生産政策を担った、重工業を中心とする大企業の経営が、国家財政からの補助金、ないし復興金融金庫からの融資に大幅に依存していたことが財政赤字の主たる原因となっていた。企業に経理上の節度がなく、いつでも政府による赤字補塡を期待できるような状態（ヤーノシュ・コルナイの表現を用いれば「ソフトな予算制約」）から企業を脱却させ、「ハードな予算制約」のもとにおくことこそが課題とされなければならない。[30] すなわち、自立的な資本主義的企業体制への編成替えである。賃金上昇分を補塡するため赤字融資を復興金融金庫にあおいでいた企業を「ハードな予算制約」のもとにおくためには、賃金抑制も不可欠である。

さて、ヤング報告書の方針は、急激な安定化が社会不安をもたらすことを懸念したマッカーサーの反対にあったが、アメリカ政府はマッカーサーに対する命令という有無をいわさない形で安定化政策を実施させることにした（一九四八年一二月一一日「経済安定九原則の中間指令」）。

九原則の指令を検討した一九四八年一二月三日のNAC会議の席上で、ドレーパー陸軍次官は、ドイツと日本の経済安定化の違いについて触れ、次のように述べた。[31]ドイツでは物価・賃金統制が厳格に実施されており、また、イギリス占領地域を除いては均衡財政も達成されているので、過去に生じた過剰な通貨を「掃き出す」ために通貨改革を実施した。しかし、日本においては、戦時以来、財政インフレが継続しており、賃金統制はなんら存在していないので、現に生じつつあるインフレを抑制するために、賃金統制と均衡財政を実施することが問題解決の鍵となる。

ドッジ・ラインは、こうした理由から財政均衡化にターゲットが絞られた。[32]一九四九年度予算案についてドッジは断固として超均衡予算の方針を貫き、吉田内閣の執拗な減税要求を退けた。このような財政政策への全面的な介入は、占領権力であったからこそ可能であった。マーシャル・プラン参加国の場合は、占領下にあるドイツなどを除いては、アメリカ政府は全面的に財政政策に介入することはできなかった。

賃金統制については、一九四八年春から日本側の「中間安定計画」と呼応する形でGHQにおいて法令による直接統制が検討されつつあったが、結局は、企業に「ハードな予算制約」を課す「賃金三原則」(賃金引上げのための補助金支出、「赤字融資」、物価引上げの禁止)の方式で、財政(補助金)、金融(復興金融金庫の「赤字融資」)の面からの安定化が実施された。しかし、企業のみの力で賃金安定化を実現することは困難であったので、政策的措置として、一九四九年六月の労働組合法の改正、[33]共産党系ナショナル・センターである産別会議の弱体化が図られた。

被占領国以外のマーシャル・プラン参加国の場合には、アメリカ政府が各国の賃金・労働政策へ直接的に介入する余地はなかったが、アメリカのAFLおよびCIOが中心となって、ナショナル・センターからの共産党勢力の排除や、共産党の影響力が強いナショナル・センターの分裂工作が実施された。

アメリカ政府は、マーシャル・プランの成否は、ヨーロッパの労働運動の動向によって大きく左右されると考えていた。[34]アメリカの二大ナショナル・センターであったＡＦＬとＣＩＯは、マーシャル・プランの積極的な支持を表明し、アメリカ政府に全面的に協力した。一九四八年三月八日―九日には、イギリスのＴＵＣの呼びかけという形をとって、「欧州経済復興計画に関する労働組合国際会議」が開催された。その結果、マーシャル・プラン参加国の政府と緊密な協力を図りつつ、その計画を推進するための機関として「欧州経済復興計画労働組合諮問委員会」が設立された。[35]

この会議は、各国労働組合のマーシャル・プランの協力を図るだけでなく、共産党系労働組合から非共産党系労働組合を分離し、非共産党系労働組合の世界組織として国際自由労連（International Confederation of Free Trade）を樹立する方向を決定した。その結果、フランスにおいてはフォルス・ウーヴリエールがＧＧＴ（労働総同盟）から分かれ、イタリアにおいては一九四八年にＣＩＳＬ（イタリア労働者組合総同盟）とＵＩＬ（イタリア労働連合）がＣＧＩＬ（イタリア労働総同盟）から分離した。[36]

## 2　見返資金の設置とその利用

すでに述べたように、マーシャル・プランおよびドッジ・ラインにおいては、アメリカ政府は援助供与の条件として経済安定化政策の実施、復興計画の立案などを求め、各国の経済政策に介入した。経済政策へのアメリカ政府の介入は、財政金融面が中心であった。産業政策は各国において歴史的かつ個性的に形成されており、産業政策面に介入することは困難であったと思われる。

財政金融政策についても、日本やドイツのような占領地域であれば、全面的に介入することも可能であったが、独立国の場合には介入の手段は限定された。アメリカ政府は、援助受入れ国との間に二国間協定を締結し、その協定によって介入の手段を確保しようとした。

アメリカ政府が企図した具体的な介入方法は、為替レートの変更にはアメリカの承認が必要であるという条項を二国間協定に盛り込むことと、見返資金（Counterpart Fund）勘定を設定することであった。前者は通貨面からの介入であり、後者は財政面からの介入である。

ところが、為替レートの決定権をアメリカ政府に握られることについては、援助受入れ国側が難色を示し、実現しなかった(37)。そこで、見返資金が実効力のある唯一の介入手段となった。

見返資金の制度は、マーシャル援助に適用する目的で、一九四八年の対外経済協力法にもとづいて設けられたとされている。しかし、マーシャル援助に先立つフランス・イタリア・オーストリアへの緊急援助や、さらにそれ以前の援助でも同様の方式はすでに採用されていた(38)。

この制度は、援助受入れ国が、援助物資を国内で売却した代金を各国通貨建てで別勘定とするもので、その資金の利用についてはアメリカ政府の承認が必要となる。すなわち、援助資金の用途をアメリカ政府が監督することに、この制度の狙いがあった。見返資金の用途は、①生産的な投資、または、②政府債務償還の目的に限られ、非生産的な用途や、財政赤字の補填は禁止された。

日本の場合について、見返資金の設置の経緯を簡単にみておきたい。

ドッジ・ライン以前においては、ガリオア援助物資を売却した代金（円貨）は貿易資金特別会計に繰り入れられ、一般の貿易資金と一体として運用されていた。こうした運用は、複数為替レート制のもとで、輸出入品に対する「隠れた補助金」の支出を可能にし、インフレを促進する要因となっていた。ヤング報告書は、「隠れた補助金」の存在を明らかにし、単一レートを設定し、「隠れた補助金」を廃止することが経済安定化の鍵であると指摘した。この指

表9　見返資金運用状況（1948年-1952年3月）　　　　（単位：100万ドル）

| 国名 | イギリス | フランス | 西ドイツ | イタリア | オランダ | オーストリア | ギリシア | その他各国 | 合計 | 日本 |
|---|---|---|---|---|---|---|---|---|---|---|
| 各国使用可能額 | 1,753 | 2,626 | 1,078 | 1,082 | 772 | 746 | 771 | 840 | 9,668 | 962 |
| 引出額 | 1,752 | 2,625 | 967 | 926 | 298 | 525 | 349 | 500 | 7,941 | 879 |
| (使用目的別内訳) | | | | | | | | | | |
| 1. 債務償還 | 1,707 | 171 | — | — | — | 85 | — | 289 | 2,252 | 311 |
| 2. 生産増強 | 2 | 2,031 | 725 | 676 | 181 | 397 | 157 | 136 | 4,305 | 514 |
| 農林水産 | — | 234 | 70 | 116 | 139 | 58 | 50 | 25 | 692 | 14 |
| 鉱業 | — | 341 | 108 | — | — | 23 | 4 | 15 | 491 | 18 |
| 工業 | — | 249 | 220 | 122 | 28 | 123 | 16 | 17 | 774 | 23 |
| 鉄道 | — | 180 | 16 | 269 | — | 77 | 14 | — | 556 | 53 |
| 商船漁船 | — | 71 | 29 | 20 | — | — | — | 33 | 153 | 119 |
| 電気ガスその他動力 | — | 744 | 183 | — | — | 77 | 9 | 17 | 1,029 | 120 |
| その他および未整理 | 2 | 213 | 99 | 150 | 14 | 39 | 65 | 30 | 611 | 168 |
| 3. 軍事目的 | 38 | 100 | — | — | 26 | — | 5 | 60 | 230 | — |
| 4. その他目的 | 5 | 322 | 242 | 251 | 90 | 43 | 187 | 14 | 1,154 | 54 |
| 住宅公共建築 | — | 314 | 84 | 91 | 88 | 28 | 65 | 1 | 672 | 48 |
| 特別救済計画 | 2 | 3 | 8 | 24 | — | 2 | 112 | 11 | 162 | — |
| その他および未整理 | 3 | 5 | 150 | 136 | 2 | 13 | 10 | 2 | 320 | 6 |

注1：西ドイツはガリオア援助を除いた額。
　2：積立額から米国の使用する5%を控除した額。日本の場合には資金総額。
　3：日本の債務償還には国債買入を含む。
出所：大蔵省理財局見返資金課編『見返資金の記録』（1952年）207頁。

摘をふまえて、一九四九年三月に「見返資金勘定」の設定構想がドッジから示され、四月三〇日に「米国対日援助見返資金特別会計」が設置されたのである。

見返資金の用途をコントロールすることにより、アメリカ政府は援助受入れ国を、投資促進の方向にも、インフレ収束の方向にも誘導することができるはずであった。設備投資などへの利用に重点をおけば生産促進的となるし、政府債務の償還に用いればインフレ抑制の手段となる。

マーシャル・プラン参加国と日本の見返資金利用状況を比較してみよう（表9）。

見返資金の大半を生産目的に向けたのはフランス、イタリア、西ドイツであり、それとは対照的に、イギリスやオランダは、債務償還へあてるか、未使用のまま残していた。日本の場合は、債務償還にあてた部分が三分の一に達するものの、半分以上は生産増強に向けられており、フランス、イタリア型である。

見返資金を債務償還にあてたか、生産増強にあてたかということは、その国の経済運営がデフレ的であったか、インフレ的であったかとは直接に関係はない。イギリスが見返資金のほとんど全額を債務償還にあてたのは、デフレ政策を遂行するためではなく、アメリカ政府のイギリス国内政策への介入を回避するためであった(39)。見返資金を投資に用いる場合には、その用途についてアメリカの同意が必要となるので、イギリスは見返資金は債務償還にあて、他の財政資金を投資に向けようとしたのである。アメリカ政府は、このような介入回避のための見返資金による債務償還を容易に承認せず、その結果、見返資金の用途が決定しないで、未使用のまま累積するケースも生じた。

見返資金を通じてアメリカが各国の経済政策を誘導することには、大きな限界が存在した。見返資金は一国の投資総額からみれば、一部分を占めるにすぎなかったから、見返資金を特定の用途に用いることをアメリカが承認しなかったとしても、援助受入れ国は他の資金源に転換することができた。もちろん、イギリスが実施したこのような介入回避策は、資本市場が整備されているなど、他から資金を調達できる条件が存在した場合にのみ可能であった。

日本の場合には、見返資金は決定的な意味を持った。なぜなら、一方では、ドッジ・ラインまで設備資金をほぼ一手に供給していた復興金融金庫は一九四九年四月に新規貸出を停止させられ、他方では、大蔵省預金部資金の国債・地方債以外への運用は以前からGHQにより禁止されていた結果、一九四九年には設備資金の供給のルートがほとんど閉ざされ、長期資金調達に重大な支障が生じたからである。

見返資金をめぐる政策を検討してみると、日本とイタリアは対照的であり、興味深い。

日本の場合にも、見返資金は、直接生産に直結する投資または、政府債務の償還にあてるものとされた。ドッジは、見返資金が「政治的な摑み金」になってはならないと釘をさした（一九四九年四月一五日のドッジ声明）[40]。原則としては投資目的も掲げられたとはいえ、一九四九年春においては、インフレ収束が優先的課題であり、ドッジは政府債務償還を重視する姿勢を示した[41]。

見返資金初年度の一九四九年度においては、利用額の約五五％は政府債務（復金債）の償還にあてられた。復興金融金庫の新規貸出停止（一九四九年四月）により資金調達の主要なルートを失った民間企業は、見返資金を「打出の小槌」[42]とみなして、多大の期待を寄せた。また、日本政府も見返資金の私企業への五〇〇億円を上回る規模の融資を計画した[43]。しかし、私企業への融資に対してはＧＨＱは消極的であり、融資の開始が一九四九年九月にずれこんだばかりでなく、規模も見返資金利用額の二二％を占めたにすぎなかった。

一九四九年秋にドッジが再来日したころから、経済安定化を阻害しないという条件をつけながらも、見返資金を投資に用いることを容認する姿勢が占領側にみえはじめた。一九五〇年度予算においては、電力・海運などの産業への重点融資に加えて、債券発行銀行の優先株引受けが実施された。この措置は、金融機関再建整備で資本金を大幅に切り捨てたために、自己資本が薄弱となり、債券発行の余裕が少なくなった日本興業銀行などの債券発行銀行の資金調達を容易にした[44]。

さらに、一九五〇年秋の三回目の来日のさいには、ドッジは産業に対する長期資金の確保に強い関心を示し、アメリカ政府の姿勢の変化が明白になった。見返資金からの出資により、一九五〇年一二月には日本輸出銀行が、一九五一年四月には日本開発銀行が設立され、長期資金供給の新たなルートがつくられた。

次に、イタリアの場合に目を転じよう[45]。

イタリアにおいては、一九四七年五月に社・共両党を排除して改組された第四次デ・ガスペリ内閣のもとで、自由経済論者ルイジ・エイナウディによって経済安定化政策が強力に推し進められた。すなわち、アメリカ政府の介入(ドッジ・ライン)まではインフレ収束に決定的な手が打たれなかった日本とは対照的に、イタリアでは自発的に安定化政策が実施されたのである。

イタリアでは、第二次大戦後、ファシズム期の計画経済論者は一時的にその影響力を失い、自由経済論者が経済政策のイニシアティブをとった。その代表格がルイジ・エイナウディ(イタリア銀行総裁・予算相)やエピカルモ・コルビーノ(国庫相)である。エイナウディの後をついで予算相となったジュゼッペ・ペッラも自由経済論者であり、マーシャル・プランの時期を通じてイタリアの経済政策は自由経済論者によって指導された。(46)

安定政策を優先させていたイタリア政府は、マーシャル援助の条件としてOEECが求めた長期的経済計画の提出には熱意を示さず、アメリカ政府に促されてようやく一九四八年九月に提出した三ヵ年計画も、そのずさんさが経済協力局(ECA)のポール・ホフマンによって厳しく批判されるありさまであった。

見返資金設定後も、アメリカ側(ECA)とイタリア側で意見の食い違いが生じた。ECAのイタリア駐在員ゼラーバックは、イタリアに現存する生産設備をフル稼働させるために、工業生産を促進し、デフレと闘うべきだと主張した。これに対してイタリア政府は、財政赤字の削減、外貨準備の拡大を経済政策の基本原則とした。また、見返資金を投資目的に利用する場合にも、アメリカ政府が非生産的で好ましくないと考えていた失業救済対策へ向けることを要求し、ゼラーバックと衝突した。(47)

イタリア国内では、計画経済派(トレメローニ、ヴァノーニ、ファンファーニら)は投資優先論を主張して、エイナウディらと対立していた。しかし当時、イタリアでは計画経済派は少数派であり、彼らが自由経済派に代わって主流派を形成したのは一九五一年以降である（計画派の構想は一九五四年のヴァノーニ・プランに結実した）。

日本の場合には、占領側が安定優先論に立ち、日本政府の投資優先論と対立するという単純な構図である。そのような構図となった理由は、次のように考えられる。

第一は、政策思想上の問題である。占領期に日本側で厳格な安定優先論（「一挙安定論」）を唱えたのは、古典的均衡財政論に立つマルクス主義者（大内兵衛など）だけであり、政策担当者には「一挙安定論」はほとんどみられなかった。その背景には、戦時体制崩壊後も日本では統制経済派が経済政策をリードしたことがあげられる。自由経済論者でもっとも影響力があった石橋湛山も、統制解除や、私企業を中心にした経済復興を唱えた点では自由経済論者であったが、財政金融政策の面ではケインズ主義者であった。したがって、真の意味で保守的な自由経済派は存在しなかった。[48]

第二に、国内通貨は日銀・日本政府が管理し、外貨はＧＨＱが管理するという形で、通貨価値の体内面と対外面が分離していたことがあげられる。すなわち、ほぼ占領期を通じて日本側に外貨管理権がなかったことは、日本側に対外均衡（通貨の対外価値の維持）の必要性を感じさせなかったのである。高度成長期にみられたような、外貨管理を担当する大蔵省が安定論に立ち、産業政策を担当する通産省が成長論を唱えるという対抗はまだ明確な形では存在しなかった。

第三に、両国の経済状況の違いがあげられる。イタリアの場合には戦後の経済復興が早く、繊維産業を中心に輸出も順調に回復し、一九四八年には早くも輸出は一九三八年水準を凌駕した。[49]このような輸出主導型成長のゆえに、繊維産業を中心に経済界は早期の為替自由化を望んだ。一九四六年春にはすでに大幅な為替自由化が実施され、輸出業者は獲得外貨の五〇％を自由に処分できるようになった。[50]競争力のある輸出産業である繊維産業は、開放経済体制を是とし、デフレ政策を通じての通貨の対外価値の維持を企図した。[51] これに対して、日本の場合には、民間貿易が全面的に再開されたのは一九五〇年一月であり、一九四九年までは援助輸入を除いては貿易は限られていた。いわば、封鎖経済のもとにおかれていたのである。そこでは、通貨の対外価値を維持しようという主張は現実的な根拠を持ちえなかった。

## (四) 果たされぬ経済的「自立」

アメリカ政府の最終の目的は、多角的貿易・決済システムのもとでの西ヨーロッパ諸国と日本の国際収支均衡の達成であった。

戦争直後から日本政府はさまざまな経済計画を立案するが、国際収支均衡をいつまでにどのようにして達成できるのかは、計画立案者がもっとも頭を痛めた問題であった。一九四九年以前の経済計画における貿易の見通しは、ほとんど机上の空論に近かった。そして、この問題に対する本格的検討が始まるのは一九五三年「岡野構想」以降である。[52] ドッジも国際収支均衡について、明確な見通しを持っていたとは考えられない。

西ヨーロッパ諸国の場合にも、「ドル不足」の解消、すなわち対米経常収支の均衡達成が容易に実現できたわけではなかった。OEEC諸国の域外貿易の赤字は、マーシャル援助終了の一九五二年の五一億ドルからほとんど減少せず、一九五三年―五九年においては平均四八億ドルの赤字であった。アメリカの対外経済政策委員会（ランダル委員会）は、OEEC諸国の「ドル不足」は依然として深刻であり、私的な投資の促進、軍需物資の調達（「特需」）によって、国際収支均衡を図るべきだという認識を示した。[53]

一挙に世界的規模での多角的貿易・決済システムを構築しようというアメリカの意図は、一九四七年のポンド交換性回復の失敗によって見直され、とりあえずは、一方ではポンド圏を温存しつつ、また、他方では世界をブロックに分けた地域毎の決済圏を構築しながら、段階的に世界的規模に拡大していく道がとられた。

このように「ドル不足」の解消はきわめて困難にみえたので、当面、為替制限を残すことは必要悪であるとアメリカ政府は考えた。

一九四九年にＩＭＦから日本の為替管理を検討するために派遣されたムラデクとウィチンは、国際収支を均衡させるためには、強力な為替管理による貿易統制が不可欠であるという報告書を提出し、この報告書をもとにして同年末に「外国為替及び外国貿易管理法」が制定された[54]。為替管理を廃止することを目的とするＩＭＦが、為替管理導入を勧告したことは興味深い。

ＯＥＥＣ諸国においても、当面は為替制限が維持されたが、域内関税協定、ＥＰＵ（ヨーロッパ決済同盟）などを通じて地域的な自由貿易圏、決済圏が形成されていった。しかし、同様のことは、日本にとってはきわめて困難であった。

地域内協力の欠如は、マーシャル・プラン各国と比べての日本の安定化計画の最大の弱点であった。日本経済を東南アジアと結びつけようという構想は日米双方から出されていたが、東南アジア諸国を含めた地域的経済協力体制を構築する具体案は存在しなかった。東南アジア諸国との間の賠償問題の取組みはまだ開始されていなかったし、アメリカ政府が日本の賠償を軽減しようとしていることにこれらの国々は反発していた。また、アメリカは日本に対しては援助を与えたが、同様の援助を東南アジア諸国にまで拡大する意図は持っていなかった[55]。これらの諸側面を考えれば、マーシャル・プラン型の地域経済協力は、日本側が求めたとしても、実現は不可能であったといえよう。

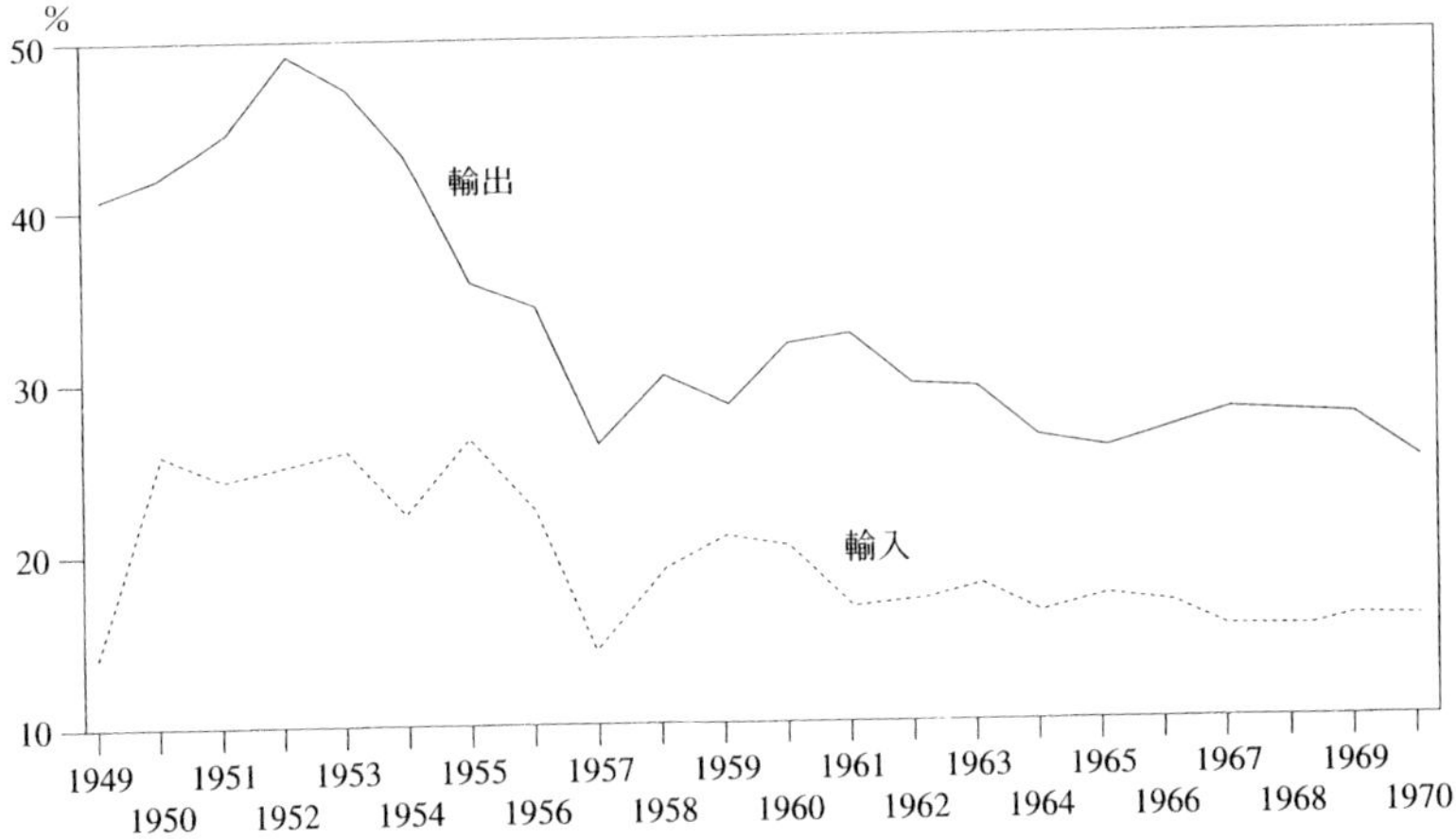


図３　日本の貿易額に占める対東南アジア貿易の比率（1949–1970年）

出所：経済企画庁編『現代日本経済の展開』622–625頁より作成。

しかし、日本の工業製品と東南アジア地域の原料とを交換する垂直的な貿易関係を築くことは、東南アジア諸国を含めた地域的な経済計画を立案する機関が存在しなくても、また通貨同盟が結ばれていなくても十分可能であった。事実、一九五〇年代初期の日本の対東南アジア貿易は、「ドル不足」を補うために、東南アジアをはじめとするポンド圏との貿易を政策的に推進した結果、かなりの増大を示したのである（図３）。

しかし、東南アジア貿易の拡大傾向は長続きせず、一九五二年をピークにその比重は低下しはじめた。そこには、東南アジアの一次産品の価格下落など構造的な要因が存在した。ＯＥＥＣ諸国の場合（ここでは西ドイツの例を掲げておく）には域内貿易の拡大により、対米貿易への依存を低下させることができたのに対して、日本の場合には、それとは対照的に対米貿易への依存をふたたび深めることになった（図４、図５）。

国際収支の均衡の見通しが立ち、貿易・為替自由化に踏み切った時期でみれば、ＯＥＥＣ諸国と日本では数年の差にすぎないが、自由化後の貿易構造の面では質的な大きな差異を生じた。日本の貿易構造は、世界最大の経済大国であるアメリカとの貿易におい

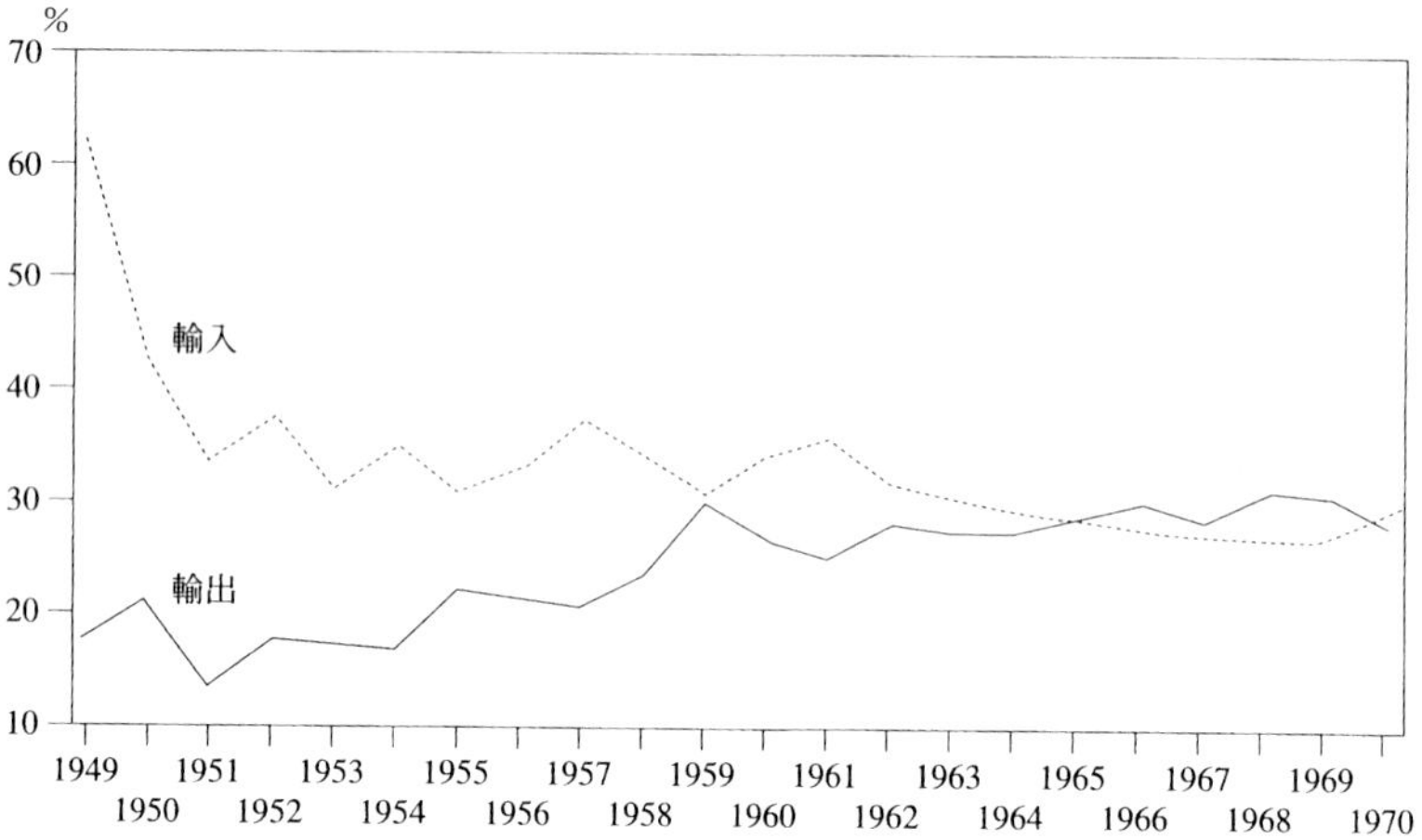


図4　日本の貿易額に占める対米貿易の比率（1949–1970年）

出所：図3と同じ。

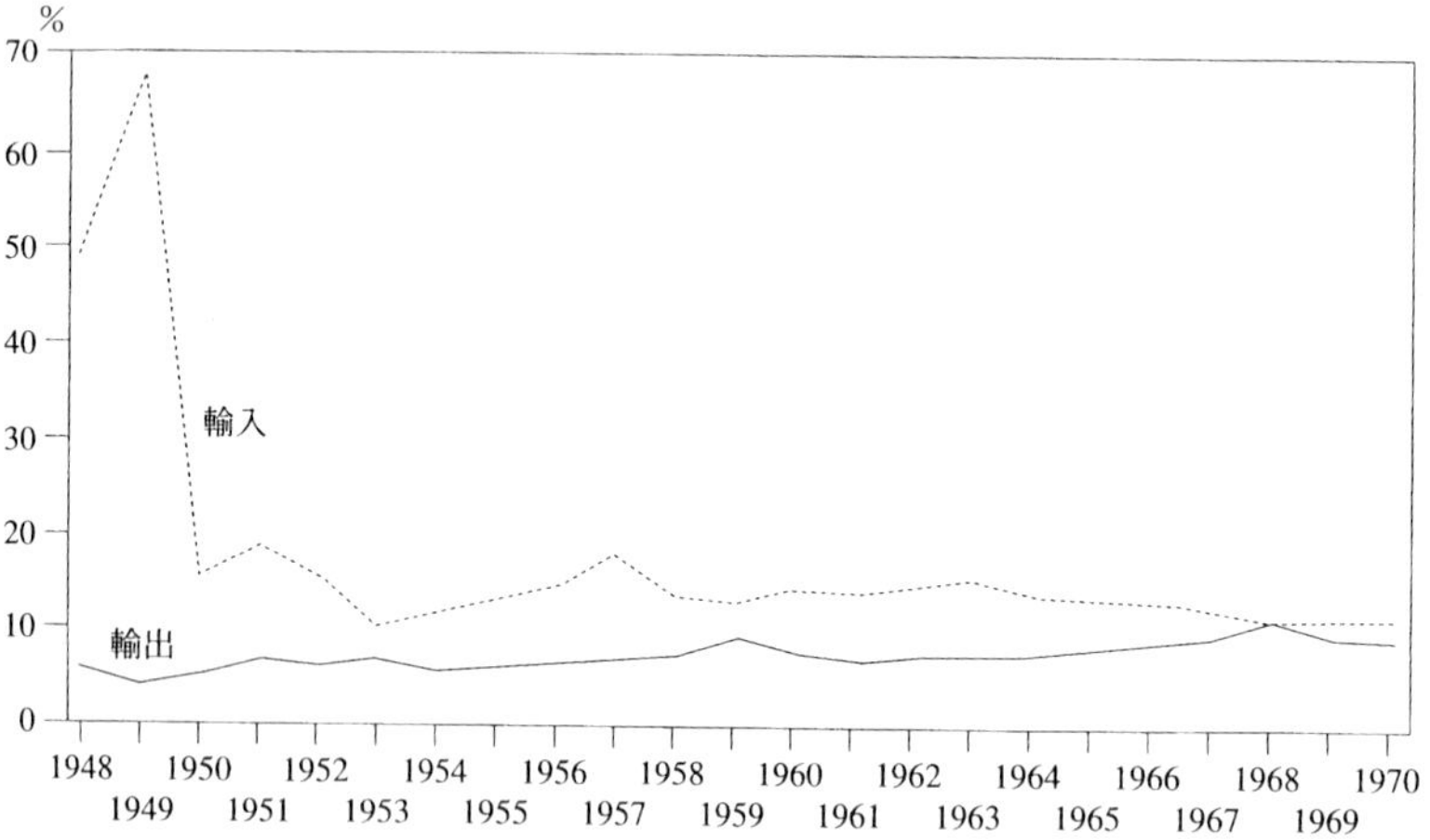


図5　西ドイツの貿易額に占める対米貿易の比率（1948–1970年）

出所：B. R. Mitchell, *European Historical Statistics, 1750–1975*, p. 549より作成。

て均衡を達成しなければ経済的に「自立」できない特質を持ったのである。

注

(1) 池田勇人『均衡財政』(実業之日本社、一九五二年) 二二九頁。

(2) William S. Borden, *The Pacific Alliance: United States Foreign Economic Policy and Japanese Trade, 1947–1955*, University of Wisconsin Press, 1984.

(3) *Ibid*, p. 101.

(4) ドッジ・ラインの全体的な構図については、本書第四章を参照。

(5) アメリカの対外援助の歴史的推移については、Legislative Reference Service, Library of Congress, *U. S. Foreign Aid: Its Purposes, Scope, Administration, and Related Information*, Government Printing Office, Washington, 1959 (邦訳『アメリカの対外政策　歴史／理論／政策』(板垣與一編、佐藤和男訳、日本経済新聞社、一九六〇年)、川口融『アメリカの対外援助政策』(アジア経済研究所、一九八〇年) 参照。

(6) 対日援助の大部分はガリオア援助 (Government and Relief in Occupied Area) であり、一九四六―一九五一米会計年度に総額約一八億六三〇〇万ドルにのぼった。そのほかに、占領期には米軍払下げ物資約七三一〇万ドル、余剰奨励物資約四〇六〇万ドルの援助が行われた。

(7) 一九四九米会計年度 (一九四八年七月―一九四九年六月) の経済援助の対国民所得比は、フランス六・五%、イタリア五・三%、ドイツ (＝トリ・ゾーン) 一一・九% (ガリオア援助を除く)、イギリス二・四%であり、一九五〇会計年度の対日援助のそれは五・六% (一九四九年度の国民所得で除して求めた) であった (A. S. Milward, *The Reconstruction of Western Europe 1945–51*, Methuen, London, 1984, p. 96)。一九四九米会計年度において、ドイツはマーシャル援助 (三億八八〇〇万ドル) のほかに、約一・五倍にのぼるガリオア援助 (五億七九〇〇万ドル) を受けたので、ガリオア援助を含めれば、ドイツの数字は七%程度になるだろう。

(8) Immanuel Wexler, *The Marshall Plan Revisited*, Greenwood Press, 1983, pp. 18–23.

(9) Camillo Daneo, *La politica economica della ricostruzione, 1945–1949*, Einaudi, 1975, p. 249.

(10)『ドレーパー報告』(時事通信社、一九四八年)。

(11) Minutes of NAC, Meeting No. 93, April 21, 1948 (National Archives, RG56).
(12) 通商産業省編『通商産業政策史』第二巻（一九九一年）第一章「対日占領政策の推移」〈三和良一〉一六二—一六三頁。
(13) 大蔵省財政史室編『昭和財政史—終戦から講和まで—』第一三巻「見返資金」〈柴田善雅〉（一九八三年）九二〇頁。
(14) Milward, *op. cit.*, p. 101. 一九四八年四月—五一年末までの合計。
(15) *Statistical Abstruct of the United States*, 1953, pp. 892–893. 一九四八年三月—五一年末までの合計。
(16) Economic & Scientific Section, SCAP, "The Possibility of a Balanced Japanese Economy (Green Book)", October, 1947（前掲『昭和財政史—終戦から講和まで—』第二〇巻〈英文資料〉一九八二年、五二八—五二九頁）.
(17) "Foreign Aid Appropriation Bill for 1950—Hearings before the Committee on Appropriations, House of Representatives, Eighty First Congress, First Section, on the Foreign Aid", p. 107.
(18) 日本鉄鋼連盟『戦後鉄鋼史』（一九五九年）五七頁。
(19) 同上書、六三頁。
(20) アメリカの繊維産業、綿花栽培業者と、日本綿業との関係については、H. B. Schonberger, *Aftermath of War: Americans and the Remaking of Japan, 1945–1952*, The Kent State University Press, 1989, pp. 182–184（邦訳『占領　一九四五〜一九五二——戦後日本をつくりあげた8人のアメリカ人』宮崎章訳、時事通信社、一九九四年）が詳しい。
(21) 日本綿花協会『米国綿花政策と現行関係法規』（一九五六年）八九頁。
(22) 日本紡績協会『戦後紡績史』（一九六二年）二六—二八頁。
(23) 日本とアメリカとのガリオア返済交渉は、一九六二年に協定の調印に至ったが、西ドイツの例（一九五三年協定調印）にならって、援助額の約三割、四・九億ドルが一五年賦で返済されることになった（前掲『昭和財政史—終戦から講和まで—』第一三巻、一〇九二—一〇九五頁）。
(24) 大蔵省理財局見返資金課編『見返資金の記録』（大蔵財務協会、一九五二年）二〇四—二〇五頁。
(25) 現在では、ＩＭＦ、世界銀行と援助受入れ国との関係に、この傾向は典型的にみられる。
(26) A. Milward, *op. cit.*, pp. 86–87.
(27) 島田巽『マーシャル・プラン』（朝日新聞社、一九四九年）七〇—七一頁。

(28) 改革から復興への政策転換を示すアメリカ政府の公式文書は、国務省政策企画室が一九四八年五月に原案を作成し、国家安全保障会議（NSC）において同年一〇月七日に一部を除き承認された、「アメリカの対日政策に関する勧告」（NSC一三／二文書）である。

(29) 陸軍次官のヴォーヒーズは、「エロア援助はECA援助の代わり」だと述べている（U. S. Congress House, "Government and Relief in Occupied Areas and Ecnomic Rehabilitation in Occupied Areas", May 17, 1949, p. 932）。

(30) コルナイ・ヤーノシュ『「不足」の政治経済学』（盛田常夫訳、岩波書店、一九八四年）第六章。なお、早い時期からコルナイの理論の日本の歴史分析への応用を試みたのは岡崎哲二である。

(31) Minutes of NAC, Meeting No. 112, December 3, 1948（National Archives, RG56）.

(32) ドッジは、一九四九年三月七日の声明で、通貨改革を実施する意図のないことを言明したが、来日前にすでにこの方針は決定していたのではないかと思われる。

(33) 西成田豊「占領期日本の労資関係―『拘束された経営権』の問題を中心に―」（中村政則編『日本の近代と資本主義』東京大学出版会、一九九二年）および本書第三章を参照。

(34) I. Wexler, *op. cit.*, p. 36.

(35) マーシャル・プランと労働運動の関係については、詳しくは、Anthony Carew, *Labour under the Marshall Plan*, Manchester University Press, 1987 参照。

(36) Ronald L. Filippelli, *American Labor and Postwar Italy, 1943-1953*, Stanford University Press, 1989.

(37) W. A. Brown Jr. & Redvers Opie, *American Foreign Assistance*, The Brookings Institution, Washington, 1953, p. 158. A. S. Milward, *op. cit.*, p. 120.

(38) W. A. Brown Jr. & Redvers Opie, *op. cit.*, p. 188.

(39) *Ibid.*, p. 243.

(40) "Dodge's Statement on the Japanese Budget", April 15, 1949（前掲『昭和財政史―終戦から講和まで―』第二〇巻、七七二頁）.

(41) "Yen Counterpart of GARIOA and EROA Imports", SCAPIN 1988, April 1, 1949（前掲『見返資金の記録』一四七―

一五二頁、前掲『昭和財政史—終戦から講和まで—』第一三巻、九三五—九三六頁）.

(42) 大島寛一「見返り資金の経緯について」一九五二年（大蔵省資料）二四頁。

(43) 一九四九年六月一七日の日本政府試案（前掲『昭和財政史—終戦から講和まで—』第一三巻、九八〇頁）。

(44) 『日本興業銀行五十年史』（一九五七年）八二〇—八二一頁。

(45) 邦語の文献でこの問題に触れているものに、皆村武一『イタリアの戦後改革』（晃洋書房、一九八五年、六六—八〇頁）がある。

(46) Camillo Daneo, *op. cit.*

(47) Chiarella Esposito, *America's Feeble Weapon: Funding the Marshall Plan in France and Italy, 1948–1950*, Greenwood Press, 1994, Chap. 5.

(48) 吉田茂は計画嫌いであり、徹底した自由経済論者であったといわれる。しかし、彼には確固とした経済思想があったわけではなく、第一次吉田内閣では統制経済派（和田博雄ら）を起用することをためらわなかった。

(49) Vera Zamagni, “Betting on the Future. The Reconstruction of Italian Industry, 1946–1952”, Josef Becker & Franz Knipping (eds.), *Power in Europe?: Great Britain, France, Italy and Germany in a Postwar World, 1945–1950*, de Gruyter, Berlin-New York, 1986, p. 289.

(50) Augusto Graziani (a cura di), *L'economia italiana dal 1945 a oggi*, il Muliuo, 1972, p. 33.

(51) Marcello De Cecco & Francesco Giavazzi, “Inflation & Stabilization in Italy, 1946–1951”, R. Dornbusch & W. Nolling (eds.), *Postwar Economic Reconstruction and Lessons for the East Today*, The MIT Press, 1993.

(52) 林雄二郎編『日本の経済計画』（東洋経済新報社、一九五七年）一〇六頁。

(53) ロバート・ソロモン『国際通貨制度研究　一九四五—一九八七』（山中豊国監訳、千倉書房、一九九〇年）二三—三〇頁。

(54) ジャン・V・ムラデク、アーネスト・A・ウィチン「日本の外国為替及び外国貿易管理に関する報告書」（『外国為替』第一号〈一九五〇年四月一五日〉、第二号〈一九五〇年五月一日〉）。

(55) W. Borden, *op. cit.*, pp. 137–142.

# 六　戦後改革の帰結

## (一)　非軍事化と民主化との関係について

戦後経済改革は、私的所有権の大規模な移転を伴う経済的・社会的な変革であった。株式会社払込資本金の四二％に相当する株式を強制譲渡の対象とした財閥解体・独占禁止政策や、全国の小作地の約八〇％を強制譲渡させた農地改革のような大規模な改革は、社会経済秩序が強固であるときには起こりえない。また、戦後改革期には、労働改革、財政制度改革などの経済システムに直接的にかかわる改革はもとより、民法改正による家族制度改革や、選挙制度改革を始めとする政治制度改革なども、並行して実施され、経済システムに大きな影響を与えた。

「民主化」と呼ばれたこれらの諸改革が根本的な変革であったことには疑問の余地がないようにもみえるが、他方には、そうした評価を疑問視する見解も存在する。たとえば、三和良一は、戦後改革は経済システムの根本的な変革ではなく、戦間期に開始された「現代資本主義化」を推進しただけであったと、次のように述べている(1)。

(1)　占領政策の目的は非軍事化にあり、「経済民主化」は、非軍事化という目的を実現するための手段にすぎなかった。

(2)　ＧＨＱは、「経済民主化」とは「封建的」制度の改革だと考えたが、これは、講座派マルクス主義的な誤った日本資本主義理解にもとづくものである。誤った理論に立脚した「経済民主化」政策は、非軍事化の手段としても適合的であったかどうかは疑わしい。

(3)　戦後改革は、占領軍の意図とは異なり、結果的には、一九三〇年代の高橋財政期にはじまる階級宥和政策としての「現代資本主義化」を推し進める役割を果たした。

三和は、「民主化」は非軍事化の手段と述べながらも、戦前の日本経済はすでに封建的ではなく、「民主化」=近代化は達成されていたのだから、「民主化」という課題設定自体が的はずれであったとし、結局は、手段としての役割も否定している。三和の指摘するように、占領軍が用いた「封建的」という用語が、厳密な意味内容を持っていなかったことは事実である。また、講座派理論の「国内市場狭隘論」も、今日ではそのままでは通用しないだろう。しかし、これらのことは、占領軍が実施した戦後改革が、変革であったことまでを否定する根拠とはならない。(2)

占領の目的が非軍事化にあるという主張は誤りではないが、それは、いずれの戦後処理にも当てはまる特徴であり、第一次世界大戦後とは異なる第二次世界大戦後の占領政策の特徴を示すには不十分である。占領政策を、狭義の非軍事化=武装解除に終わらせずに、広範な国内改革をも実施するというアイディアは、「反ファシズム戦争としての第二次大戦の体験から生み出された新しい構想」(3)であった。枢軸国が軍国主義国として復活することを防ぐには、政治・社会・経済構造の根本的な変革が必要と考えられたのである。

対日占領経済政策が、軍需産業の解体などの武装解除だけでなく、経済システムの改革を通じた安全保障の実現を意図したことは、「初期の基本的指令」（ＪＣＳ一三八〇―一五）が、経済面における占領政策の目的として、①兵器産業・軍需生産の除去、②再軍備を支える経済的能力の破壊、③賠償・返還の実施、と並べて、④平和的・民主的勢力の助長、⑤占領目的を達成し、日本が平和的貿易国家として復帰するための措置、を掲げたことからも明らかであろう。

他方で、改革面を強調する議論にも陥穽がある。改革重視論は、戦後改革期を、徹底した改革の試みとその挫折の過程として描く傾向がある。古くはビッソン『日本における民主主義の展望』(4)の「挫折した占領改革」論から、油井大三郎の「未完の占領改革」(5)像に至る代表的な占領史研究にみられる見解である。「挫折した占領改革」という視角は、別の歴史的な選択肢の存在に気付かせることにより、実際にたどった歴史過程の特徴を鮮明にすることができるという点で、歴史把握の方法としては有効である。しかし、「挫折した占領改革」論においては、改革の目的が抽象的・理念的になりがちである。そのために、改革を自己目的化する議論であるとか、空想的な理想論であるとかといった批判を招きかねない。

いかなる改革も無限に継続するわけではなく、ある時点で制度化され、政治・社会・経済システムのなかに定着する。戦後改革をとらえる場合には、改革の限界を確認することで終わらずに、改革がどのような形で制度化されたのかを見届ける必要がある。

また、改革は、国内的な枠組みのなかに定着し、制度化されるだけでなく、国際的な枠組みの中に組み込まれる。日本の戦後改革については、アメリカを中心とする戦後世界秩序のなかで戦後改革が定着し、制度化された側面が重視されなければならない。

以上から、本章の視座はおおよそ明らかになったと思われるが、「民主化」という用語について補足説明をしておきたい。占領期においては、「民主化」は「改革」とほぼ同義に使われ、労働者の権利の拡大、男女同権、株式所有の分散など、あらゆる改革は「民主化」と呼ばれた。占領改革のモデルは、アメリカ合衆国のシステムであったので、

「民主化」をアメリカナイゼーション（アメリカ的なシステムを目指した改革）と呼んでも構わない。しかし、アメリカナイゼーションという場合には、「民主化」よりも広く、ドッジ・ラインなどの占領後期の改革や、経営技術の導入なども含まれるであろう。

## (二) 民主化――独占禁止政策を中心に

### 1　占領政策における独占禁止

占領期の三大経済改革のうち、財閥解体・独占禁止は、従来の研究史において、その歴史的意義が明確に位置づけられていないように思われる。農地改革や労働改革に関しては、改革の定着過程についての、ある程度の共通理解が学界に存在しているが、財閥解体・独占禁止政策、とくに独占禁止政策に関しては、改革の定着過程についての評価が定まっていない。(6) 一般的には、占領後期以降、独占禁止政策はしだいに形骸化されたと説明されることが多い。しかし、独占禁止政策が、戦後日本の経済制度に組み込まれ、現在まで存続していることを考えれば、形骸化だけでは十分な説明にはならない。

また、寡占・独占が支配的な現代経済において、独占規制を図るのはアナクロニズムであるとし、独占禁止政策を特殊アメリカ的な歴史状況から生じた世界的に見れば例外的な思想だと見做す傾向があった。(7) このような理解に立てば、反独占思想・独占禁止政策は普遍性を持たないことになり、独占禁止政策が、異なった思想風土を持つ国や地域に定着するのは困難だと見做される。しかし、現実には、第二次大戦後になってから、多くの国々が独占禁止政策を採用しはじめた。このような、独占禁止法・政策の普及(8)は、アナクロニズム論や例外論では説明できない。

対日占領政策においては、カルテルの解体・禁止を重視したドイツとは異なり、財閥解体が優先された。占領側が着目したのは、金融や流通を通じて広範な経済領域を支配し、さらには政治にも影響力を及ぼす企業結合体＝財閥であった。財閥解体が最優先目標として掲げられ、独占禁止や集中排除は財閥解体を補完する政策であった(9)。財閥解体が開始されてからしばらく後に出された一九四六年三月の「日本の財閥に関する調査団報告書」（エドワーズ報告書）において、財閥解体と並んで、カルテル規制等の独占禁止政策の採用が打ち出された。

財閥解体を詳細に検討した最初のアメリカの政策文書は、一九四五年一月に国務省外国経済局極東課が作成した対日経済政策案である(10)。この文書は、財閥が商社の海外活動や、植民地への企業進出を通じて侵略の協力者となってきたこと、金融・海運・保険・原料の独占的支配によって中小企業の発展を抑制してきたこと、政治に対して影響力を及ぼして民主主義を阻害してきたことを指摘して、財閥の解体と、大企業と政府との分離を実施すべきだと述べている。財閥解体政策は、一九四五年八月二二日に「初期の対日方針」（ＳＷＮＣＣ一五〇／三）に具体的に明記され、占領政策の中心に据えられた(11)。

所有株式の強制譲渡による財閥持株会社の解体というドラスチックな構想（上記の一九四五年一月案では財閥家族、財閥本社株式の無償での没収を掲げていた）は、私的所有権を尊重するアメリカ民主主義の原則からは逸脱するものであった。こうした大胆な方針を正当化する理由として挙げられたのは、財閥が戦争への協力者であったということと、明治期以降、国家の特別の庇護を受けてきた（すなわち、公正な競争を通じて巨大化したのではない）ということであった(12)。

財閥解体の優先は、決して、独占禁止・集中排除政策の軽視を意味するわけではない。財閥解体が、戦争を支えた旧体制の解体、すなわち非軍事化の側面を示しているとすれば、独占禁止は新たな枠組みの構築であり、「民主化」の側面を表わしているといえよう。財閥解体・独占禁止政策に関して包括的な政策を提示したエドワーズ報告書は、財閥の復活を阻止するための提案として、①反トラスト法の制定、②特許法の改正、③会社法の改正、④協同組合法の改正を掲げている。

この提案で、とくに注目したいのは、独占禁止法の制定の必要性を、たんに財閥の復活阻止の観点から主張しただけでなく、「民主的工業国家において一般的に受け入れられるべき」私的制限からの営業の自由（business freedom）の原則の日本への適用という点からも重視したことである。生産・貿易・雇用を促進するために国際貿易における競争制限的行為を抑えるための原則としてアメリカ政府が提起し、国連機関に採用するように促したこの原則が、日本の独占禁止政策の基礎におかれるべきだとされたのである。(13)

## 2　アメリカにおける反独占思想

このように、日本の占領改革における財閥解体・独占禁止政策は、旧経済システムの解体（非軍事化）であると同時に、新たな経済システムの移植（アメリカナイゼーション）の過程でもあった。そこで、日本に導入されたアメリカの反独占政策の歴史的起源とその後の推移を、簡単に振り返っておきたい。

まず、十九世紀以来のアメリカの反独占政策には二つの理念がある。一つは、競争の維持であり、もう一つは私的権力の分散である。競争の維持という理念は、現在では経済的な効率性の考え方と密接な関係があるように思われがちであるが、歴史的に振り返れば、十九世紀末の独占禁止思想には、現在のような経済的効率性の観念は弱かった。(14)競争の維持とは、市場を最大限に開放して機会の公平を図り、競争状態を確保することであり、経済的な効率性は目的というよりも、結果にすぎなかった。

一九七〇年代に興隆し、八〇年代に強い影響力を発揮した独占禁止法におけるシカゴ学派（経済学のシカゴ学派と近い立場に立つ）の議論は、経済的効率性を独占禁止政策の目的とするが[15]、この学説は、アメリカの独占禁止思想史のなかではむしろ特異である。シカゴ学派は、市場の復元力に対して信頼をおき、政府の介入を最小限に抑えて、独占規制をカルテル規制に限定する説であり、ニューディール期から一九七〇年代までの独占禁止思想の対極にある。この学説が興隆した背景に、アメリカ産業の国際競争力の低下という現実があったことはいうまでもない。

アメリカの反独占思想の、歴史的・段階的な変化は次のようになろう。

十九世紀の反独占運動は、伝統的生活様式を維持しようとする民衆の下からの運動（ポピュリズム）であり、その方向は、ジェファーソン的な「独立自営農民の神話」に立脚していた。この段階では、まだ、連邦国家の役割は明確に意識されていなかった。

しかし、二十世紀初頭に、都市中間層を中心的な担い手として登場した「革新主義」では、独占を規制するために国家が積極的に介入することが求められるようになった。この時期には、法人企業の存在を前提とするシャーマン法に関する判例（「条理の原則」）が下され、法人企業の存在が認知された反面で[16]、独立した小企業を理想とし、国家が介入して、自由な競争を回復させるべきだと主張するブランダイス、フランクファーターが、この時代の代表的思想家として影響力を持った。

ニューディール初期のＮＩＲＡ（産業復興法）のもとでは、政府主導によるカルテル的組織化が進められ、独占規制は後退したが、後期ニューディールにおいては臨時全国経済調査委員会（ＴＮＥＣ）が設置され、独占規制がローズヴェルト政権の主要な政策の一つとなった。ブランダイス、フランクファーターも、人的にはローズヴェルトに近く、その反トラスト政策に影響を及ぼしたとはいえ[17]、この時期を代表するのは、むしろサーマン・アーノルドであろう。法学者として出発し、一九三八年に反トラスト局長に抜擢された彼の思想は、ブランダイス＝フランクファーター流の思想とは趣を異にしていた。アーノルドは、もともとは反独占政策に懐疑的であった。一九三七年の著作『資本主義のフォークロア』（*The Folklore of Capitalism*）のなかでは、反トラスト法は、経済の集中を弱める効果は発揮せず、大企業組織に対する攻撃を、道徳的、儀式的な方向にそらせ、大企業組織を強める方向に働いたと述べていた。

そのアーノルドが、司法省反トラスト局長に就任するや、熱心な独占取締官《トラスト・バスター》に変身したのであるが、彼の思想は基本的には変わらなかったように思われる。彼は、大企業の存在自体は必然と考えており、大企業の活動を監視し、競争状態を維持するためには、政府の恒常的な介入が必要だと考えた。大企業への拮抗力として、強い政府を求めたのである。ブランダイス流の思想は小生産者の保護に力点があったが、アーノルドは、消費者保護を重視した。(18) こうして、同じ反独占思想といっても、政治権力・私的経済権力の両方とも分散していなければならないとするポピュリズトの思想からは、アーノルドはかなり隔たっていた。むしろ、アーノルドの議論は、ガルブレイスの「拮抗力」の理論などと親近性がある。

しかし、ポピュリズム、「革新主義」、ニューディールという段階的な変化にもかかわらず、小生産者的な色彩は、濃淡の差はあれ、アメリカの反独占思想を彩ってきたことを忘れてはならない。

### 3　独占禁止政策の日本への導入

独占禁止政策を日本に持ち込んだ占領当局者は、どのような経済思想を持っていたのか？

日本の独占禁止政策の立案に当たったコーウィン・エドワーズは、反トラスト局においてアーノルドのもとで働いていた独占禁止法の専門家である。彼は、反トラストという言葉の意味する範囲は、経済学での競争の維持よりも広く、反独占政策は、「富や権力の過度の集中を防止し、機会が開放された状態を維持しようとする欲求」にも基礎をおくものだと述べているように、当時の通説的な独占禁止法の解釈に立っていたとみてよい。[19]

これに対し、一九四七年四月に来日し、GHQの反トラスト・カルテル課長になったウェルシュの場合は、ポピュリズム的な色彩が強烈である。ウェルシュは、独自の政策を案出したわけではなく、エドワーズ報告書をベースに作成された「日本の過度経済力集中に関する米国の政策」(FEC二三〇)を厳格に実行しようとしたにすぎなかったとされる。[20] とはいえ、あまりに厳密かつ厳格でありすぎたために、実際には、ウェルシュはエドワーズ報告書の示す方向から逸脱したともいえる。[21]

ポピュリズム的な性格が強く現われた面としては、大企業の分割を目的とした集中排除政策、アメリカのユニット・バンクをモデルにした地方分散型の金融制度改革、[22] 反独占的な中小企業政策が挙げられる。

ここで、中小企業政策に触れるならば、GHQの反トラスト・カルテル課は占領期の中小企業政策を指導し、大企業の対抗力として中小企業を育成しようという中小企業政策を打ち出した。[23] 中小企業庁設置法(一九四八年七月公布)には、こうした方向を明瞭に示している。同法の第一条には、「健全な独立の中小企業」の存在は、「国民経済を健全にし、及び発達させ、経済力の集中を防止し、且つ、企業を営もうとする者に対し、公平な事業活動の機会を確保する」とうたわれている。

しかし、占領後の時期になると、それまでの独占禁止的な側面は弱まり、中小企業政策は、産業政策=保護政策的になっていった。[24] 一九五二年八月には「中小企業の安定に関する臨時措置法」、一九五三年八月には中小企業安定法が制定され、中小企業のカルテル結成を公認し、中小企業を組織化することにより、寡占の圧力から中小企業を保護する政策がとられた。アメリカの一九五三年中小企業法が、中小企業を「反独占のシンボル」とし、競争促進のために中小企業の育成を図ったのとは大きく異なる。[25]

さて、占領当局による独占禁止政策の導入に対して、日本側はどのように対応したのか。

戦前の日本には、独占禁止政策や思想は存在しなかったというのが通説であり、今のところ、この通説を変更する必要はないように思われる。戦前の独占規制を検討した由井常彦によれば、一九一四年に岡実商工局長が、松尾音次郎に調査させた報告書「我国商工業之現在及将来—企業集中と国家—」のなかで、カルテルの規制の是非を論じたのが、カルテル規制について検討した唯一の事例であるという(26)。ちなみに、この報告書の結論は、カルテルを規制する必要はないというものであった。その後は、戦時期に至るまで独占規制の議論はなかった。一九三一年の重要産業統制法はカルテル促進法であった(27)。戦時期の一九四一年制定の重要産業団体令により、統制会が設置されて、カルテルに公的性格が与えられ、国家のイニシアティブによる強制的なカルテル組織化が実施された。

戦前期には、アメリカの独占規制が世界的には特殊であったのであり、日本に独占規制が存在しなかったことは驚くには値しない。しかし、市民革命のさいに「初期独占」に対して「営業の自由」を主張する人々の闘争が存在した西欧と、そうした歴史を持たない日本との違いを無視することはできない(28)。

独占規制の思想が存在しなかった日本の場合には、占領政策はまったくの不意打ちであり、日本政府は独占禁止政策の意味を理解しえなかった。そのことは、戦後に占領側の財閥解体・独占禁止政策の内容が具体的に明らかになっていなかった段階での、商工省の対応から明瞭にうかがわれる。商工省の「戦後産業組織ノ再編成ニ関スル基本構想」(一九四五年一一月一日)は、「国家的統制ヲ最小限度ニ止」め、「当事者間ニ於ケル自由ナル結合又ハ組織ヲ容認」し、独占の「取締ハ原則トシテ産業界ノ自主的ナル責任ト判断ニ基イテ行ハシムル」方針を示した。商工省が忖度した占領軍の「民主化」の意味は、カルテルを政府の干渉から自由にすることであった。それは、戦前の私的カルテル放任主義への回帰であった(29)。

## 4　独占禁止政策の定着

一九四七年制定の独占禁止法によって、戦前のカルテル助成政策から、「当然違法原則」(per se illegal) へと飛躍した。しかし、その後、独占禁止法は、一九四九年、一九五三年に二度にわたって改正され、独占規制は緩和された。一九四九年の改正では、事業会社の株式・社債保有が大幅に緩和され、その後の企業グループ形成に法的な根拠を与えた。[30] また、一九五三年改正では、不況カルテルや合理化カルテルが容認され、広範な独占禁止法の適用除外範囲が定められるとともに、不当な事業能力の格差排除規定（集中排除の規定）が削除された。また、事業者団体法が同年に廃止された。さらに、一九五三年の独占禁止法改正を待たずに、一九五二年以降、事実上、カルテルは、勧告操短、業種別適用除外法の制定を通じて急速に拡がっていった。[31] その後、一九五〇年代を通じて、独占禁止法は大幅に緩和されていき、一九五〇年代末から六〇年代前半にかけて、公正取引委員会は「冬の時代」に入ったといわれる。

不況カルテルや合理化カルテルを容認した一九五三年法改正が、カルテル原則禁止主義から弊害規制主義への転換であったかどうかについては、意見が分かれるが、本章では、原則禁止主義は維持されたと考える。

企業には、所管官庁（主として通産省）の許可を得ればすむ勧告操短や適用除外法によるカルテルの方が、公正取引委員会の認可を必要とする不況カルテルや合理化カルテルよりも好まれた。しかし、適用除外法を、財界は必ずしも好ましいと考えていたわけではなく、とくに、鉄鋼業界などは、適用除外法は官僚統制を招くとして批判的であった。「特定産業振興法」（特振法）の走りともいえる「産業調整法案」を、一九五六年一一月に通産省が作成したさいには、財界は反対に回った。この法案は、独占禁止法の根本改正を行う代わりに、五年の時限立法として、重要工業部門について、事業者の共同行為を認め、独占禁止法の適用除外とする内容であった。カルテルの許可権を手中に収めるこ

とが通産省の狙いであった。(32)

財界の一般的な意向は、独占禁止法の全面改正によるカルテル原則禁止主義の撤廃であった。一九五〇年代後半に、貿易為替自由化が日程に上ると、財界のカルテル規制の緩和要求はますます強まった。政府は、一九五七年に独占禁止法審議会（会長中山伊知郎）を設置し、この審議会の答申（一九五八年二月）の作成に際しては、カルテルの原則禁止主義から弊害規制主義への転換を法文化すべきだという意見も強かった。答申は、原則の転換はうたわなかったものの、「公共の利益」解釈の拡大（変更）、独占規制（とくにカルテル）の緩和によって、事実上、原則の転換を図ろうとした。(33)

一九五八年九月三〇日に、独占禁止法改正案は国会に提出されたが、予想に反して、農業団体、中小企業団体、消費者団体、労働組合の足並みを揃えた反対運動が起きた。全国消費者団体連絡会は、九月二六日に独占禁止法改正に反対する態度を決め、同日、「独禁法緩和反対連絡懇談会」を結成した。(34) 日本中小企業政治連盟など中小企業関係九団体は、一〇月三日に独占禁止法改正反対についての共同声明を発表、(35) 全国農協中央会も一〇月一三日に反対決議を出した。(36) さらに、農林省も批判的な態度を取った。(37) 結局、独占禁止法改正案は、臨時国会においてほとんど審議されないまま、一二月七日に審議未了、廃案となったのである。とくに、農業団体の反対が決定的な意味を持ったといわれる。

一九五八年に独占禁止法改正が挫折したのちも、経団連、経済同友会などは独占禁止法の全面改正を求め続けたが、政府は、全面的な改正を行わない方針に転換したようである。鉄鋼業において公販制度が成立し、カルテル規制がほとんど骨抜きになったといわれる一九五八年に、カルテル原則禁止規定はかろうじて維持されることになった。これが、占領後における産業政策との調整を経て、独占禁止政策が定着した時点とみることができよう。

ほぼ同じ時期に、ドイツでは、競争制限禁止法（一九五七年七月）によって、カルテルの原則禁止主義が採用され、戦前の弊害規制主義（一九二三年一一月カルテル令）から大転換した。この法律は、二度の改正後の日本の独占禁止法と同じく、多くの適用除外規定を設けていた。定着までの過程は、ドイツと日本では異なったが、最終的な到達点は類似していたといえる。

## 5 国際的な枠組み

第二次大戦後、先進国は、相次いで独占規制法を制定し、独占規制は国際的なレジーム（自発的な合意による国際的な規範）となった。こうした先進国における独占規制の導入について、アメリカはどの程度介入したのであろうか。ドイツには独自に形成された反独占思想が存在してはいたが、競争制限禁止法の制定過程には占領軍としてのアメリカが直接的に介入した[38]。イギリスの場合も、アメリカは経済援助の供与の交渉を通じて、独占規制法の制定を強く働きかけ、一九四八年に「独占と制限的取引に関する調査委員会」が設置された[39]。

第二次大戦期から大戦直後にかけて、アメリカ政府は、独占禁止政策を国際的なレジームにすることに熱心であったが、その後は積極的な介入は行わなくなった。

第二次大戦期に、アメリカは国際カルテルに対する激しい攻撃を展開した。戦前は、国際カルテルは規制されておらず、ヨーロッパ諸国は、大恐慌期に不況克服の手段として国際カルテルを活用しようとし、国際連盟を通じて国際カルテルを管理する構想を立てた[40]。

戦時期にアメリカが行った国際カルテルに対する猛烈な非難キャンペーンは、ドイツ攻撃の一環であった。戦間期に国際カルテルに加盟していた企業の数がもっとも多かったのはドイツであった。アメリカの反トラスト局は、相当数の戦略物資のパテントが国際カルテルの管理のもとにおかれていることを取り上げ、アメリカ企業とドイツ企業との間のこうした陰謀が、国防を危険にさらしていると非難した。(41)

一九四四年九月には、ローズヴェルトは、国際カルテルへの対抗は戦後アメリカの経済政策にとって決定的に重要であると言明し、一九四八年には「ハバナ憲章」第五章「制限的取引慣行の規制」が策定されることになった。「ハバナ憲章」では国際カルテル禁止原則がうたわれ、ここにアメリカ的な原理がグローバル・スタンダードとして採用されたのである。

日本でも、一九四五年一一月六日の指令「持株会社の解体に関する件」は、日本政府に国際カルテル禁止の措置を執るように命じており、一九四七年の独占禁止法にも第六条に「国際協定又は貿易協定の禁止規定」が盛り込まれた。また、一九五三年の日米通商航海条約には、二国間での制限的取引の禁止に関する合意が盛り込まれている。(42)

「ハバナ憲章」までの動きが急激であったのに対し、その後の独占規制のグローバル・スタンダード化の歩みは緩慢であった。GATTの規定では、「ハバナ憲章」の原則は最大限遵守されるべきとの申し合わせがなされたにとどまった。一九六〇年にGATT総会決議で、「国際貿易における競争を制限する取引慣行が、世界貿易の拡大と諸国の経済発展を妨げ、よって関税引き下げと数量規制撤廃の利益を無効にし、その他GATTの目的を侵害するおそれのあることを認め」たが、規制については二国間、多国間の適切な方法に委ねられた。

第二次大戦直後に、アメリカが独占規制のグローバル・スタンダード化の方向付けをしたことは確かであるが、その後の西欧諸国の独占規制はむしろ各国で自発的に導入されており、ジュリアーノ・アマートの指摘するように、戦後の独占規制を、アメリカと西欧の二つの別の歴史的起源から説明することも可能である。(43)

## (三) 非軍事化——軍需産業の解体と「復活」を中心に

### 1 軍需産業の解体

次に、非軍事化を軍需産業(とくに兵器産業)の解体と復活の側面から検討し、経済の軍事化が進展せず、非軍事化が貫徹された理由を明らかにしたい。

占領期には、軍需産業の解体だけでなく、潜在的な戦争支持能力の抑制が図られた。「戦争支持能力」の規制と賠償政策とは密接に関連していた。すなわち、賠償計画により、日本国内に残置することが許容される生産能力の規模が確定され、「戦争支持能力」規制によって、将来の復興のペースや上限が定められるはずであった。しかし、賠償規模も、「戦争支持能力」の制限も、冷戦の開始とともに緩和されていき、最後には名目だけとなった。

兵器生産については、一九四五年九月二二日のGHQの指令(「指令第三号」SCAPIN四七)により、武器・弾薬・軍用器材・海軍艦艇、一切の航空機および航空機部品の生産が禁止された。「戦争支持能力」抑制の方針は、一九四六年五月「日本の産業の生産能力の削減」(SWNCC三〇二)によって描かれた。この案では、鉄鋼・軽金属・工作機械・造船・石油精製・合成石油・合成ゴムの七業種の賠償撤去後も制限を受けるという「戦争支持産業」の広範で大幅な制限が構想された(44)。

ポーレー報告(一九四五年一二月)の厳格な方針からはじまったアメリカの対日賠償政策が、その後、急速に緩和され、一九四九年五月一二日の「賠償撤去中止の中間指令」に至った過程についてはよく知られているので、ここでは

触れない。(45)

「戦争支持能力」の規制の方も、賠償の緩和と並行して緩和されていった。一九四七年一〇月一四日「対日講和条約に含まれる諸問題に関しての政策企画室の検討結果」(PPS一〇)では、武器・航空機のみの製造禁止、民間航空、海運の〔制限付き〕許容方針が出された。そして、一九四九年九月「日本の産業に対する国防省の政策」では、アメリカ国防省は、商船の建造・保有は無制限に認め、民間航空機の製造は制限付きで認める方針を打ち出した。(46)

講和条約では、交渉の過程でイギリス、オーストラリア、ニュージーランドは造船能力、戦略物資輸入に対する規制・制限を主張したが、結局、日本に対しては、一切の経済活動の制限が課されないこととなった。

## 2　兵器生産の復活

一九五〇年六月二五日に朝鮮戦争が勃発すると、いわゆる朝鮮特需がはじまった。特需とともに兵器生産も再開された。一九五二年四月に講和条約が発効する直前までは、兵器生産は公式には認められていなかったので、大規模には行われなかった。占領期の特需統計には兵器の項目は存在しないが、一九五四年に経済審議庁が作成した「特需に関する統計」には、兵器および部品の分類がなされており、初年度(一九五〇年七月〜五一年六月)には一五〇〇万ドル、第二年度(一九五一年七月〜五二年六月)には一六〇〇万ドルの兵器およびその部品が記録されている。(47)その額は特需物資契約高の、それぞれ六・六%、六・五%に相当するが、内容はナパーム弾タンク、航空機燃料タンクなどである。兵器生産が正式に認められた第三年度(一九五二年七月〜五三年六月)には、金額は六四〇〇万ドル、特需物資契約高に占める比率は二七%に跳ね上がった。

講和条約発効に先立って、一九五二年三月にGHQは兵器生産の再開許可の指令を出した。同年四月には、賠償用にイヤマークされていた軍需工場など八五〇工場が日本政府に返還された。こうして、本格的な兵器生産が開始された。

一九五一年二月から一九五二年初めにかけて、いわゆる「日米経済協力」構想がクローズアップされた。この構想は、太平洋地域の米軍への物資供給に、日本の生産設備を利用し、さらに、日本に東南アジアにおける軍事援助計画の補助的役割を担わせようとするものであった。[48] 経済安定本部は、一九五一年二月にＧＨＱから指示を受け、主要な産業設備をすべて稼働させた場合の生産水準等を調査するいわゆる「トップレベル作業」を開始した。[49]

「日米経済協力」構想については、その輪郭は完全には明らかになっていないが、次のように解釈できよう。[50] この構想は、朝鮮戦争が全面戦争に発展した場合のアメリカの軍需物資の供給力に不安を抱いたアメリカの軍当局の利害と、日本を外交的にアメリカの側に引きつけておくためには、日本経済の復興を図る必要があり、そのためには「特需」が今後しばらく続くことが望ましいとする国務省やＧＨＱの思惑が一致したものである。[51] 経済安定本部と経団連は、日本の経済復興に好意的な立場をとるＧＨＱを後押しした。

結局、「日米経済協力」構想は実現しなかった。その理由は、朝鮮戦争が激しく闘われていたときには一致していた両者の思惑が、朝鮮戦争がしだいに膠着状態になってくると食い違ってきたからであろう。

一九五二年から五三年に兵器生産は、飛躍的に伸びたとはいえ、圧倒的に砲弾に偏っており、本格的な軍需産業復活には程遠かった。一九五二年〜五七年の米軍の発注のじつに九八％までは、弾薬類であった。[52] ＧＨＱや日本の財界が望むように、本格的な兵器生産を再開し、日本を米軍の兵器補給廠にするためには、継続的・計画的な米軍からの発注がなければならない。

しかし、こうしたＧＨＱ、日本政府や財界の一部の思惑は、日本を軍需物資の限界的な供給者として位置づけていたアメリカ軍の考えとは一致しなかった。一九五二年三月に、国防長官補佐官ナッシュは、日本は在日米軍のために何種類かの砲弾を供給すべきであるが、日本の産業に対して、日本以外の地域の米軍への軍需物資の供給までも求めるのは現実的ではない。日本において簡単な兵器産業（light armament industry）を育成することは必要だが、本格的な兵器産業（heavy armament industry）はむしろ抑制すべきであると述べていた。(53)

## 3　輸出産業化の挫折

一九五三年に朝鮮戦争の停戦協定が結ばれると、兵器メーカーには行きづまるものが相次ぎ、兵器産業は構造的な不況業種となった。一九五四年に自衛隊が発足するころには、兵器産業を特需産業から防衛産業へ転換し、発展させようとする動きが出てくる。その場合、国内市場（自衛隊の調達）だけでは狭すぎて、兵器産業が経済的に成り立たないという問題があった。

通産省が事務局となった「日本産業構造研究会」の報告書『日本産業構造の課題』（一九五五年）は、兵器の国産化の必要性と可能性について分析している。この報告書は、MSA援助によるアメリカ政府の兵器提供の存在が忘れられがちだが、アメリカ政府による兵器援助がなければ、兵器は輸入に依存しなければならず、多額（年間約二億五〇〇〇万ドル）の外貨支出を余儀なくされるとしている。そこで、兵器の自給化が望まれるが、日本の工業技術水準からみると、近代化兵器産業を育成することは生やさしい問題ではない。自衛隊の需要のみでは市場としては小さすぎる。航空機、艦船、武器弾薬などを極東地域に輸出することができるならば、兵器産業は発展の可能性がある、という結論を出している。(54)

財界は、兵器産業の活路を輸出に求めようとした。武器輸出に関しては、一九四九年の「輸出貿易管理令」により、紛争地帯や共産圏への輸出を禁じた三原則が定められていた。しかし、武器の輸出が全面的に禁止されていたわけではなく、ケース・バイ・ケースで処理されていた。[55] 一九五六年には、シリア向け武器輸出問題が起きた。このときの通産省の判断は、「現在の中近東の情勢からみて完成兵器の輸出は認めない」とするものであった。[56]

ここで注目したいのは、一九五七年七月に、植村経団連副会長が岸首相に対して示した、「日本の防衛力増強のための兵器購入に関する構想」（いわゆる「植村構想」）である。それは、次のような内容であった。[57]

(1) 日本は、アメリカから兵器を、円貨で購入する。

(2) アメリカは、この円貨を用いて、東南アジア援助用の兵器を日本から購入する。

一九五七年ごろ、植村らは、頻繁にヴェトナムなど東南アジア諸国を回っており、それは兵器の売り込みが目的だとみられていた。一九五九年七月には、経団連防衛生産委員会に市場対策委員会を設置し、国産兵器の東南アジアなどへの輸出を総合的に検討することとなった。しかし、兵器輸出は成功しなかった。その理由は、一九六〇年代初めのドル防衛策で、アメリカが域外調達を制

表10　日本の防衛生産の対国民総生産比

（単位：100万円，％）

| 年度 | 防衛生産額 (A) | 国民総生産 (B) | (A)/(B) |
|---|---|---|---|
| 1954 | 78, 058 | 6, 461, 925 | 1. 2 |
| 1955 | 74, 072 | 7, 149, 489 | 1. 0 |
| 1956 | 56, 591 | 9, 193, 633 | 0. 6 |
| 1957 | 108, 790 | 10, 287, 840 | 1. 1 |
| 1958 | 102, 831 | 9, 245, 400 | 1. 1 |
| 1959 | 102, 712 | 13, 231, 248 | 0. 8 |

出所：『防衛年鑑』1962年版，278頁。

表11　アメリカの防衛調達の対国民総生産比

（単位：10億ドル，％）

| 年度 | 防衛調達額（物資・サービス） | 対GNP比 |
|---|---|---|
| 1945 | 73. 5 | 34. 7 |
| 1948 | 10. 7 | 4. 1 |
| 1951 | 33. 6 | 10. 2 |
| 1952 | 45. 9 | 13. 3 |
| 1953 | 48. 7 | 13. 3 |
| 1954 | 41. 2 | 11. 3 |
| 1955 | 38. 6 | 9. 7 |
| 1956 | 40. 3 | 9. 6 |
| 1957 | 44. 2 | 10. 0 |
| 1958 | 45. 9 | 10. 3 |
| 1959 | 46. 0 | 9. 5 |
| 1960 | 44. 9 | 8. 9 |

注：価格は1973年価格。
出所：Gregory Hooks, *Forging the Military-Industrial Complex*, University of Illinois Press, 1991, p238.

限したからである。そして、兵器産業が輸出産業として成長したアメリカの場合とは対照的に、[58]兵器生産部門は、日本経済全体にとって決定的な意味を持つ産業には発展しなかった（表10、表11）。

日本の軍需産業の発展を抑制した要因が何であったのかについては、いくつかの解釈が出されている。国民の平和意識であるという解釈、また、大蔵官僚の緊縮財政策が最大の原因であるとする説、[59]有沢広巳・都留重人らの知識層の役割が決定的だったという解釈[60]などがある。われわれは、これらの説はいずれも妥当性を持つと考えるが、さらにもう一つの解釈、兵器の国際市場は、客観的な条件からみて、日本が名乗り出ても、容易に参入できなかったであろうというもう一つの解釈をつけ加えたい。

注

（1）三和良一「戦後民主化と経済再建」（中村隆英編『日本経済史7 「計画化」と「民主化」』岩波書店、一九八九年）。

（2）講座派マルクス主義者とは立場を異にする中村隆英も、戦後改革を、「明治維新にも比すべき全面的かつ根底的な」改革であり、「『革命』と呼んでもよい」と述べているように、戦後改革＝変革説は講座派理論と一体不可分なわけではない（中村隆英「概説 一九三七―五四年」前掲『日本経済史7』一九八九年、四一頁）。

（3）油井大三郎「米国の戦後世界構想とアジア」（油井大三郎・中村政則・豊下楢彦編『占領改革の国際比較』三省堂、一九九四年）一二―一五頁。

（4）T. A. Bisson, *Prospects for Democracy in Japan*, University of California Press, 1949.

（5）油井大三郎『未完の占領改革』（東京大学出版会、一九八九年）。

（6）農地改革については、その後の農業の生産性上昇に対する寄与について意見が分かれるにしても、土地改革が定着したこと自体は争う余地がない。労働改革においては、いわゆる「逆コース」が出現したとはいえ、労働組合の法認や、団体交渉制度の普及といった戦前とは異なる水準に達したことは疑いえない。これに対して、財閥解体・独占禁止については、同族的な資本支配形態である財閥の解体には成功したものの、集中排除政策は挫折し、また、独占禁止政策は定着せず、一九七〇年代の後半に独占禁止法が強化されるまでは名目的な存在に堕していたというのが通説的な理解であろう。

(7) アナクロニズムという規定は、マルクス経済学の通説であったといってよい。たとえば、柴垣和夫「財閥解体と集中排除」(東京大学社会科学研究所編『戦後改革』7、東京大学出版会、一九七四年、六〇頁)を参照。

(8) 広渡清吾「競争法の普遍化」(東京大学社会科学研究所編『20世紀システム』5、東京大学出版会、一九九八年)。

(9) 調査団長のエドワーズ自身、占領政策の中心的な目標は財閥の解体にあり、反カルテル政策は、財閥解体の補完的政策と位置づけられていたと述べている(Corwin Edwards, *Trade Regulations Overseas*, Oceana Publications, New York, 1966, p. 655)。

(10) "Economic Policy of the United States with Respect to Japan," Far Eastern Division, Liberated Areas Branch, Foreign Economic Administration, Jan. 1, 1945(大蔵省財政史室編『昭和財政史―終戦から講和まで―』第二〇巻〈英文史料〉一一六―一一七頁)

(11) 対日政策がはやくも一九四三年から検討されはじめていながら、ようやく、日本の敗戦後になってから、財閥解体が正式に占領政策に盛り込まれた理由は、アメリカ政府内に、財閥に対して寛大な政策をとるべきだという勢力が存在したためである。

(12) 戦前の日本の代表的な民主主義者である石橋湛山が、財閥に対して好意的であったのは、財閥は日本のような後発国における工業化にとって、必要な存在であると考えたからである(「『四大財閥の解体』ほか」一九四五年一一月二四日、『石橋湛山全集』第一三巻、東洋経済新報社、一九七〇年)。この点は、財閥解体を推進した占領当局の財閥観とは対照的である。

(13) "Report by the Mission on Japanese Combines, (Edwards Report)," March 1946(日本銀行金融研究所編『日本金融史資料 昭和続編』第二四巻、二七二頁).

(14) Elenor M. Fox, "The Modernization of Antitrust: A New Equilibrium," E. Thomas Sullivan, *The Political Economy of the Sherman Act*, 1991, p. 276.

(15) シカゴ学派については、村上政博『アメリカ独占禁止法―シカゴ学派の勝利―』(有斐閣、一九八七年)を参照。

(16) 楠井敏朗『法人資本主義の成立』(日本経済評論社、一九九四年)第五章。

(17) 萩原伸次郎「ニュー・ディールの景気政策と反独占的経済思想」(廣田功・奥田央・大沢真理編『転換期の国家・資本・労働』東京大学出版会、一九九二年。のちに、萩原伸次郎『アメリカ経済政策史』有斐閣、一九九六年に収録)は、フランクファーター、ブランダイスの思想とローズヴェルト政権の政策との親和性を強調しているが、親和性だけを強調するのは一面的であろう（Nelson L. Dawson, "Brandeis and the New Deal," Nelson L. Dawson ed., *Brandeis and America*, The University Press of Kentucky, 1989)。

(18) W. D. Miscamble, "Thurmond Arnold Goes to Washington," *Business History Review*, Spring,1982, p. 10. Alain Brinkley, *The End of Reform*, Knopf, 1995, pp. 113–117.

(19) Corwin D. Edwards, "An Appraisal of the Antitrust Laws," American Economic Association, *Monopoly and Competition*, p. 173.

(20) セオドア・コーエン『日本占領革命』下（大前正臣訳、ＴＢＳブリタニカ、一九八三年）二〇八―二一六頁。

(21) 本書第一章二二―二八頁参照。

(22) 金融制度改革と独占禁止政策との関連については、本書第二章参照。

(23) 渡辺俊三『中小企業政策の形成過程の研究』（広島修道大学総合研究所、一九九二年）。

(24) 通商産業省編『通商産業政策史』第三巻（一九九二年）第四章第四節「中小企業の政策」〈柳沢遊〉、同第七巻（一九九二年）第六章「中小企業の安定化・振興と流通・消費者行政」〈植田浩史〉参照。

(25) 寺岡寛『アメリカの中小企業政策』（信山社、一九九〇年）三三―三四頁。

(26) 由井常彦「戦前日本における競争と独占ないし統制について」（『公正取引』三九五、一九八三年九月、三九六、一九八三年一〇月、三九七、一九八三年一一月）。

(27) 宮島英昭「一九三〇年代日本の独占政策」（前掲『転換期の国家・資本・労働』）。

(28) 岡田与好『独占と営業の自由』（木鐸社、一九七五年）。

(29) 前掲『通商産業政策史』第一七巻（一九九四年）二六九頁。なお、前掲『昭和財政史―終戦から講和まで―』第二巻、三八四―三九五頁も参照。

(30) 三和良一「一九四九年の独占禁止法改正」（中村隆英編『占領期日本の経済と政治』東京大学出版会、一九八八年）。

(31) 通産省の行政指導による勧告操短は、一九五二年二月の綿紡績業、化学繊維産業に対する勧告操短にはじまり、一九五七―五八年の不況時には、鉄鋼、非鉄金属、化学、繊維、セメント、紙パルプなど、ほぼ全産業に普及した。また、業種別適用除外法は、朝鮮戦争ブーム後の景気後退への対処として、一九五二年に中小企業安定臨時措置法、輸出取引法が制定されたのが最初であるが、その後相次いで適用除外法が制定された。これらの法律の定めた業種では、カルテルの許可権は主務大臣に属した。

(32) 御園生等『日本の独占禁止政策と産業組織』（河出書房新社、一九八七年）一〇二頁。

(33) 前掲『通商産業政策史』第五巻（一九八九年）第二章「占領政策の見直しと産業政策の整備」〈宮島英昭〉三七六―四一〇頁。

(34) 『朝日新聞』一九五八年九月二七日。

(35) 『毎日新聞』一九五八年一〇月四日。

(36) 『毎日新聞』一九五八年一〇月一四日。

(37) 『毎日新聞』一九五八年九月二三日。

(38) 高橋岩和『ドイツ競争制限禁止法の成立と構造』（三省堂、一九九七年）第三章。

(39) Tony Freyer, *Regulating Big Business: Antitrust in Great Britain and America 1880–1990*, Cambridge University Press, 1992, Chap. 7.

(40) 小島健「国際工業カルテルと国際連盟」（藤瀬浩司編『世界大不況と国際連盟』名古屋大学出版会、一九九四年）。

(41) Freyer, *op. cit.*, pp. 223–229.

(42) 内田宏・堀太郎『ガット―分析と展望―』（日本関税協会、一九五九年）一四五―一四六頁。

(43) Giuliano Amato, *Antitrust and the Bound of Power*, Oxford University Press, 1997.

(44) 前掲、三和「戦後民主化と経済再建」一一五頁。

(45) 前掲『昭和財政史―終戦から講和まで―』第一巻「賠償・戦後処理」〈原朗〉（一九八四年）。

(46) 三和、前掲論文、一一五、一四二―一四三頁。

(47) 総合研究開発機構〈ＮＩＲＡ〉戦後経済政策資料研究会編『経済安定本部　戦後経済政策資料』第二六巻（日本経済評論社、一九九五年）三四〇―四〇二頁。

(48) 一九五一年二月一日、アメリカの軍需生産局は、"Japan as a Source for Supply of U. S. Military Requirement"（米

国の軍需供給源としての日本）という勧告を採択した。

(49) 稲葉秀三監修『日米経済協力』（経済問題調査会、一九五一年）一五七―一六四頁。

(50) 現時点の研究の到達点は、中村隆英「日米『経済協力』関係の形成」（『年報　近代日本研究』四、一九八二年）である。

(51) 財界はいち早く反応し、一九五一年二月九日には経団連は日米経済提携懇談会（会長長崎英造）を発足させ、三月一五日に「日米経済の協力態勢に関する意見」を発表した。

(52) 日本兵器工業会『武器生産構造調査』（一九五七年）九六頁。

(53) *Foreign Relations of the United States, 1952–54*, Vol. XIV, Part 2, 1985, pp. 1221–1222.

(54) 日本産業構造研究会編『日本産業構造の課題』下（電力経済研究所、一九五五年）二四三―二四七頁。

(55) ちなみに、それよりもはるか後になるが、一九七六年に政府の統一見解が出され、三原則適用地域以外への兵器輸出も慎むこととなった（櫻川明巧「日本の武器禁輸政策」『国際政治』第一〇八号、一九九五年三月）。

(56) 『日本経済新聞』一九五六年四月二五日。

(57) 『防衛生産委員会十年史』（一九六四年）一六八―一七二頁。

(58) 一九五四年に、アメリカの防衛関連産業（兵器・航空機・エレクトロニクス）の輸出額は、全輸出額の二三%を占めた(Gregory Hooks, *Forging the Military-Industrial Complex*, University of Illinois Press, 1991, pp. 260–261)。

(59) 大嶽秀夫「日本における『軍産官複合体』形成の挫折」（大嶽秀夫編『日本政治の争点』三一書房、一九八四年）。

(60) Laura E. Hein, In Search of Peace and Democracy: Japanese Economic Debate in Political Context, *The Journal of Asian Studies*, 53-3, August, 1994.

## 七　高度成長への道

政治上の大事件で時代を区切ることが容易な政治史と異なり、連続した数量的な変化を対象とする経済史においては特定の年次を歴史の転換点として示すことは困難である。しかし、フランス革命や明治維新のような明瞭な画期を提示しにくい経済史においても、高度経済成長の開始点を一九五五年におくことには、ほとんどの人が同意している。

そのさいに、必ず引き合いに出されるのは一九五五年の経済状況に関する一九五六年版『経済白書』である。この『白書』が、重要な歴史の証言として生き続けているのは、「もはや戦後ではない」のキャッチフレーズの巧みさもさることながら、技術革新（イノベーション）が先進諸国の成長の牽引力となりつつあることを見抜き、「日本の進路をピタリと言い当てた」(1)点にある。

一九五五年に一人当たり実質国民総生産（ＧＮＰ）が戦前（一九三四―三六年）水準を超え、日本は戦争による破壊から一応の復興を遂げた。「回復を通じての成長は終わった。今後の成長は近代化によって支えられる」という『白書』の言葉に呼応するかのように、一九五五年から目覚ましい新規設備投資熱が巻き起こり、投資主導型の力強い成長が一九七四年の石油パニックまで続く。

一九五五年を画期に、旧式の設備は次々と新しい設備に置き換えられ、また、新しい産業が続々と勃興したさまは、「新鋭重化学工業の一挙確立」と表現されるように、強烈な印象を与える。市場の拡大、労働・資本の生産要素の投入、企業内の経営革新などと結びついて、はじめて経済成長は実現するのであるから、技術革新だけで高度成長を説明できるわけではないが、そうした要素を含めて考えてみても、画期としての一九五五年は動かしがたい。

高度成長開始に先立つ敗戦から一九五五年までの戦後の一〇年間は、日本経済の進路について種々の構想が錯綜して存在していた。本章では、一九五五年ごろに高度成長型の政策体系が形成されるまでの、経済復興の諸構想を跡づけてみたい。歴史というものは後から振り返れば、あたかも最初からそのコースが既定であったかのようにみえるものであり、その時代において、いくつかの選択肢が想定されていたことは忘れられがちである。しかし、複眼的な視点から歴史像を立体的に構成するためには、忘れ去られたさまざまな構想を想起することも大いに意味があるだろう。

## ㈠　アメリカ政府の戦後日本経済構想

一九四五年一二月七日、ポーレー賠償使節団は「日本の賠償に関する中間報告」を発表した。日本の軍事大国としての復活阻止を目的としたこの計画は、兵器産業のすべてと、重工業の生産設備の重要部分を撤去して、日本の侵略を受けた東アジア諸国に引き渡そうとするプランであった。一九四六年四月一日にアメリカ政府に提出されたポーレー総括報告は、中間報告よりも日本にとってさらに厳しい内容であった。

この賠償計画がそのまま実施されていたならば、日本の工業が受けた影響は、空襲の被害とは較べものにならないほど甚大であっただろう。たとえば、鉄鋼業の場合、鋼材の生産設備はほとんど戦災の影響を受けず、敗戦時にも戦時中の最高の生産能力をほぼ維持していたが、総括報告によれば、九〇〇万トンの生産能力が撤去され、二二五万トンだけが残されるはずであった。これは、総生産量で一九二七年の生産水準へ、人口一人当たりでは一九一六年の水

準への逆戻りを意味した。(2)

こうした厳しい賠償政策は、農地改革・財閥解体・労働改革などのアメリカン・デモクラシー的な戦後改革の民主化のトーンとはそぐわないようにみえる。しかし、賠償も改革も、「終局目的」は、「日本が再び世界の平和及び安全に対する脅威とならない」ようにすること、つまり、日本の非軍事化におかれていたのである。

第二次世界大戦の処理方法は、報復的賠償や領土の併合などを戒める点で、第一次世界大戦後の処理よりもマイルドであった反面、非軍事化政策が、たんなる武装解除や兵器生産の禁止にとどまらず、枢軸諸国の「哲学の破壊」を目的とし、非占領国の政治・経済全体の構造改革にまで及ぶラディカルな性格を有していた。(3)

日本の占領に関するアメリカの基本政策（「初期の基本的指令」(4)）において、民主化は、武装解除や、軍国主義者の追放と並んで非軍事化政策の不可欠の柱として明記されている。また、賠償政策は、日本の産業構造を再編し、平和的な経済として東アジアのなかに位置づける構想と表裏一体をなしており、財閥解体、農地改革、労働改革といった民主化政策とも密接に関連していた。

財閥解体、農地改革、労働改革の三大経済改革の狙いは、戦前の経済構造の重大な欠陥を是正することにあった。経済改革を計画した人々は、戦前において労働者、農民が貧困な状態を強いられ、中産階級の成長が妨げられたことが、国内市場を狭隘にし、輸出の依存を高め、帝国主義的戦争に駆り立てたという認識を抱いていた。実際には、他の先進諸国と較べて、戦前の日本の貿易依存度（国民総支出GNEに対する輸出・輸入合計額の比率）は特別に高くはなかった。(5) 一九三〇年代日本の対外的にアグレッシブな姿勢が、貿易依存型の国というイメージを生んだのであろう。経済改革の担当者たちは、農地改革や財閥解体を通じて、所得の再分配を実施し、労働者・農民の生活水準の向上を図り、内需中心型の経済構造に再編したいと考えた。(6)

戦後日本の経済再編についての具体的検討作業は、一九四三年ごろからアメリカ政府内ではじまった(7)。そこでは、徹底的な経済改革により日本の体質改善を図ろうとするグループ（中国派・改革派）と、武装解除だけで非軍事化は十分に達成できるとするグループ（日本派・宥和派）との対立する構想が存在した。こうした二とおりの改革に対する考え方は、戦後の日本に対して、どのような形の経済復興を許容するのかという問題についても反映された。

宥和的な構想を、ロバート・フィアリー（国務省）のプラン「戦後日本経済の考察」（一九四三年七月）についてみてみよう(8)。このプランのなかで、フィアリーは、三つの案を比較検討している。第一は、日本から近代的工業設備のすべてを撤去し、海外貿易を禁止して、農業国化する案である。この案を実施すれば、三〇〇〇万人以上が失業し、広範な飢餓状態が生じるので、適当ではないとフィアリーはこの案を退ける。第二は、軽工業のみを残し、また、貿易再開も認めるが、重工業を解体し、商船隊を引き渡す案である。戦前に工業生産の三分の一を占めた重工業を解体すれば、生活水準の顕著な低下を招くことになり、これも適当でないとする。そして、兵器産業・航空機製造・造船のみを解体する第三案が、もっとも妥当だと結論づけた。

一九四三―四四年には宥和論は優勢であったが、一九四五年に入ると改革派が台頭してくる。こうした改革派の構想として、国務省外国経済局の「アメリカの対日経済政策」（一九四五年一月）を紹介しておきたい(9)。このプランは、①重工業中心型、②輸出向け軽工業中心型、③国内向け消費財中心型の三つを挙げて、戦後の日本には③が適当だとする。その理由として、重工業中心型は、平和時の資本財生産目的に再編したとしても、潜在的に軍事産業の復活の危険性をはらむこと、輸出向け消費財中心型は、一九三〇年代前半のように、資本輸出先、商品輸出先を求めて日本が侵略に走る危険性があることを挙げる。そして、内需中心型消費財生産こそアメリカの目的にかなうものと結論づける。内需型になれば、日本の貿易は縮小し、アメリカとの貿易摩擦も起きにくいし、また、東アジア諸国との間に、日本が食糧、原料を輸入し、消費財（繊維・家庭用品・自転車など）を輸出するという好ましい分業関係も成り立つからだという。

こうした内需中心型産業構造の構想は、「対日経済政策―総括説明」（SC一〇一）にまとめられ（一九四五年四月に国務省幹事会に提出）、国務・陸軍・海軍の三省調整委員会（SWNCC）による占領政策編成作業に反映されることになる。すなわち、三省調整委員会が作成した「降伏後における米国の初期の対日方針」[10]や、前掲の「初期の基本的指令」は、こうした構想を基本的に踏襲している。

「初期の対日方針」は、経済上の非軍事化措置として、①兵器生産の禁止、②軍需に関連した特定の産業部門の除去、③重工業の規模の制限、④商船保有の制限を実施するとした。ここには、重工業の復活に一定の歯止めをかける考え方が示されている。また、賠償については、①在外資産と、②「平和的な日本経済の運営」および「占領軍に対する供給」に必要な部分を除いた工場・設備・商品を連合国に引き渡す方式をとるとした。ポーレー使節団は、この方針に沿って、賠償の具体案作成の調査のために来日したのである。賠償政策についてポーレーは、日本の生産能力を国内需要に応じた範囲に限定すること、資源の国内依存度を高め、日本の輸出規模を最低輸入需要をまかなう範囲に限定することなどの基本的な方針を示しているが、これは上記の改革派のプランと一致している。

紆余曲折ののちに、占領政策は太平洋戦争初期に立てられたフィアリー案に近い線で実施されたのであり、戦前に滞日経験を持つ外交官の現実感覚の鋭さを感じさせる。それに対して、改革派は、資源小国日本において、内需中心型産業構造と国民の生活水準の維持が果たして両立できるのかをまともに検討していないなど、日本の現状をふまえていなかった。しかし、太平洋戦争期の国際関係のなかでは、フィアリー案は必ずしも現実的な案であったわけではなく、日本側からすればおよそ非現実的にみえた強硬論も、たとえば、中国側からみた場合、それなりの合理性を持っていたことには注意しなければならない。

戦時期のアメリカ側の構想では、戦後の極東の経済秩序は、中国が中心になるべきだと考えられていた。それは、人的資源と自然の富に恵まれた中国が、極東の平和のための強力な保塁（bulwark）として適当であるという理由からであったが、敗戦国日本が極東の中心になることが政治的にも、心理的にも連合国にとって受入れがたかったことはいうまでもない。ポーレーは、中間報告の発表に当たって、日本の復興は日本に侵略された東アジア諸国の最後になされるべきだと、明言している。

このように、賠償計画と結びついて、大規模な東アジアの産業地理の塗り替えが構想されたわけである。ドイツの農業国化を図るアメリカのモーゲンソー案が、ドイツの侵略によって受けた甚大な被害を、ドイツの工業設備のソ連への移転によって回復しようとするソ連に対する協調政策から生まれたように[11]、アメリカが極東において中国等との協調を重視したのは当然であろう。

中国などアメリカ以外の連合国の賠償政策については、歴史研究の遅れた分野であり、今後の解明に待つ部分が多いが、中国については、石井明と殷燕軍の研究がある[12]。

カイロ会談にのぞんで国民政府は、日本が九・一八事件（満州事変）以来中国に与えた損失を賠償すべきという方針を立て、会談で蔣介石は中国における全日本資産の中国への引き渡しと、実物賠償の支払いをローズヴェルトに求めた。

一九四五年の敗戦直後の時点における中国側の賠償要求は、ポーレー案よりもはるかに厳しい内容であった。それらの要求は、重化学工業だけでなく、繊維産業など中国にとって重要な軽工業設備も賠償の対象に含めていた。また、戦後日本に対して許容する工業水準をポーレー中間報告（一九二六—三〇年水準）よりも低く設定しており、たとえば、

「中国の対日賠償要求についての覚書」では一九二〇年水準を上限とすることを提案していた。一九四六年一〇月二一四日の『大公報』社論は、老朽化して使用に耐えないといわれる日本の機械も、中国の工業化には利用できるので、十分な賠償を日本から取り立てて中国の工業化を図るべきだと主張した。一九四七年秋になると、国民政府の賠償要求は、アメリカの対日政策の転換と歩調を合わせるためにトーン・ダウンするが、賠償問題をめぐる中国側の不満は解消されなかった。たとえば、国民参政会駐会委員会「対日賠償問題建議案」(一九四七年九月)は国内・海外の紡績を含むすべての工業設備を賠償資産に組み入れることを提案しており、中国の世論は決して軟化したわけではなかった。

## (二) 戦後改革期の経済再建構想

戦後経済計画の濫觴ともいえる外務省特別調査委員会報告『日本経済再建の基本問題』(一九四六年三月、改訂版九月)は、「ポーレー的見解に対する一種のレジスタンス」であったと言われる。[13] ちなみに、この報告書の作成には、有沢広巳、稲葉秀三、大内兵衛、東畑精一、中山伊知郎、山田盛太郎らの当時の代表的な経済学者たちが参加しており、のちに経済安定本部に移る大来佐武郎、後藤誉之助が幹事役をつとめていた(表12)。

この報告は、原料資源が乏しい日本においては、内需中心型産業構造は現実的でないと主張し、また、このような産業構造を強いることになるポーレーの賠償は過大であると次のように訴えた。「日本経済の国内市場狭隘と高度の外国貿易依存の性格を打破して国内市場を拡大して民衆の生活水準を高め、同時に外国貿易依存度を出来るだけ低からしめるという意見もあるけれども、これは日本経済の本質から見て恐らく実現不可能であろう。即ち日本の場合、労働者、農民の待遇改善による生活水準の向上は国内市場の拡大と共に外国貿易の拡大を必然的に要請するのである」。

この報告と関連して作成された外務省調査局「生活水準と日本経済」は、ポーレー総括報告によれば「日本の工業は概ね国内の需要を賄う限度に圧縮される結果」、主たる輸出品は生糸、水産物、陶磁器、雑貨、工芸品などとなり、「昭和五年の生活水準維持に必要な額の三分の一程度に縮小するであろう(14)」と批判した。

工業の振興と貿易の復興を掲げた日本側の再建構想に対して、一九四六年段階のGHQは国内市場中心型の再建構想を対置した。ボグダン、タマーニャの「日本に関する経済プログラム」（一九四六年五月三日）である(15)。この報告は、大規模な重工業の維持が日本経済にとって鍵であるという日本の政府関係者やエコノミストの主張を反駁するために書かれている。繊維産業が中心的な産業となるべきであり、生糸を中心とする繊維製品がもっとも主要な輸出製品であるべきだと主張した(16)。

表12　戦後復興期の経済再建構想・経済計画（1946–1955年）

| 名　　称 | 作成年月 | 作　成　者 |
|---|---|---|
| 1. 日本経済再建の基本問題 | 1946年3月 | 外務省特別調査委員会 |
| 2. 改訂 日本経済再建の基本問題 | 1946年9月 | 同 |
| 3. 生活水準と日本経済 | 1947年2月 | 外務省調査局 |
| 4. 経済復興計画第一次試案 | 1948年5月 | 経済安定本部 |
| 5. 経済復興計画案 | 1949年5月 | 同 |
| 6. 自立経済達成の諸条件(エオス作業) | 1950年6月 | 同 |
| 7. 自立経済計画案 | 1951年1月 | 同 |
| 8. トップ・レベル(最高生産能力)作業 | 1951年3月 | 同 |
| 9. B資料(講和全権団携行資料) | 1951年8月 | |
| 10. 昭和32年度経済表 | 1953年2月 | 経済審議庁 |
| 11. わが国経済の自立について(岡野構想) | 1953年6月 | 同 |
| 12. 総合開発の構想 | 1954年9月 | 同 |
| 13. 経済自立5カ年計画 | 1955年12月 | 経済企画庁 |

注1：「経済自立5カ年計画」が，閣議決定を経た最初の経済計画であり，それ以前の諸計画は非公式のものである。

2：1〜5は有沢広巳監修『資料　戦後日本の経済政策構想』(全3巻，東京大学出版会，1990年)，4〜12は総合研究開発機構（NIRA）戦後経済政策資料研究会編『経済安定本部戦後経済計画資料』（全5巻，日本経済評論社，1997年），13は同『国民所得倍増計画資料』第1巻（1999年）に復刻されている。

戦後の産業構造について、『日本経済再建の基本問題』は、戦後、中国・インドなどのアジア諸国の軽工業が急速に発展し、繊維製品をはじめとする日本の軽工業製品輸出が伸び悩むことを予想して、重化学工業化の必要性を説いていた。しかし、そこでイメージされた重化学工業化は、高度成長期に実現した長広重大型の重化学工業化とはやや異なっていた。「労働力が豊富で、資源不足という条件から考えてなるべく生産に手数を要し、かつ生産工程の自動化が困難な種類の工業を選ぶことが、世界分業の見地から適当」であると、電気機械、通信機械、精密機械などの産業を例示している。資源消費型の産業よりも、労働集約的な産業が、育成されるべきだとされたのである。

これに対して、ボグダンは、繊維に対する需要は今後も拡大すると世界市場の先行きに楽観的であり、「繊維産業は将来共日本産業の『バックボーン』であろう」と述べた。(17)

ポツダム宣言は、日本が将来、世界各国との通商関係を回復することを認めたものの、当面は、日本経済を維持し、かつ、賠償を支払うことができる程度の産業活動を維持する原料輸入だけを認めるとした。占領初期には、貿易は全面的に連合国の管理下におかれ、輸入物資の大半は食糧を中心とする緊急の援助物資で占められ、それ以外の貿易は厳しく制限された。GHQは、日本を封鎖経済に近い状態におこうとしていたようである。そもそも、戦時中の対日政策の検討のさいから、アメリカ政府内には、国務省のホーンベックをはじめ、日本に輸入制限を課することが再軍備を防止する手段となるという考えが根強かった。(18)

占領初期、GHQ天然資源局は、封鎖経済のもとで、国内資源を最大限開発しようと、資源政策を推進した。一九四六年一〇月に天然資源局の技術顧問として来日した地理学者エドワード・アッカーマンは、記者会見で、「もし日本国民が、利用できる天然資源をもっとも有効に活用するならば、日本の経済ならびに社会水準は高められ八〇〇〇万人の人口に快適な生活を与えることができる」という楽観論を開陳した。(19)資源問題は国内において、「調査研究と教育とによって解決される」というこの見解は、荒唐無稽にみえる。アッカーマンが、「天然資源に関する限り、日本は乏しき国とは言えない」というとき、天然資源とは耕作可能な土地、森林のことを指し、その目標は食糧自給の達成であった。まさに、ポーレー的な内需中心型経済再建に沿う資源政策であったわけである。

国内資源の有効利用を図るために、ＧＨＱの示唆により、一九四七年一二月に経済安定本部内に資源委員会が設けられた。計画経済論者のＧＨＱニューディーラーたちの積極的な支持を得て、資源委員会は、解体された内務省に代わって、国土計画に関する主導権も把握した。[20]

資源委員会（一九四九年六月資源調査会に改組）は、一九五一年までに、石炭消費節約を目的とした鉄道電化促進の勧告（一九四九年五月）、海外原料に依存する綿業や毛織物工業から合成繊維への重点移動の勧告（一九四九年六月）、木材よりも栽培に時間を要しない竹パルプ資源の活用の勧告（一九五〇年一一月）などを行った。[21]これらの勧告のなかには、合成繊維産業の育成のように、一九五〇年代の産業政策の原型となった構想もあるが、海外からの原料輸入の本格化により、ほとんど無意味となったものが多い。

しかし、国内資源開発政策でもっとも重要なのは、一九四六年一二月に閣議決定された傾斜生産方式である。「石炭超重点主義」の復興政策である傾斜生産は次のような経緯ではじまった。

鉱工業生産指数は、一九四六年に戦前（一九三四―三六年平均）の三〇・七％にまで落ち込んでしまった。一九四六年七月ごろまでに政府は、原料・燃料不足のなかでも、最大の隘路は石炭の供給にあり、「政府の全機能を挙げて石炭増産に集中すること」が必要との結論に達する。[22]政府は、一九四六年九月初めに、綿花、羊毛、塩、鋼材、銑鉄、重油、鉛、錫、銅、木材などの原料・基礎資材の輸入許可をＧＨＱに要請したが、ＧＨＱは要請品目の大半について拒否した。そこで、日本政府は、石炭の増産に的を絞って、再度、石炭の増産に必要な炭鉱用の鉄鋼類の輸入と、鉄鋼の生産拡大のための重油の輸入を要請した。[23]最終的に、ＧＨＱは、鉄鋼類はアメリカ本国でも不足しているという理由で拒否し、重油月当たり一万三〇〇〇キロリットルの輸入だけを認めたのである。

このように、一方で鉄鋼の不足が石炭増産の重大な障害となっており、他方で鉄鋼は石炭の不足でほとんど生産がストップし、要求に応じられないという状態（一九四六年には粗鋼生産量は一九四三年の七・三％にまで低下した）を、わずかな重油の輸入によって打開し、その後は鋼材を炭鉱に投入し、増産された石炭を鉄鋼の基礎物資として優先的に振り向けようとしたのが傾斜生産方式である。これは、工業生産に必要な原料の輸入がほぼ禁止されている状態のもとで、最大の国内資源である石炭に着目した復興政策であり、まさに「強制された輸入代替」（香西泰）であった。とはいえ、石炭は鉄鋼石や綿花のような原料と代替できるわけではないから、この政策は、戦時中の原料ストックが切れた時点で、限界につきあたることは必至であった。

しかし、傾斜生産方式の開始（一九四六年一二月）から約一年後に、GHQの政策は転換しはじめた。ポーレー案にもとづく賠償政策を見直すために、一九四七年一月に第一次ストライク調査団が来日し、中間賠償（ポーレー総括案の約三〇％）までで賠償を打ち切ることを本国政府に提案した。(24)

また、一九四七年五月ごろからアメリカ政府は、それまでの貿易取引に関する禁止的な政策を改め、綿製品を主体とする加工貿易を推進するようになった。極東委員会の「対日貿易十六原則」（一九四七年七月二四日）にもとづき、八月には輸出入回転基金が設けられた。これは、敗戦によりすべての在外資産を失い、金・外貨準備を連合国に押さえられた日本に対して、将来の賠償用に連合国管理下におかれていた貴金属一億三七〇〇万ドルを、外貨準備として利用させ、原料の輸入を容易にしようというものである。一九四七年八月に再開された制限付き民間貿易の主体は、繊維製品輸出であった。

この政策転換の理由は、大規模な賠償や、貿易の大幅な制限は、日本の経済を弱体化させて、いつまでもアメリカの救済援助のもとにとどまらせることになり、ひいてはアメリカの納税者の負担を大きくするという懸念にあった。

こうした「納税者の論理」に立つアメリカの世論は、すでに一九四六年秋ごろから強くなりつつあった。[25]冷戦がはじまるのは一九四七年二月、極東に冷戦が波及してくるのは約一年後の一九四八年前半であるから、「冷戦の論理」（東アジアで共産主義に対抗するために日本の工業力を利用するという考え方）より先に、「納税者の論理」によって、占領政策は転換を開始したわけである。

日本を「アジアの工場」とする方針を宣言した一九四八年一月のロイヤル声明を転機に、「冷戦の論理」によりアメリカの対日占領政策が急転換したことはよく知られている。一九四八年四月二六日の「ジョンストン報告」では、積極的に貿易の促進がうたわれた。「日本は経済復興を達成するために、現在よりも遥かに多くの原料を取得しなければならない」、「これらの原料を獲得するため、日本は他の世界諸国と再び大規模に貿易を開始しなければならない」とされ、アメリカ政府に対しては、原料買付けに必要な外貨を援助するように求めたのである。[26]

国内資源開発政策についてGHQの姿勢も転換した。一九四八年四月のアッカーマンの報告書「日本の資源と米国の政策」は、前述の一九四六年一〇月の発言とはトーンがまったく異なる。[27]日本の経済問題で「根本的に難しいのは人口に対して資源が少ない点である。現在の日本は国民の必要とする食物、燃料、衣類、住宅用の物資の最低消費さえ生産する能力を持っていない」と悲観論を展開し、日本が「分相応で徐々に生活水準が向上してゆく」道を歩むためにアメリカは、①日本の製造業に対する制限を最小限にとどめ、②輸出を自由にし、③技術援助を与え、④賠償計画を再検討しなければならない、と勧告した。内需中心型経済構造の樹立をめざしたGHQの国内資源開発政策は放棄されたとみるべきだろう。

貿易や為替に関する権限が日本政府に移され、貿易が全面的に再開されるのは、ドッジ・ライン下の一九五〇年一月のことであるが、一九四七年半ばから四八年前半の時期にすでにGHQが、内需型から、綿業を機軸とした加工貿易型へと経済再建の戦略を転換したことが注目に値する。加工貿易による経済復興の目的は、アメリカの財政負担の軽減にあったから、戦前から競争力を持ち、ただちに外貨を獲得できる繊維産業の再建が重視された（一九四七年二月にGHQは綿紡績四〇〇万錘復元を許可）。

綿業を中心とする加工貿易型再建に対して、経済安定本部は重工業型加工貿易構想を示した。「経済復興計画第一次試案」（一九四八年五月）は、「資源が貧弱であり豊富なものは労働力のみであるとすれば、労働力を商品の形にかえる工業製品の輸出に重点が置かれねばならない」とし、輸出工業としては、原材料費の部分が大きい綿業などよりも、原材料費の部分が小さく、付加価値の高い機械工業、化学工業が適当だとした。(28)

輸出軽工業優先主義は、ドッジ・ラインまで引き継がれた。日本側では、吉田茂や一万田尚登がこうした軽工業中心の輸出加工貿易の支持者であったとされ、(29)それを裏づける状況証拠も存在するが、そうした構想は、重工業化のように発展的なイメージを持つものではなかったために、あからさまに語られることは少なかった。

## （三）ドッジ・ラインとドル本位制

GHQ財政顧問として一九四九年二月に来日したジョゼフ・ドッジが実施した経済安定化計画、いわゆるドッジ・ラインについては、従来、古典派経済学的な均衡財政論の立場からインフレ収束にそれが果たした役割を積極的に評価する見解（鈴木武雄ら）と、ドッジ・ラインがなくても、生産の復興によりインフレは収束したであろうとするケインジアン的な見解（中村隆英ら）の対照的な見方が存在した。しかし、最近では、ドッジ・ラインは社会主義国の市場経済への移行と二重写しに、統制経済から市場経済への移行過程として注目されるようになった。そうした観点から、資本主義秩序の回復ないし、市場経済への復帰の政策としてドッジ・ラインを位置づける点で、研究者の意見もほぼ一致しているように思われる。

しかし、ドッジ・ラインに続いて起きた朝鮮特需については、ドッジ・ラインとは別個の偶然的な事件とする伝統的な見方が依然として支配的である。そうしたなかで、世界システム論の視角からのボーデン、マコーミックらのアプローチは新鮮である[30]。その主張は、次のように要約できよう。

戦後のアメリカの基本的な関心は、世界的に優位に立つアメリカの経済を、貿易や資本移動に制約のない多角的決済のシステムによって維持することにあった。しかし、第二次大戦によりヨーロッパ等は荒廃して、アメリカとの間に貿易のインバランスが生じ、ドル・ギャップ（国際的決済手段のアメリカへの集中）が顕在化した。ヨーロッパ諸国等は、ドル不足への対処策として、保護主義を強める危険があり、そうなれば、アメリカの自由貿易体制の再建政策にとって大きな障害となりかねない。そこで、ドル・ギャップを解消するために、アメリカは、マーシャル援助等の経済援助をこれらの地域に与える「国際的なケインズ政策」を実施したのである。しかし、アメリカ国内には、均衡財政主義に固執し、対外援助に消極的な勢力が根強く存在したので、自由貿易派は共産主義の脅威（「冷戦の論理」）を利用して、これらの勢力を説得しようとした。ヨーロッパにおいてはドイツを、東アジアにおいては日本を中心に経済復興を図るアメリカの政策は、こうした企図の一環であった。しかし、マーシャル援助はドル・ギャップを埋めるには不十分であり、一九四九年に西ヨーロッパ経済が恐慌に陥るのを防ぐことはできなかった。西ヨーロッパの自動崩壊を強く懸念したアメリカ政府は、マーシャル援助の恒常化を検討した。その結果、西ヨーロッパや日本の軍備強化を軸に、軍事援助とアメリカ軍の海外調達を実施することがこれらの地域の経済復興に有効だという結論に達した。こうして、アメリカの「国際的なケインズ政策」は、「国際的・軍事的なケインズ政策」に転換した[31]。一九五〇年六月に勃発した朝鮮戦争は共産主義に対するアメリカ国民の警戒心を高め、この政策の実現を容易にしたのである。
ボーデンらのあまりにも経済主義的な冷戦解釈には、疑問を感じないわけではないが、米軍の域外物資調達政策が、西ヨーロッパや日本の経済復興策として、朝鮮戦争以前にすでにアメリカ政府内で唱えられていたことを発見した点は高く評価できる。

しかし、ボーデンも、ドッジ・ラインを正当に位置づけていないようだ。ボーデンは、ドッジの古典派経済学的政策は、投資拡大による日本の産業の近代化、それを通じての日本経済の自立の方向を阻害するものであったと主張している。しかし、ドッジ・ラインをアメリカの対外政策と矛盾するものと考えるのは適当ではない。均衡財政の達成、金融引締め政策、単一為替レートの設定などは、今日、IMFや世界銀行が融資の条件として途上国や旧社会主義国に求める調整計画（いわゆるIMFコンディショナリティー）と類似している。というよりも、IMFの調整計画の原型がマーシャル・プランやドッジ・ラインにあったとする方が適切である。第二次大戦後しばらくは、IMFや世界銀行の活動はまだ不活発であり、アメリカ政府の対外援助がその代わりの役割を果たしていたからである。

戦後のドル本位制のもとで、各国の通貨がドルと固定相場で結びつけられたのは、それがアメリカを中心とした自由貿易体制に適合的な国際通貨システムであったためである。この体制は、各国のマクロ政策の決定権を各国に委ねるブレトンウッズ会議での方針とは異なり、為替レートの変更を原則として認めず、各国には財政政策によってISバランス（貯蓄と投資の均衡）を図ることを求めるものであった。この制度は、マッキノンが適切にも「マーシャル・ドッジ固定本位制」と呼んだように、アメリカの対外経済援助とワンセットで一九四〇年代末に設けられた(32)。

ドッジ・ラインの発端は、一九四八年五月の為替レート設定に関するヤング使節団派遣にあり、ジョゼフ・ドッジは、単一為替レートにより日本を世界経済にリンクさせるために一九四九年二月に来日した。財政の均衡化、信用の制限など九項目を列挙した一九四八年一二月の「経済安定九原則」は、単一為替レートを早期（安定政策実施後三ヵ月以内）に決定できるようにするために、日本政府に実施を求めた経済政策のリストであり、ドッジの役割は、あまり当てにできないGHQ（GHQはこの政策を積極的には支持していなかったので）に代わって、安定化政策を実施すべく、日本政府を監督することにあった。

西ヨーロッパ諸国にマーシャル援助を与えるさいに、アメリカ政府は、各国に対して、経済安定化政策の実施、経済復興計画の立案を促した。日本に対しては、飢餓救済のための食糧中心のガリオア援助のほかに、一九四九米会計年度から経済復興のためのエロア援助が供与されることになった。マーシャル援助と比較すると規模は小さいが、目的や性格は同じである。この援助計画の一環として、固定レートを導入のための安定化政策の実施を求めたのである。(33)

以後、占領が終わるまで、ドッジは計四回来日し、主として政府予算が均衡財政の枠をはずれないようにチェックした。ドッジの目的は、日本が固定レートから逸脱しないように監視することであった。ドッジは古典派経済学的な均衡財政論者であり、ドッジの政策指導に彼自身の思想が反映されていることは否定できない。しかし、基本的には、日本の経済復興政策は、アメリカ政府の対外援助やアメリカ軍の域外調達（特需）の規模によって規定されており、たとえドッジがケインジアンであったとしても、固定ドル本位制を維持する任務を帯びていた以上、それほど異なった政策をとったとは考えられない。

ドル本位制に対する日本政府の反応は、最初（一九四九年四月の単一為替レート導入）から最後（一九七一年八月の金ドル交換停止）まで、ルールを遵守する姿勢を守り続けた。表向きのルール遵守の姿勢とは裏腹に、一九五〇年代までは、アメリカによって一方的に押しつけられたルールだと反感を持って受けとめる傾向はかなり強かった。また、ドッジの緊縮政策により、一九四九年から五〇年前半にかけて不況に陥ったときには、その影響を緩和する大胆な金融政策をとった。しかし、一九六〇年代になると進んでこのルールを受け入れるようになる。その背景に、高度成長期の顕著な生産性上昇により、もはや三六〇円レートは円高レートではなくなったという事情があったことはいうまでもない。

吉田内閣の池田蔵相（一九四九年二月―一九五二年一〇月）は、ドッジの経済安定化政策の遂行に積極的に協力する姿勢を示した。しかし、反面では、減税政策、インベントリー・ファイナンス（特別会計の資産増加のための資金を一般会計からの繰入れでまかなう方法）、預金部資金の活用などをめぐっては、両者に意見の対立があり、調整に時間を要したのも事実である。

こうした協調と対立の意味を考えるうえで、池田勇人『均衡財政』（実業之日本社、一九五二年八月）は興味深い。そこでは、「健全な経済」とは「為替レートを堅持しつつ、国際収支の均衡をはかりながら、国内投資活動と国民生活との、均衡のとれた向上を確保してゆく」ことだとされている。一方では、「均衡財政」とは「融通のきかない、頑固で、重苦しいもの」というイメージは誤りであり、「財政方針は、その具体的適用においては、弾力的でなければならない」と主張する。しかし、他方では、「基準為替レートというものは、国民経済運営の中心的な指標」であるから、軽々しく変更すべきではなく、「平価の維持に影響を与えるような財政政策をとることは、まず独立の第一歩で日本が国際的信用を失うことになる」とも述べているのである。

のちに「国民所得倍増計画」を実施する池田の経済思想は、最初から「本当はケインズ派」に近かったことは、(34)当時の注意深いジャーナリストも指摘していた。(35)

『均衡財政』を実際に執筆したのは、宮沢喜一、下村治らであったが、この本が出版される少し前に、下村治はドッジの見解を激烈な調子で批判した文書をしたためていた。[36]ドッジの「輸出第一主義」は、「日本は自国の生活水準や投資を犠牲にしても世界のために大いに輸出増加をはかるべきだ」という暴論である。日本は現に国際収支は黒字であるし、特需はドッジが言うほどすぐに消滅するとも考えられないから、投資のために外貨を積極的に利用することは好ましい方法である。「ドッジ氏は資本主義経済発展の『通常の』原動力が例外なくインフレーション的過程であったという、歴史的に確認された事実を忘れている」。

下村だけでなく、当時の政府、財界の、ドッジに対する批判意識は強烈であったが、それはあくまでもドル本位制のルールを前提としたうえでの対立であり、枠組みそのものの変更が企図されたわけではない。だからこそ、一九六〇年代初めに、ドッジ、世銀、ＩＭＦといった国外からルールを強制する力が弱くなると、大蔵省が、代わって、産業界や通産省に対して、積極的にルールを守らせる役割を果たすようになるのである。

## (四)　特需と経済の軍事化構想

朝鮮戦争の勃発を契機に生じた、朝鮮戦線における物資・サービスの特別需要を「特需」と呼んだが（『日本経済新聞』の命名といわれる）、朝鮮停戦協定成立後も「新特需」の形で米軍の物資・サービスの日本からの調達は続いた（表13）。「朝鮮特需」も「新特需」も、アメリカの軍需という面では変わらないし、それが、国内で発注・調達され（調達機関は主として在日米軍兵站部ＪＬＣ）、ドルで支払われるという一種の内国貿易である点では違いがない。また、在日米軍の軍人やその家族の日本国内での個人消費（「円セール」）も含めて、「広義の特需」と呼ぶが、これも米軍がドルを日本にもたらす点では「狭義の特需」と異ならない。

表 13　特需収入高の推移

（単位：1,000 ドル，%）

| 内訳 / 年 | ドル勘定（米軍関係） | | | | 計 | ICA など | ポンド勘定（英軍関係） | 合計 | 外貨受取に対する比率 |
|---|---|---|---|---|---|---|---|---|---|
| | 円セール | 米軍預金振込 | 沖縄建設工事 | その他軍関係 | | | | | |
| 1950 | 101, 187 | 38, 256 | — | 446 | 148, 889 | — | — | 148, 889 | 14.1 |
| 1951 | 221, 930 | 337, 370 | 6, 265 | 6, 919 | 572, 484 | 12, 232 | 6, 961 | 591, 677 | 26.4 |
| 1952 | 271, 476 | 503, 607 | 12, 414 | 2, 788 | 790, 285 | 16, 194 | 17, 689 | 824, 168 | 36.8 |
| 1953 | 300, 513 | 456, 029 | 8, 892 | 834 | 766, 268 | 19, 486 | 23, 725 | 809, 479 | 38.2 |
| 1954 | 292, 779 | 245, 837 | 3, 519 | 16, 650 | 558, 785 | 16, 454 | 20, 925 | 596, 164 | 25.8 |
| 1955 | 275, 723 | 193, 853 | 2, 116 | 2, 910 | 474, 602 | 70, 604 | 11, 398 | 556, 604 | 20.9 |
| 1956 | 273, 779 | 187, 265 | 1, 617 | 4, 518 | 467, 179 | 124, 280 | 3, 908 | 595, 367 | 18.5 |
| 1957 | 259, 435 | 154, 600 | 1, 445 | 5, 408 | 420, 888 | 128, 356 | 26 | 549, 270 | 15.1 |
| 1958 | 207, 535 | 163, 498 | 900 | 8, 310 | 380, 243 | 101, 319 | — | 481, 562 | 13.7 |
| 1959 | 209, 598 | 131, 308 | 2, 204 | 16, 282 | 359, 392 | 111, 431 | — | 470, 823 | 11.6 |
| 1960 | 215, 903 | 173, 000 | 932 | 5, 019 | 394, 854 | 147, 274 | — | 542, 128 | 11.8 |

出所：通産省編『特需とアメリカの対外援助』（1961 年）86 頁より作成。

特需として、土壌用麻布などの繊維製品や、有刺鉄線・ドラム缶・橋梁用鉄鋼などの金属製品、トラックなどの輸送機械、自動車の修理、建設など広範な物資・サービスが調達された（表14）。銃弾などの製造もはじまるが、朝鮮戦争初期には兵器製造はまだ認められておらず、その調達物資・サービスが多様であったことが注目される。また、その波及効果も含めれば、特需が多くの産業部門に対して大規模な景気浮揚効果を発揮したことは、米澤義衛の研究でも確認されているところである(37)。一九五二、五三の両年にも八億ドルもの外貨をもたらすなど、一九五〇年代を通じて特需は外貨不足を下支えした。

一九五〇年から一九五一年にかけての朝鮮特需から生じた二つの注目すべき側面がある。一つは、朝鮮特需で息を吹き返した軍需工業を基盤にして経済復興を進めようという経済軍事化構想の出現である。もう一つは、一九五二―五三年の消費ブームの出現である。前者の道は挫折し、後者の消費ブームを跳躍台にして、一九五五年以降の高度成長が開始された。

朝鮮特需はいわば戦争という非常時における臨時的な需要であったが、朝鮮特需の消滅を見越して、特需の恒常化を図ろう

（単位：1,000ドル）

| 第3年 (52.7〜53.6) | 第4年 (53.7〜54.6) | 第5年 (54.7〜55.6) | 第6年 (55.7〜56.6) | 第7年 (56.7〜57.6) | 合　計 |
|---|---|---|---|---|---|
| 9,248 | 10,665 | 7,202 | 6,497 | 7,100 | 51,485 |
| 61,770 | 24,433 | 13,351 | 14,767 | 12,236 | 171,029 |
| 7,962 | 3,965 | 2,191 | 1,368 | 2,849 | 33,409 |
| 27,386 | 2,172 | 2,685 | 2,277 | 2,457 | 144,248 |
| 24,654 | 3,810 | 2,393 | 6,093 | 3,011 | 68,845 |
| 90,593 | 58,987 | 26,833 | 4,825 | 4,267 | 267,347 |
| 23,897 | 11,574 | 7,882 | 11,056 | 21,753 | 174,315 |
| 19,980 | 7,654 | 3,473 | 3,785 | 6,565 | 77,258 |
| 29,740 | 1,450 | 12,506 | 14,802 | 23,134 | 135,521 |
| 295,230 | 124,710 | 78,516 | 65,470 | 83,372 | 1,123,457 |
| 28,841 | 32,726 | 13,966 | 8,738 | 12,209 | 162,426 |
| 40,797 | 33,631 | 29,762 | 21,120 | 35,235 | 170,369 |
| 46,849 | 44,171 | 26,710 | 26,181 | 26,813 | 198,589 |
| 54,985 | 56,056 | 33,314 | 36,900 | 35,054 | 288,364 |
| 9,724 | 4,326 | 3,988 | 3,475 | 2,889 | 32,995 |
| 181,196 | 170,910 | 107,740 | 96,414 | 112,200 | 852,743 |
| 476,426 | 295,620 | 186,256 | 161,884 | 195,572 | 1,976,200 |

とする動きが一九五一年に浮上する。これを、「日米経済協力」構想と呼んでいる[38]。GHQでは一九五〇年秋から日本の軍需工業動員能力に関する調査を開始していたが、一九五一年二月にはアメリカ政府内でも、太平洋地域におけるアメリカ軍の軍需品調達と、東南アジアへの軍事援助物資の調達のために、日本の工業力を動員する構想が立てられた（軍需局「合衆国の軍需供給源としての日本」）。本国の動きと連動して、一九五一年二月にGHQのモローが報告書をまとめ（「日本の潜在工業力」）、GHQの指示を受けて、経済安定本部も二月に産業設備能力調査（トップ・レベル作業）を実施した。

　こうした動きを諸手をあげて歓迎したのは財界であった。当時の経済雑誌をひもとく者は、財界首脳のあまりにも率直な軍需産業への期待の表明に戸惑うだろう。経団連は一九

表14　特需契約高内訳

| 品　　目 | 第1年 (50.7～51.6) | 第2年 (51.7～52.6) |
|---|---|---|
| 〔物　資〕 | | |
| 食料品 | 7,844 | 2,929 |
| 原材料・燃料 | 15,416 | 29,056 |
| 木材製品 | 7,921 | 7,153 |
| 繊維製品 | 62,531 | 44,740 |
| 第1次金属製品 | 11,167 | 17,717 |
| 金属製品 | 36,651 | 45,191 |
| 機　械 | 56,829 | 41,324 |
| 化学薬品 | 11,616 | 24,185 |
| その他 | 20,020 | 33,869 |
| 物資合計 | 229,995 | 246,164 |
| 〔サービス〕 | | |
| 運輸・荷役・倉庫 | 39,324 | 26,622 |
| 通信その他公益事業 | 4,747 | 5,077 |
| 建　設 | 11,146 | 16,719 |
| 物資の修理改装 | 39,600 | 32,455 |
| その他 | 4,110 | 4,483 |
| サービス合計 | 98,927 | 85,356 |
| 総　　計 | 328,922 | 331,520 |

出所：東洋経済『経済統計年鑑』1956，1959年版より作成。

五一年二月九日に日米経済提携懇談会（委員長長崎英造）を設置して、GHQや日本政府との連絡を密にしようとした。一九五二年三月に、GHQにより兵器・航空機の生産再開が許可され、兵器製造が公認されると、経団連は防衛生産委員会（委員長郷古潔）を設置した。(39)

しかし、「日米経済協力」構想は、GHQの一部の独走という側面が強く、一九五二年五月のマーカット声明では、アメリカ政府は域外調達において日本を優遇する意図のないことが明らかとなり、早くも、水を浴びせられることになった。実際に、朝鮮休戦協定の成立（一九五三年七月）以降、兵器特需は激減し、特需に依存していた企業は倒産（日平産業）、工場の生産停止（小松製作所、日野ジーゼル）、人員整理（富士自動車）といった事態に追い込まれた。(40) 銃弾などを主体とする金属製品の契約高は、特需第六年目（一九五五年七月—五六年六月）には、じつにピーク時の二〇分の一近くにまで減少してしまった（表13）。MSA協定による軍事援助も、アメリカ産の完成兵器の援助であり、日本の兵器産業を益する部分は少なかった。

アメリカ政府の軍需物資の域外調達が激減するなかで、防衛産業の考えられる活路は自衛隊の需要であった。MSA援助の受入れ体制が話題となりはじめた一九五三年二月、経団連は「防衛力整備に関する一試案」を発表した。六年後に一五師団三〇万人の陸上部隊を整備するという壮大な計画である。その経費二兆九〇〇〇億円の四四％をアメリカの援助にあおぐことにより、一方でドル収入を確保しつつ、他方で日本の財政負担を軽減しようというはなはだ虫のよい案であった。[41] それでも、国民所得に対する防衛費の比率は、六年目の一九五八年に五％にも達する。この計画に対しては経団連内でも異論があり、アメリカ側にも相手にされなかったが、当時の財界の軍需産業の復活に対する強い意欲を示す文書である。[42]

日本産業構造研究会「日本産業構造の課題」（一九五五年）は、防衛計画第七次改案（一九五九年までに地上部隊一九万人）をもとに、アメリカの域外調達がない場合に、どの程度の需要を見込めるかを算定した。防衛生産規模は一一七八億円（一九五四年の自動車工業の規模と同程度）にすぎず、武器、弾薬、航空機、船舶などの分野では、採算のとれる経済規模に達しないという悲観的な結果であった。この報告は、防衛生産を軌道に乗せるためには政府の強力な育成措置が必要であり、その後、防衛産業が採算がとれるようにするためには、輸出により生産規模の拡大をはかることが不可欠だとしている。[43]

第一次防衛力整備計画（一九五七年開始）は、「自衛隊装備の国産化」をうたった。一九六〇年代になると、兵器生産は安定した市場を確保し、特需のさいの新興企業・中小企業とは異なって、旧財閥系企業が参加することになる。防衛庁費の対GNP比率は、一九五八年度に一％を超えるが、その後、一％をやや下回る水準にとどまったにもかかわらず、その絶対額が、GNPの伸びと歩調をあわせて、一貫して急成長を遂げたためである（図6、図7）。

とはいえ、軍需産業がつねに高度成長の脇役にとどまったこともまた事実である。それは、平和産業の目覚ましい発展や、アメリカの域外調達の縮小、などの要因と並んで、武器輸出が事実上禁止されていた（特需は重大な例外であったが）ことに大きな要因があったと思われる。武器輸出は、一九四九年の「輸出貿易管理令」により、紛争当事国

（紛争勃発の恐れのある国を含む）や共産圏などへの輸出が禁止されていた。それ以外の地域についても、「外国貿易および国民経済の健全な発展を図る」という目的にそぐわないという理由で、輸出が認められなかった。(44)

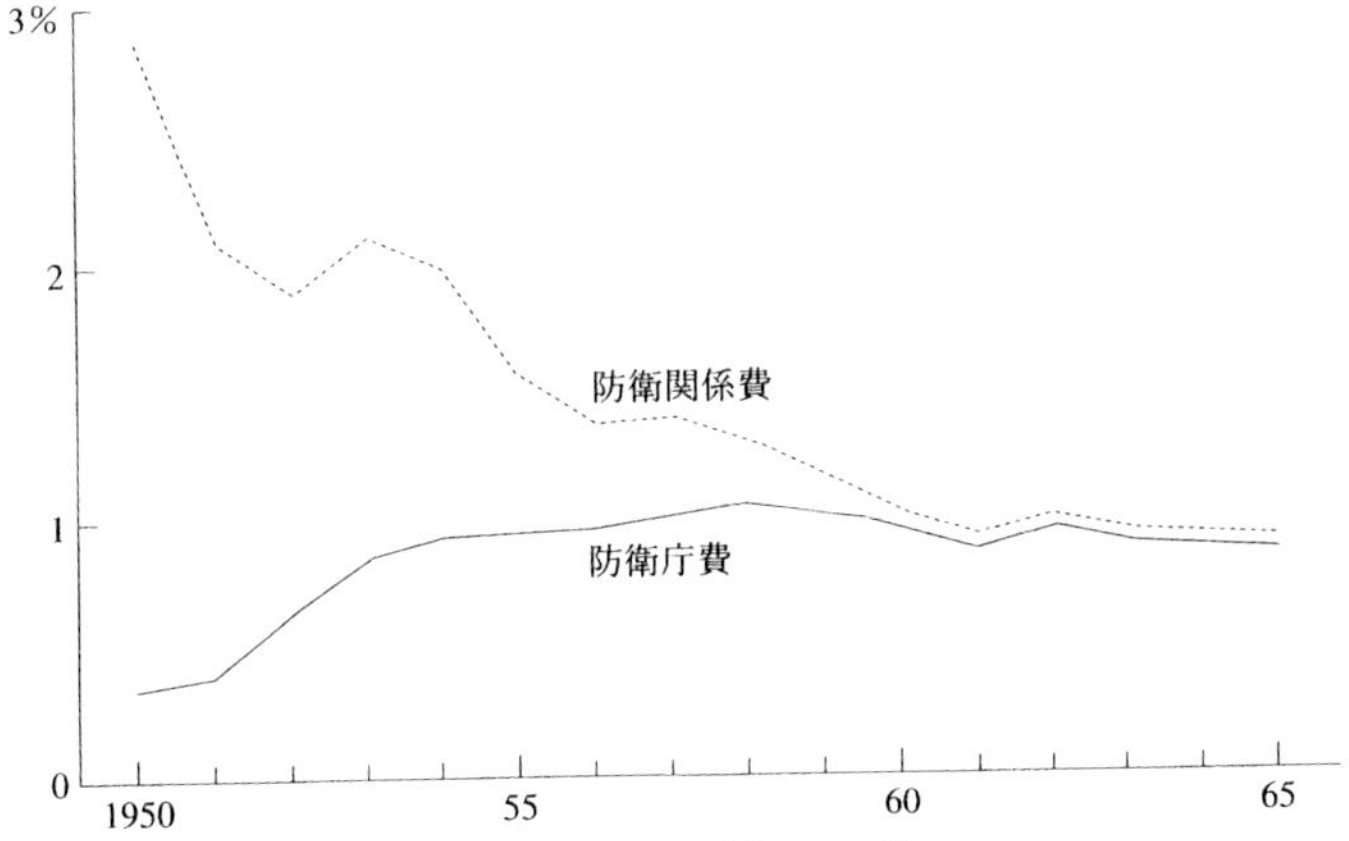


図6　防衛費の対GNP比

注1：防衛関係費は終戦処理費，防衛支出費，防衛庁費等の合計である。
　2：GNPは旧SNAによる年度計数をとった。
出所：東洋経済新報社『完結　昭和国勢総覧』第2巻，226—227頁，総務庁統計局『日本長期統計総覧』第3巻，372頁より作成。

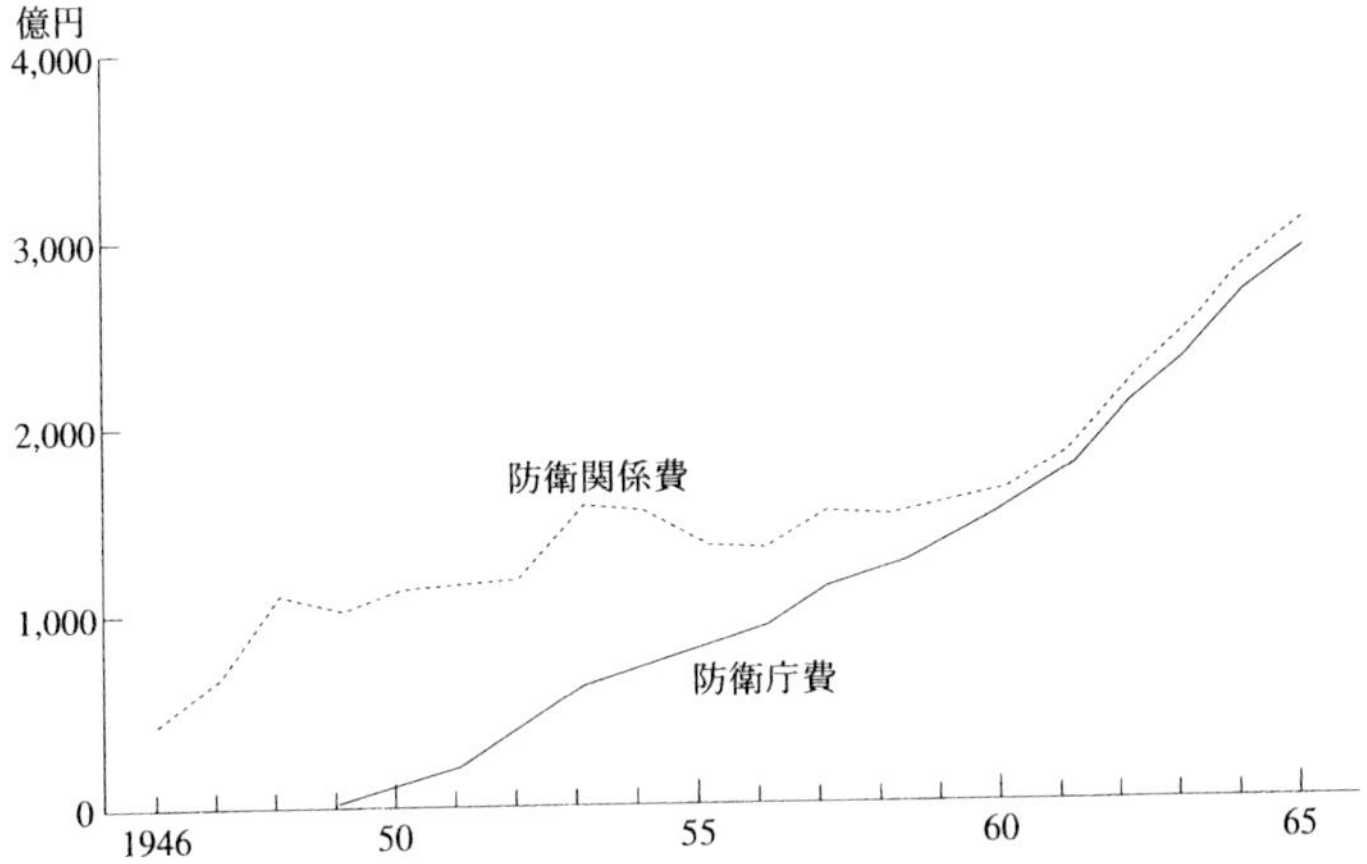


図7　防衛費の推移

出所：東洋経済新報社『完結　昭和国勢総覧』第2巻，226-227頁より作成。

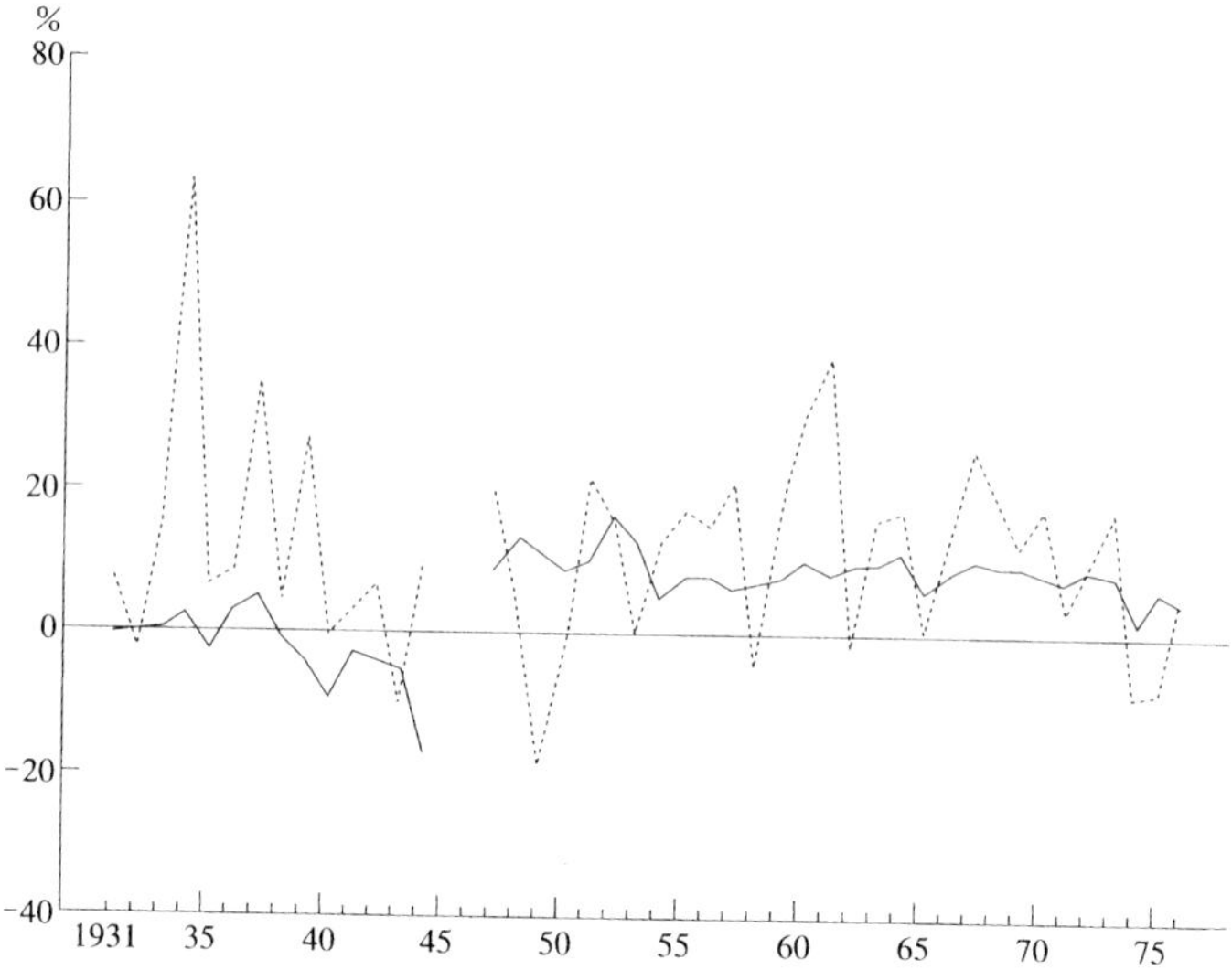

図8　個人消費支出・国内総資本形成の対前年増加率
注：実質価格ベースの増加率。
出所：総務庁『日本長期統計総覧』第3巻（1988年），407頁より作成。

朝鮮特需のもう一つの影響は、消費水準の急速な上昇である。国民消費水準は一九五二年に一六%、一九五三年に一三%という早いスピードで上昇し、一九五〇年の戦前（一九三四―三六年）の八割水準から、一九五三年には一挙に戦前水準を一割近く上回った。一九五三年の『経済白書』は、これを「国民消費の異常な膨張」と呼び、「わが国の経済は、その正常貿易のゆるす実力以上の経済水準を保って」いると危惧した。

一九四九年までに食糧難も解消し、消費意欲は衣料品に集中していった。ドッジ・デフレのもとでの繊維製品価格の下落が需要を喚起し、朝鮮特需による所得増大と一九五一年の衣料統制の完全撤廃の効果で、衣料費は一九五二年、五三年に顕著に増加し、一九五〇年代を通じて繊維製品に対する消費意欲は衰えをみせなかった(45)。そうしたなかで、戦前は輸出産業であった繊維産業も、内需を中心とした産業に変貌した。生活水準の向上の点では、戦前に較べて農村の生活水準の向上は著しく、一九五〇年に戦前水準を回復し、一九五二年には都市と農村の消費水準はほぼ同じになり、貧しい農村というイメージは塗り替えられた。

消費抑制が唱えられたにもかかわらず、実際には、戦後復興期・高度成長期を通じて一度も生活水準が前年を下回ることはなかった。実質国民総支出の伸び率を、戦前・戦後で対比してみると、個人消費が昭和恐慌（一九三〇年）以降に停滞、戦時経済下で落ち込んだのと対照的に、戦後は復興期・高度成長期を通じて、つねに個人消費が伸び続けた。とくに、戦後復興期においては個人消費の寄与が大きかった（図8）。

## (五) 開発主義から貿易主義へ

アメリカ政府が、内需中心型産業構造への再編構想を放棄し、加工貿易型に転換したころから、日本国内では逆に、内需型の開発主義が盛んに唱えられるようになった。

中山伊知郎の「日本経済の顔」（『評論』一九四九年一二月号）がきっかけとなって、その後数年間、開発主義対貿易主義の論争が論壇をにぎわせた。中山は、国土が狭隘で資源に乏しいという「日本経済の顔」は、イギリスに似ているという。産業革命期のイギリスが、国土が狭小で、食糧を自給できなかったにもかかわらず、工業化により輸出を伸ばし、輸入食糧の対価を支払ったように、日本は活路を「貿易立国」に求めるべきだと主張した[46]。

これに対して、開発主義に立つ都留重人は、日本の抱える外貨ギャップ（貿易収支の赤字）問題を解決するために可能な方法は、「第一次輸入」（国内需要のための輸入）の削減であると主張した[47]。「第一次輸入」の削減は、「自然改造」を通じての原料・食糧の国内増産、輸入原料に依存する木綿・毛織物などの代替品である合成繊維産業の育成、原材料利用の合理化などによって図ることができるとした。そして、こうした「国内資源への転換」には、「実質的な統制力をもった計画性」が必要なので、自由主義経済よりも計画経済が適していると述べた。

オーソドックスな比較生産費説に立つ中山説は、経済学の原理を振りかざした議論であり、現実の複雑さを理解していないと都留は批判した。事実、当時は、「貿易主義」はその議論を正当化する具体的な根拠を欠いていた。「日本の家庭用ミシンがアメリカに輸出されるということが、貿易主義にとって唯一最大の決め手になる」[48]というほど、日本には競争力を持つ輸出商品が存在しなかった。さらに中山は、「貿易立国」への筋道、すなわち、産業構造を高度化し、戦後の国際分業への適応を図る道も明示しなかったので、説得力が弱かった。[49]

しかし、現在からみれば「貿易主義」の方が、世界経済についての見通しが確かであったことは明らかである。「開発主義」の論者は、「戦後の国際経済の状態は世界貿易の拡大にとって有利ではない」(有沢広巳)という悲観主義的な判断に立っていた。[50]そうした判断の根拠は、①社会主義圏の拡大が資本主義の市場を狭隘にしたこと、②アジア諸国の輸入代替工業化が進みこれらの国々への輸出が伸びないと予想されること、③「ドル不足」によって世界的に購買力が減少していること、④為替管理、二国間貿易協定、ポンド圏の輸入制限など多角的自由貿易に対する障害が多く存在していること、などであった。こうした悲観的見通しは、当時の論壇では支配的であった。

開発主義的発想は、一九五〇年代前半の政府の諸政策においても顕著であり、財界の指導者たちのなかでも強かった。[51]

政府の総合経済計画案では、一九五〇年六月に発表された「自立経済達成の諸条件」(エオス作業)や、一九五一年一月に発表された「自立経済計画」は、開発主義的色彩が濃い。「自立経済計画」は、「自立経済達成上の問題点」の第一に「輸入確保」を、第三に「自給度向上」を挙げた。[52]具体的には、米麦一二〇〇万石の増産を達成し、食糧の自給度を向上させること、鉱物資源の開発・有効利用を図ること、原料の自給度の低い繊維産業は合成繊維工業に転換すること、がうたわれた。

開発主義の背景には、朝鮮戦争の勃発後に深刻化した、戦略物資を中心とする原材料の価格高騰と不足が存在した。アメリカは、朝鮮戦争がはじまると、希少金属を中心に大量の買付けを行った。その結果、ヨーロッパ諸国では原料不足から操業中止に追い込まれる企業も出て、一九五一年には米英仏三国を中心に、市場の混乱防止と、原料入手難の解決のために、国際原料会議が設置されるに至った。[53]こうした情勢のなかで、日本政府も輸入原材料・食糧の確保を優先的な課題とした。政府は一九五〇年七月から翌五一年春にかけて、重要物資の緊急輸入のために、外貨予算の自動承認制度や輸入金融制度を新たに設けた。

朝鮮戦争による輸入難は一時的な現象であったが、一九五〇年代を通じて外貨の制約は輸入にとっての大きな制約要因であり続けた。朝鮮戦争が一段落してただちに、自給促進政策が廃止されたわけではなく、しばらくは輸入優先政策と国内資源開発政策は併存することになる。

開発主義に立つ産業政策としては、農業、エネルギー、合成繊維が代表的な事例である。日本の食糧輸入は、一九五二年には六億ドルを超え、一九五四年には六億五四〇〇万ドルに達した。[54]全輸入額に占める食糧輸入の割合は、一九五四年にはなお約二五％を占めていた。経済審議庁「自立経済政策検討資料」（一九五三年六月）は、国内食糧の増産になんらの努力も払われなければ、一九五七年の米・麦の輸入資金は七億ドル前後に達し、外貨不足が深刻になると警告した。

食糧増産政策として、一九五一年には「農地開発十カ年計画」が、一九五二年には「食糧増産五カ年計画」が策定された。また、米輸入の麦への転換も推進され、ＭＳＡ食糧援助を契機に国民の食事の粉食化が進むことになる。粉食化はアメリカの余剰農産物の押しつけによるものであり、日本経済の対米従属的性格を示すと言われる。しかし、持田恵三も指摘するように、それは一面的な見方であり、日本側も外貨を節約し「自立化」（国際収支の均衡）を達成するために意識的に小麦の輸入を推進したのである（一九五四年七月「食糧対策審議会答申」[55]）。

米・麦を中心とした食糧増産政策の結果、米は一九五五年には、戦前の最高（一九三三年の一〇六二万トン）を超える一二三八万トンの大豊作となった。戦前には二割弱の米を植民地に依存していたが、米の自給はほぼ達成された。米以外の農産物の生産も増大した。戦前（一九三一―三五年平均）と、高度成長開始期（一九五六―五八年平均）を比較すれば、小麦は一〇九万トンから一三三万トンへ、大麦は七八万トンから一一三万トンへ、鶏卵は一八万トンから三九万トンへ、肉類は一五万トンから四四万トンへ、魚介類は三八一万トンから四八六万トンへと、いずれも顕著な増大を示している[56]。しかし、この間の人口増大（一九三〇年六四四五万人→一九五五年八九二七万人）と、食生活の変化のために、米以外の農産物の自給率は一九五〇年代半ば以降、低下していった。

さて、食糧増産政策が軌道に乗りはじめた一九五三年ごろから、世界的に食糧の生産が過剰になり、国内価格よりも割安になるという事態が生じ、開発主義的な食糧増産政策は見直しを迫られた。

農林漁業基本問題調査会の答申（一九六〇年五月）は、生産の増大ではなく、「所得の均衡」を第一の目標に掲げた。新たな農業の基本対策（一九六二年、農業基本法）は農業と非農業の所得格差の発生が契機となって立てられた。農家と非農家の所得の不均衡は、「戦後農村を含めてひろくわが国社会のうちに浸透した平等ないし均衡という民主主義的思潮とは相容れ難い社会的政治的問題」と受けとめられたのである[57]。実際に、戦後復興期に、都市家計を上回っていた農家の一世帯当たり家計支出は、高度成長の開始後の第二次産業従事者の実質賃金の着実な上昇により、一九五八年には、都市家計を下回り、世帯員一人当たりでは都市家計の四分の三の水準にまで落ち込んだ。これは、農村の方が物価水準が低いことを考慮に入れても、農村の生活水準が都市を下回ったことを示していた。

こうして、農業政策は、ほぼ一九六〇年ごろに「食糧自給政策」から「所得保証政策」へと変貌したのである。

エネルギー政策も一九五〇年代末まで開発主義的色彩が強かった。開発主義的政策は、傾斜生産方式の「石炭超重点主義」からはじまる。出炭高は、一九四四年の年産五二九五万トンから、一九四六年に二〇三八万トンに激減した。その最大の原因は、強制連行などによる外国人労働者の帰国にあったから労働力の追加投入により生産回復はある程度は可能であった。事実、復員者を中心とする都市からの労働力の調達（一九四五年一〇月二六日「石炭生産緊急対策」）、労働時間の延長（一九四七年一〇月閣議決定「石炭非常増産対策要綱」）により、出炭高を一九四八年には三三七三万トンまで戻すことができた。

水力発電設備は、戦災の影響がほとんど皆無であり、しかも敗戦時に過剰能力を有していたので、電力は敗戦直後の石炭の生産低下を補う役割を果たした。しかし、電力需要が急増したため、早くも一九四六年夏には電力制限が実施されるに至った。[58]そこで、一九四八年には電源開発が注目されることになる。経済安定本部は、ＴＶＡ計画にならって電力を中心とする特定地域の水源開発を立案した。それは、京浜工業地帯を核とした復興計画とリンクしたもので、地理的に近い只見川の電源開発が計画された。[59]電力開発は新時代にふさしいシンボル的な政策となった。電化は社会主義ソ連の計画経済の柱であり、また、アメリカのニューディールのシンボルでもあった。

しかし、このときは電源開発は実際にはほとんど進まなかった。それは、大規模な貯水式水力発電所の建設には、近代的土木建設機械や、セメント・鉄鋼などの大量の建設資材の投入が必要であったからである。一九四八年までのＧＨＱは、既存発電設備の改修よる発電能力の回復を方針としていたが、一九四九年六月にはじめて水力発電所三三カ所の新規着工を認め、同年末にはこれらのプロジェクトに見返資金を利用することも許可した。[60]こうして、ようやく電力事業再編成（一九五一年五月）ののちに、本格的な電源開発がスタートした（一九五二年七月、電源開発促進法公布）。

その後、国内炭鉱開発と水資源開発という国内資源開発の路線は、一九五〇年代半ばごろにはコストの面の問題が発生し、輸入エネルギーに置き換えられていくことになった。石炭では高炭価問題の発生、電力では「水主火従」から「火主水従」への転換である。

石炭では、一九五二年に国内炭価格が輸入炭（米国・インド）CIF価格（運賃・保険料込みの価格）を上回り、高炭価問題が顕在化した。輸入炭は、価格のほぼ半分が運賃で占められたから、日本の生産価格は米国・インドの二倍以上であった。[61]高炭価問題を解決するためにとられたのは、石炭合理化臨時措置法（一九五五年九月）などによる石炭産業の合理化政策であった。

石油は、GHQの「太平洋岸精油所の操業及び原油輸入に関する覚書」（一九四九年七月一三日）にもとづいて、一九五〇年一月から太平洋岸精油所が再開され、輸入の急増が一九五三年ごろに石炭を脅かすに至った（一九五三年までの四年間で輸入原油は第一次エネルギー供給の一割を占めるまでになった）。そこで、石炭生産の維持を前提にした石炭合理化政策（「炭主油従」）のもとで、一九五五年ごろから重油の消費規制が導入された（一九五四年三月閣議了解「石炭と重油の調整について」、一九五九年一〇月施行、重油ボイラー法）。

電力では、一九五〇年代前半は、電源開発（株）を中心とする水力開発と、民間電力会社による新鋭火力発電所の建設とが並行して進行したが、一九五五年三月に電力中央研究所「電力設備近代化計画案」（「松永構想」）が出されたのを契機に、通産省の政策も「水主火従」から「火主水従」政策へ転換しはじめた。[62]転換の理由は、水資源開発に要するコストの上昇にあった。

以上のように、水と石炭に重点をおく国内資源開発政策が一九五〇年代前半に打ち出されたものの、五〇年代半ばには、早くも行きづまりを示した。開発主義的政策は一九五〇年代末まで維持されたが、安価な輸入エネルギーへの依存が強まるなかで、一九六〇年ごろには政府もそうした傾向を追認することになった（一九五九年一二月「石炭鉱業審議会答申」）（図9）。経済の論理（「効率化」）が政治の論理（既存産業の保護、雇用確保）を覆したのである。

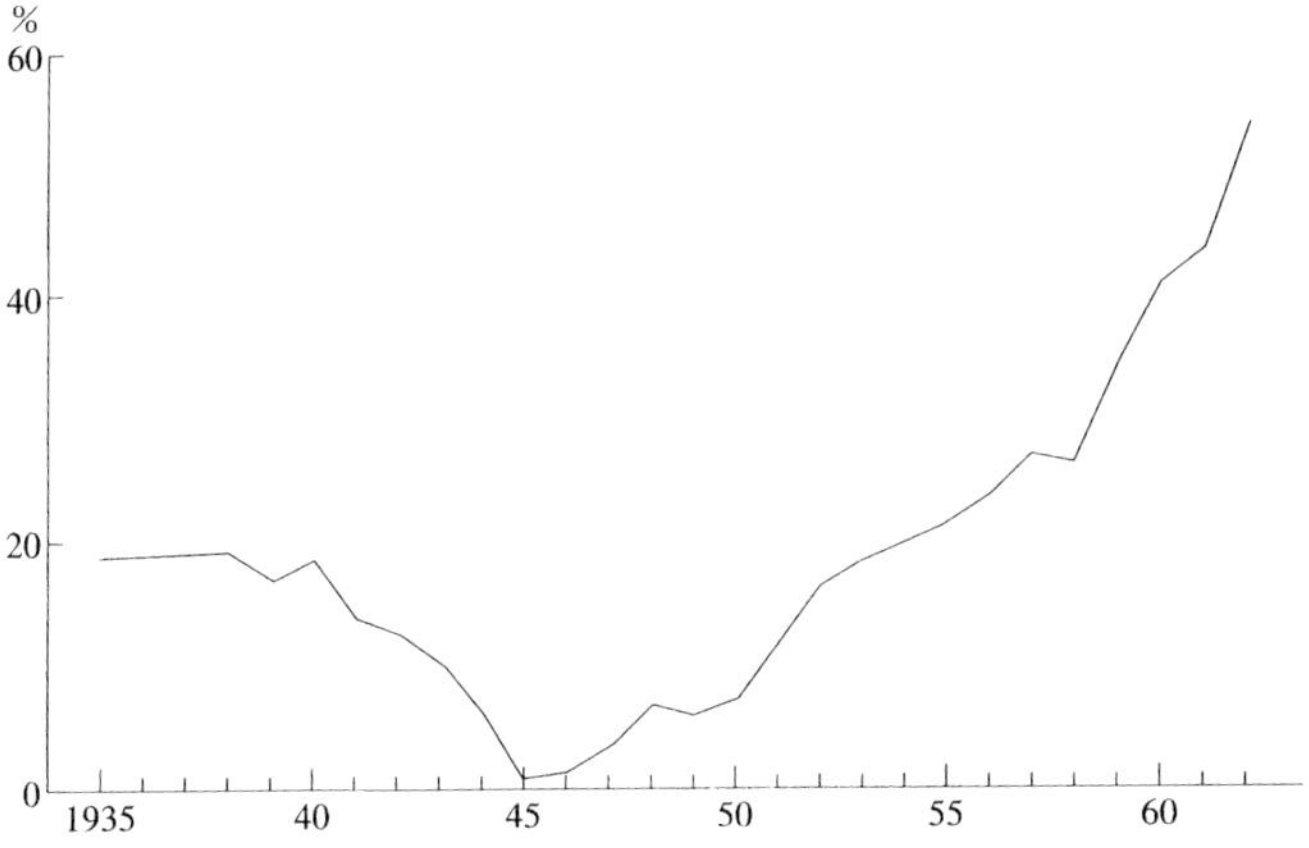


図9　一次エネルギー輸入依存度

注：輸入依存度は一次エネルギー総計に対する輸入エネルギーの比率。
出所：経済企画庁『日本の経済統計』上（至誠堂，1964年），211頁より作成。

一九五〇年代後半の貿易主義の勝利は、世界的な原料価格の低下によってもたらされた面が大きい。原料輸入価格は、朝鮮戦争が一段落した一九五二年に暴落し、スエズ動乱（一九五六年）のさいに一時上昇するが、一九六〇年ごろまでほぼ一貫して下落した。その後、一九六〇年代にも価格は引き続き安定していた。

さて、都留重人の開発主義は、資源問題の解決には有効ではなかったが、経済成長の問題点を鋭く指摘する視点を持っていた。都留は、一九五一年に書いた「乏しき資源を生かす道」(63)のなかで、工場の汚水による公害の問題を取り上げ、「統一体としての自然はそれ自体の循環の法則をもっている」にもかかわらず、資本主義的な企業経営などの「制度的な制約」のためにその法則がそのまま活かされず、「部分的な『経済』が全体的な『不経済』になりうる、ということが無視または軽視されてきた」と告発した。

一九五〇年代前半の労働運動の中心は、約三〇〇万人の組合員を擁する総評（一九五〇年七月結成）であった（高野実を指導者とするいわゆる「高野時代」）。高野時代の総評は、みずからの組織を「民族の苦悩」の代表と表現し、労働運動の範囲を超えて、基地闘争や平和運動など広く幅広い政治運動に参加した。

それは、労働運動を地域闘争や大衆運動へと外延的に拡大しようとする人民戦線論にもとづくものであった。総評は、三鉱連（三井鉱山）・尼崎製鋼・日本製鋼室蘭における地域住民を含む家族ぐるみ・町ぐるみの「ぐるみ闘争」を指導し、また、社会党の「平和四原則」（全面講和・中立堅持・外国軍事基地反対・再軍備反対）を総評の基本方針として採り入れて（一九五一年三月）、内灘や砂川などの基地反対闘争でも中心的な役割を演じたのである。(64)

当時、左派社会党（一九五一年一〇月に左派と右派が分裂）のなかには、日本をアメリカの政治的・軍事的従属国とみる労農派系グループと、事実上の植民地とみる清水慎三らのグループが存在していた。後者のグループの「民族解放社会主義革命」路線は、暴力革命を容認する共産党とは異なるものの、思想的には、日本共産党「五一年綱領」の「民族解放民主革命」路線に近かった。高野総評は、この左派社会党の非主流派と連携していた。(65)

講和条約締結とMSA協定が政治の争点となった一九五〇年代前半の時期には、共産党、労農党、社会党左派の反主流派、総評が日本＝植民地論に立っていた。それらのグループとは一線を画した左派社会党の従属国論も、今日からみれば、民族主義的色彩が明瞭である。これらの革新の政治勢力は、全面講和論・再軍備反対の論陣を張っていた「進歩的知識人」と連帯しつつ、反軍事化の世論をリードした。その影響力は、国会の議席数に示された保守対革新の勢力比よりも、はるかに大きかったようにみえる。

再軍備に伴う軍事経済化に対抗するために総評は、「大砲かバターか」のスローガンを掲げて、「平和経済プラン」づくりを試みた。それは、平和経済国民会議の開催（一九五三年五月予備会議、同年一二月第一回本会議）、「労働プラン」運動へとつながる。

「平和経済プラン」では、「戦争経済による窮乏」から国民を守るために、「平和な国建設のための産業計画」を労働の側が立案することを提唱し、政府に対しては「財政組み替え」や、「互恵平等の自主貿易」の実現（具体的には中国など社会主義圏との貿易の自由の確保）を求めた(66)。この方針をもとに、一九五四年初めに総評は、社会保障費の削減反対などの要求を掲げ、「ＭＳＡ予算組み替え」運動を展開した(67)。

高野のブレーンであった清水慎三は、「日本資本主義の経済的循環自体が、特需三ヵ年の経過をへて、対米従属化するにいたった」という有沢広巳の指摘からヒントを得たと証言している(68)。『再軍備の経済学』（東京大学出版会、一九五三年）で有沢は次のように警告していた。朝鮮戦争以後、重化学工業製品の輸出によって「拡大均衡」を果たそうという希望が強くなっているが、国際競争力が弱いために輸出拡大は困難であり、また、合理化や設備の近代化も容易ではない。そこで、手っ取り早い方法として、経済界は特需＝兵器生産に走ろうとしている。しかし、この道を進めば、脆弱な日本経済はますます従属性を深め、また、「国民は引き返そうにも引き返すことができない再軍備の泥沼に陥ってしまう」ことになる。

さらに、一九五四年一〇月に総評は、「産業をハカイし国民経済を隷属化させようとする米日独占資本」と闘うために、各産業や企業で「労働プラン」を作成する運動を呼びかけた。この運動は、イタリア労働総同盟（ＣＧＩＬ）の指導者ディ・ヴィットリオが提唱した「労働プラン」（Il piano del lavoro）からアイディアをとったものである。

しかし、産業の再建の課題を労働者がみずから進んで引き受けるべしとの主張は、総同盟再建のとき（一九四五年）にすでに高野が掲げており、「労働プラン」運動は一九四七—四八年の経済復興会議運動の延長線上にあったともいえる。[69]

「平和経済国民会議」は第二回大会の開催に至らず、「労働プラン」運動も「一種の作文運動に終わ」り、労働運動の側からの経済再編構想は、具体的な成果を生まずに終わった。[70]そして、高野路線は、一九五五年七月の総評第六回大会における岩井事務局長の選出、高野の敗北で終わりを告げた。政治主義から、賃金闘争を中心とする春闘方式への転換である。

しかし、具体的な成果を生まなかったことは、必ずしも影響力の小ささを意味するものではない。総評を中心とする再軍備への抵抗運動が、政府に「軽武装」路線をとらせ、「軍産複合体制」を挫折させた主因とみることは、十分可能であろう。[71]

革新勢力の政治運動が「軍産複合体」を挫折させたとしても、それに代わる別のプランを提起しえなかったことも事実であり、その理由についても考察する必要があろう。

その原因は、マクロ政策についてのヴィジョンがなかったことに求められる。「労働プラン」の内容についての高野の発言ははなはだ曖昧である。「労働プラン」は、一九五四年当時の政府のデフレ政策への批判でもあったはずだが、高野は、企業の首切りを防ぐために、「積極的に、高炭価の問題、あるいは貯炭の問題、あるいは斜坑とタテ坑の関係をどうするかという問題などを、平和経済、労働プランというものの中で出してみたい」と述べるにとどまっている。[72]そこには労働者が力を合わせて生産の増大に努めれば経済的困難を乗り越えられるという経済復興会議の思想が濃厚に投影されている。それは、ミクロ（企業）レベルの視点にとどまっており、マクロ（国民経済）レベルの視点は欠落している。

高野は、イタリアの「労働プラン」の核心が、エイナウディらの経済安定化政策に対する、ケインズ主義的な立場からの批判であることを理解しなかった。高野自身が解説を書いた翻訳書に次のような明瞭な発言が収録されていたにもかかわらず、なぜ理解しなかったのかは不思議である。「今日、われわれは、たえず均衡という迷信にとりつかれている。だが、これは、たんに国家予算と個人の予算をかってに同一視した結果にほかならない。今日では、このような基準は、もはや満足すべきものではない。われわれは、意識的に、予算の均衡にたいする国家の責任のかわりに、国家資源の最大限の利用に対する国家の責任をとりあげねばならない」[73]（セルジオ・ステーヴェの発言）。「労働計画」は、未稼働の生産能力、過剰労働力を、財政政策で完全雇用に導こうというケインズ的な発想を根底に置いて、電力の国営、南部の開拓と土地改革、住宅建設公社の設立、大規模な公共事業の実施などの具体的プランを掲げていた。[74]

高野にマクロ的な視点が欠如していただけでなく、革新勢力にはマクロ政策に関する混乱が存在した。それを、一九五四年八月に開催された日本フェビアン協会・平和問題談話会共催の日本経済自立問題に関する会議の議論からみておこう。[75]

この会議では、財政金融政策に議論が集中した。鈴木武雄は、輸出が戦前水準の三分の一にとどまり、日本経済が自立できないのは、「財政金融があまりにも積極的な経済政策ないし産業政策の手段と化し」てきたため、すなわちインフレ的な政策の結果であるから、通貨の信任を回復するため、「財政金融の正常化、健全化」が必要だと主張した。

この主張は、吉田内閣が実施しつつあるデフレ政策をいっそう徹底させよ、というに等しい。失業が深刻化しているおりの、革新勢力の意見として、違和感を感じる出席者が少なくなかった。喜多村浩は、デフレの影響を緩和するために、計画的な金融財政政策を取るべきと主張し、「国際収支が逆調になった場合には、国内通貨が収縮するのは当然」で人為的な政策は行うべきではないとする鈴木と対立した。また、木村健康は、デフレよりインフレの方が害毒は少ないというケインズの主張を引用しつつ、デフレ政策により自立経済を達成しようという主張に疑問を提起した。

鈴木は大内兵衛の財政学の後継者であったが、大内財政学は古典派的な均衡財政論に立っていた。大内は、赤字公債の乱発に支えられた戦時インフレ財政の痛烈な批判者であり、一九五〇年代の平和運動のオピニオン・リーダーでもあった。この、反軍国主義のマルクシスト大内が、アメリカの保守的な実業家ジョゼフ・ドッジの超均衡財政論と意見が一致したのは皮肉なことではあるが、理解できないことではない。大内は、ドッジ・ラインを「日本人自らが行わなくてはならぬ財政整理の正道」と評価し、「このような案が日本政府のイニシアティーブによって出来ないで、アメリカのディクテーションによって出来たことを深く悲しむ」と述べた(76)。

日本の革新グループは、戦時インフレの教訓を深刻に受けとめたのとは対照的に、大恐慌期に均衡財政に固執したヒルファーディングの悲劇にはそれほどの関心を寄せなかったようである。親米派の政権担当勢力と異なり、反体制派は、アメリカが指示するルールを尊重する必要はなかったので、ストレートにケインズ的政策を掲げることも可能であった。総評が、吉田内閣のデフレ政策を、アメリカによる日本窮乏化の企みと決めつけ、積極財政による雇用の拡大や、公共事業の実施を国民にアピールすることは、反米的・民族主義的な総評の路線と適合的であったはずである。そして、総需要拡大政策の提唱により、デフレ政策の打撃を受けていた広範な大衆を味方につけることができたかもしれない。

しかし、こうした路線は、途上国でみられるポピュリズム的な放漫な財政政策と類似のものに終わった可能性はある。現に、イタリアの「労働プラン」も、国際競争力を増すための技術革新という問題には有効に対処できず、一九五〇年代半ばには、キリスト教民主党のデ・ガスペリ政権の混合経済型政策にイニシアティブを奪われた(77)。

## (七) 高度成長型経済政策へ

これまでみてきたように、経済復興方式をめぐって、内需中心の消費財生産型産業構造論、加工貿易型輸出優先主義、軍需産業による復興構想、開発主義的経済自立構想、革新勢力の構想など種々の構想が存在したが、一九五〇年代中ごろには、高度成長型経済政策の方向が固まり、この方向で一九六〇年代初めまでには「産業ナショナリズム」をイデオロギー的基盤とするかなり広範な国民的合意が形成された。

高度成長型政策の内容に立ち入る余裕はないが、その第一の柱は輸出優先主義・保護貿易主義にもとづく選択的誘導的な産業政策であり(78)、もう一つは、ドル本位制の「ゲームのルール」を前提としつつ、ケインズ的政策に傾斜した財政金融政策であった（「潜在的ケインズ主義」と名づけておこう）。

イデオロギー的支柱である「産業ナショナリズム」について最後に一言説明しておきたい。高度成長期の貿易構造は、経済復興期に想定されていた構造とは大きくズレていた。その主な原因は、輸出市場の重要な一角を担うはずであった東南アジアの開発が軌道に乗らなかったことにある。そのために、輸出拡大の鍵は、必然的に、対米輸出の拡大に求められることになり、輸出振興は最高国策と位置づけられ、政財官労は一体となって輸出振興に取り組んだ。事実、一九五〇年代半ばから六〇年代の輸出拡大は対米貿易を中心とした先進国輸出の伸びによって支えられた。国際市場におけるアメリカとの関係が、当初、復興期に想定されたような分業関係ではなく、全面的な競争関係になったことは、「経済ナショナリズム」を高揚させた。世界最先端の技術大国と較べればすべての日本の重化学工業は「幼稚産業」であったから、「アメリカの影」に対する強い恐怖心が生まれたのである。

注

（1）金森久雄『わたしの戦後経済史』（東洋経済新報社、一九九五年）一六〇頁。

（2）大蔵省財政史室編『昭和財政史—終戦から講和まで—』第一巻「賠償・終戦処理」〈原朗〉（東洋経済新報社、一九八四年）二五〇—二六四頁。

（3）豊下楢彦『日本占領管理体制の成立』（岩波書店、一九九二年）Ｘ頁。

（4）「日本占領及び管理のための連合国最高司令官に対する降伏後における初期の基本的指令」（JCS 1380/15, 1945. 11. 3）。

（5）南亮進『日本の経済発展』（東洋経済新報社、一九八一年）一七七頁。

（6）「日本における労働組織の取り扱い」（SWNCC 92/1, 1945. 11. 16、竹前栄治他編『資料日本占領2　労働改革と労働運動』大月書店、一九九二年、四一六—四一七頁）。

（7）三和良一「経済的非軍事化政策の形成と転換」（『年報　近代日本研究』四、一九八二年）、通商産業省編『通商産業政策史』第二巻（一九九三年）第一章「対日占領政策の推移」〈三和良一〉。

（8）Committee on Post-war Problems, State Dept. "Japanese Post-war Economic Considerations, July 21, 1943（前掲『昭和財政史—終戦から講和まで—』第二〇巻、七九—八八頁）.

（9）Far Eastern Division, Liberated Areas Branch, Foreign Economic Administration "Economic Foreign Policy of the United States with Respect to Japan," January 1, 1945（『昭和財政史—終戦から講和まで—』第二〇巻、一一三—一一九頁）.

（10）一九四五年九月公表、SWNCC 150/4。

（11）真鍋俊二『アメリカのドイツ占領政策』（法律文化社、一九八九年）。

（12）石井明「中国の対日占領政策」（『国際政治』第八五号、一九八七年）、殷燕軍『中日戦争賠償問題』（御茶の水書房、一九

九六年)。その他、経済安定本部調査課『対日賠償と中国の立場』(経調外一九号、一九四七年一一月)、同『中国側から見た対日賠償問題』(海外資料第一七号、一九四七年一二月)も参照。

(13) 林雄二郎編『日本の経済計画』(東洋経済新報社、一九五七年)二六頁。

(14) 有沢広巳監修『資料・戦後日本の経済政策構想』第一巻(東京大学出版会、一九九〇年)二七二頁。

(15) Norbert A. Bogdan and Frank M. Tamagna (ESS), "An Economic Program for Japan (Bogdan Report)," May 3, 1946(前掲『昭和財政史―終戦から講和まで―』第二〇巻、四九九―五〇五頁).

(16) 前掲、『通商産業政策史』第二巻、九二頁。

(17) 終戦連絡事務局「ボグダン氏の『日本経済再建の基本問題』其他に関する談」(前掲『資料・戦後日本の経済政策構想』第一巻)一一五頁。

(18) 森田英之『対日占領政策の形成』(葦書房、一九八二年)五九―六三頁。

(19) 内田俊一他編『日本の復興と天然資源政策』(資源協会、一九八六年)二八三―二八五頁。

(20) 佐藤竺『日本の地域開発』(未来社、一九六五年)四四―四五頁。

(21) 経済安定本部「資源調査会について」(一九五一年七月)。

(22) 「来るべき経済危機の実態と対策」(一九四六年七月二五日、前掲『資料・戦後日本の経済政策構想』第二巻)三七頁。

(23) 貿易庁「産業復興のための特別輸入懇請」(一九四六年一〇月八日ごろ、同上書、第二巻)七六頁。

(24) 前掲『昭和財政史―終戦から講和まで―』第三巻「アメリカの対日占領政策」〈秦郁彦〉二五六頁。

(25) 同上書、二五四頁。

(26) 『ドレーパー報告』(時事通信社、一九四八年)。

(27) 前掲『日本の復興と天然資源政策』所収。

(28) 前掲『資料・戦後日本の経済政策構想』第三巻、六一頁。

(29) ケント・カルダー『戦略的資本主義』(谷口智彦訳、日本経済新聞社、一九九四年)。

(30) W. S. Borden, *The Pacific Alliance*, University of Wisconsin Press, 1984; トマス・J・マコーミック『パクス・アメリカーナの五十年』(松田武他訳、東京創元社、一九九二年)。

(31) その画期は、一九五〇年四月の「国家安全保障のための米国の目的及び計画」(NSC 68) である。
(32) ロナルド・I・マッキノン『ゲームのルール』(日本銀行「国際通貨問題研究会」訳、ダイヤモンド社、一九九四年)。
(33) 本書第五章参照。
(34) 宮沢喜一『戦後政治の証言』(読売新聞社、一九九一年) 一〇二―一〇三頁。
(35) 小蔵徹「池田財政と石橋政策」(『明窓』一九五二年九月)。
(36) 下村治「一一月二九日のドッジ声明批判」(一九五一年末ごろ、『金融財政事情』一九六二年一〇月八日号に公表)。
(37) 米澤義衛「朝鮮特需の産業連関分析」(『青山経済論集』四五―四、一九九四年三月)。
(38) 中村隆英「日米『経済協力』関係の形成」(『年報　近代日本研究』四、一九八二年)。
(39) 『防衛生産委員会十年史』(一九六四年)。
(40) 東洋経済新報社編『日本経済年報』一九五四年第一集、八〇―八四頁ほか。
(41) 内山徳治 (経団連理事)「防衛生産と経済長期計画」(『東洋経済新報』一九五三年四月二五日)。
(42) 近藤完一・小山内宏監修/エコノミスト編集部編『戦後産業史への証言』三 (毎日新聞社、一九七八年)、大嶽秀夫「日本における『軍産官複合体』形成の挫折」(同編著『日本政治の争点』三一書房、一九八一年)。
(43) 日本産業構造研究会『日本産業構造の課題』下巻 (電力経済研究所、一九五五年)。
(44) 富山和夫『日本の防衛産業』(東洋経済新報社、一九七九年) 三六―三七頁。
(45) 経済企画庁『戦後国民生活の構造的変化』(一九五九年) 六二―六六頁。
(46) 中山伊知郎『日本経済の顔』(日本評論新社、一九五三年。のちに『中山伊知郎全集』第一二巻、講談社、一九七二年に収録)。
(47) 都留重人「日本貿易政策の主要問題点」(一橋大学『経済研究』一九五三年七月)。
(48) 通産官僚であった林信太郎の回顧 (伊東光晴監修/エコノミスト編集部編『戦後産業史への証言』一、一九七七年、六四頁)。
(49) 鶴田俊正『戦後日本の産業政策』(日本経済新聞社、一九八二年) 二九―三〇頁。
(50) 有沢広巳「日本資本主義の運命」(『評論』一九五〇年二月)。

(51) 商工財務研究会編『日本経済再建への道』(丸善、一九五二年)。
(52) 経済安定本部『自立経済審議会報告書』(一九五一年一月二〇日、総合研究開発機構〈NIRA〉戦後経済政策資料研究会編『経済安定本部　戦後経済政策資料　戦後経済計画資料』第四巻に収録)。
(53) 世界経済調査会『世界資源年鑑』(一九五二年度版) 五一─七頁。
(54) 通産省編『戦後日本の貿易二〇年史』(一九六七年) 二〇六─二〇七頁。
(55) 持田恵三『日本の米』(筑摩書房、一九九〇年) 一五三─一五九頁。
(56) 科学技術庁『日本の資源問題』上 (一九六一年) 五五四─五五七頁。
(57) 農林漁業基本問題調査事務局『農業の基本問題と基本対策 (解説版)』(農林統計協会、一九六〇年) 二頁。
(58) 栗原東洋編『現代日本産業発達史Ⅲ　電力』(交詢社、一九六四年) 三六二─三六三頁。
(59) 平記念事業会編『東北開発の歴史と展望』(一九七三年)、御厨貴「水資源開発と戦後政策決定過程」(『年報　近代日本研究』八、一九八六年。のちに御厨貴『政策の総合と権力─日本政治の戦前と戦後─』東京大学出版会、一九九六年に収録)。
(60) *History of the Nonmilitary Activities of the Occupation of Japan*, Vol. 15, pp. 5–10.
(61) 通産省石炭局『高炭価問題と合理化の方向』(一九五三年) 二二四─二二五頁。
(62) 橘川武郎『日本電力業の発展と松永安左衛門』(名古屋大学出版会、一九九五年)。
(63) 都留重人『平和を求める日本経済』(弘文堂、一九五一年) 第二編第二章。
(64) 『総評四十年史』第一巻 (一九九三年、第一書林) 一三二─一五二頁。
(65) 雨宮昭一「五五年体制の形成」(歴史学研究会編『日本同時代史』三、一九九〇年、青木書店) 八八─九六頁。
(66) 『総評四十年史』第一巻、九一─九二頁。
(67) 労働省編『資料　労働運動史』(昭和二九年版)。
(68) 清水慎三「左社綱領をめぐって」(『フェビアン研究』五─一、一九五四年一月)。
(69) 本書第三章参照。
(70) 塩田庄兵衛「労働組合と国民闘争」(『高野時代の労働運動』労働旬報社、一九七八年) 一八頁。
(71) ジョン・ダワー『吉田茂とその時代』下 (大窪愿二訳、TBSブリタニカ、一九八一年) 二五九頁。

(72)　「総評はかく闘う」(一九五三年九月、『高野実著作集』第三巻、柘植書房、一九七七年に所収)。
(73)　『労働計画』(茂木一郎編訳、理論社、一九五四年)。
(74)　Sergio Turone, *Storia del sindacato in Italia dal 1943 ad oggi*, Laterza, 1984.
(75)　「特輯　日本経済自立のために」(『世界』一九五四年一〇月)。
(76)　大内兵衛「ドッジ案と日本経済」(『世界経済』一九四九年六月)。
(77)　Renzo Razzano, I modelli di sviluppo della CGIL e della CISL, in AA. VV., *Problemi del movimento sindacale in Italia 1943–1973*, Feltrinelli, 1976.
(78)　寺村泰「高度経済成長と『日本型経済システム』に関する一試論」(『歴史学研究』一九九四年七月号)。

# あとがき

本書は、一九八九年から一九九九年までに発表した、占領期の経済改革と高度成長初期までの経済復興に関する論文七編を纏めたものである。

当初、私が意図したのは、日本の戦後経済復興の歴史的検討であり、民主主義という視角をあらかじめ設定していたわけではない。しかし、「民主化」は占領期のキーワードであり、民主主義は戦後資本主義と不可分であるので、戦後民主主義を問わずして、戦後経済改革や経済復興の特質を論じられないことがしだいにわかってきた。本書では、必ずしも民主主義を正面から論じてはいないが、経済改革・経済安定化・経済復興と民主主義との接点をつねに意識してきた。その結果、民主主義という経済外の座標軸を持ち込んで、戦後日本の経済復興を経済と政治の両面からみるという点で、各論文は共通した特徴を持つことになった。本書のタイトルを、「戦後改革と民主主義」とした所以である。

本書に既発表論文を収録するにあたっては、筆者の意図をより伝わりやすくするために、かなりの表現の改善や字句の修正を行ったが、内容上の変更は加えていない。各章の間には重複部分が残っているが、それらをすべて削除すると、章ごとの論旨が不明確になるので、あえて残すことにした。本書で扱った問題のうち、さらに深く掘り下げる必要があるテーマについては、別にモノグラフを用意したいと考えている。

また、本書には収めなかったが、本書の論点と関係が深い拙稿には、次のものがある。

①「津島財政期の財政金融政策」（成城大学『経済研究』第一〇二・一〇三合併号）一九八八年一二月

②「戦後インフレとドッジ・ライン」（『エコノミスト』第七一巻第二一号）一九九三年五月一七日

③「占領政策の転換と『逆コース』」（中村政則編『近代日本の軌跡　6占領と戦後改革』吉川弘文館）一九九四年

④書評「香西泰・寺西重郎編『戦後日本の経済改革―市場と政府―』」（『土地制度史学』第一四六号）一九九五年一月

⑤「国際経済への復帰と『経済自立化』の苦闘」（『NIRA政策研究』第八巻第七号）一九九五年七月

⑥「戦後経済改革と高度成長」（渡邉昭夫編『戦後日本の形成』日本学術振興会）一九九六年

⑦「経済安定本部調査課と大来佐武郎」（『成城大学経済研究所研究報告』第一一号）一九九七年三月

⑧「大恐慌と民衆―秋元英一『世界大恐慌』を読む―」（『千葉大学経済研究』第一四巻第三号）一九九九年一二月

⑨「一九二七年銀行法から戦後金融制度改革へ」（伊藤正直・靏見誠良・浅井良夫編『金融危機と革新―歴史から現代へ―』日本経済評論社）二〇〇〇年

本書は、一〇年間以上にわたる研究の成果としては、まことに貧しい内容であるが、このささやかな成果でさえ、学会や共同研究の場を通じて、多くの方々からの御支援があってこそ、はじめて可能となったものである。この場を借りて、私の戦後史研究の歩みを記すことは、これらの方々への感謝の意を示すことになると同時に、専門分野を異にする読者に、本書がどのような学界ネットワークのなかでできたかを示し、本書を読むさいの手掛かりを提供することになると思う。

私が戦後史研究を本格的に始めたのは、一九八七年に伊藤正直氏から、大蔵省財政史室編『昭和財政史―昭和二十七〜四十八年度―』（監修者・中村隆英氏）の「国際金融・対外関係事項」編の共同執筆者として、このプロジェクトに参加するよう慫慂されたのがきっかけであった。オフィシャル・ヒストリーの方は、高度成長期が対象であったが、個人的には敗戦直後のインフレに関心を持った。そこで、津島財政（東久邇内閣）、渋沢財政（幣原内閣）の研究を開始したが、まもなく、戦後体制の出発点としての戦時補償債務問題の重要性に気付き、また、この問題が財閥解体政策や金融制度改革と深い関係があることを知った。

当時、国立国会図書館による、米国立公文書館（National Archives）所蔵ＧＨＱ／ＳＣＡＰ文書のマイクロ・フィルム化作業が完成に近づき、『昭和財政史―終戦から講和まで―』などの先行研究が、十分に利用できなかった経済科学局（ＥＳＳ）文書の利用が容易になった。ＧＨＱ／ＳＣＡＰ文書を用いて、占領期の戦時補償債務問題、財閥解体・独占禁止・集中排除政策、金融制度改革の関連を分析したモノグラフ（本書第二章）を一九八九年に書きあげ、これによって、私の占領期研究は一応、軌道に乗った。

私がＧＨＱ／ＳＣＡＰ資料をもとに研究を進めていることを耳にされた日本銀行金融研究所顧問加藤俊彦先生（東京大学名誉教授）および同研究所研究第三課長片木進氏のご推薦により、一九八八年一一月に、同研究所において「ＳＣＡＰ資料研究の現状と課題」と題する報告を行った。これがきっかけとなり、一九八九年四月に、『日本金融史資料　昭和続編』（全二五巻）のうち、「ＳＣＡＰ関係資料」全二巻（第二四巻・第二五巻）について、資料の収集・評価・編集を日本銀行金融研究所から委嘱されることとなった。

また、これと併行して、一九九一年に始まった総合研究開発機構（ＮＩＲＡ）のプロジェクト「戦後経済政策資料研究会」による経済安定本部資料の検討作業にも参加させていただいた。代表者の林健久先生を筆頭に、計一二名による大プロジェクトであり、その成果は『経済安定本部　戦後経済政策資料』（全四一巻）として日本経済評論社より刊行された。私は、「貿易・為替・外資」の四冊を担当した。続けて、占領期から復興期の長期経済計画案、経済安定本部の調査資料の復刻にもかかわった。GHQ/SCAP資料に加えて、日本側の主要な史料にアクセスできたことは幸いであった。

一九九一年には、土地制度史学会秋季学術大会の共通論題「戦後日本資本主義の形成過程——ドイツとの対比」の報告者の一人として、「ドッジ・ラインの歴史的意義」を発表する機会を与えられた（本書第四章）。大会の準備会の段階で、理事代表の石井寛治、司会者の原朗、廣田功、疋田康行、報告者の永岑三千輝、鈴木邦夫の諸氏から貴重な助言を受けることができた。この発表により、私なりの占領期のイメージは摑めたように感じた。

一九八九年には、油井大三郎氏を中心とする「比較占領史研究会」に参加させていただいた。この研究会の共同研究は、一九九一〜九二年度の文部省科学研究費の助成の対象となり、成果は、油井大三郎・中村政則・豊下楢彦編『占領改革の国際比較——日本・アジア・ヨーロッパ』として一九九四年に出版されたが、私はドッジ・ラインとマーシャル・プランの比較に関する論文を執筆した（本書第五章）。研究会のメンバーは、日頃、私が接する機会の少ない、外国の外交史・政治史を専攻する研究者が大半であったので、新鮮な刺激を受けることができた。また、同じ日本経済史の分野から参加した西成田豊氏からは、労働問題について学ぶところが大きかった。

一九九一年には、権上康男氏を中心とする共同研究「資本主義と組織化——比較経済史的研究」も発足した（この共同研究は、一九九二〜九三年度文部省科学研究費の助成を受けた）。メンバーは遠藤輝明先生（フランス経済史）の教えを受けた者であり、私以外は欧米の経済史・経営史の専門家であった。この研究会への参加は、日本に限定されがちな私の視野を広げるのに役立ち、廣田明、大森弘喜両氏をはじめとする研究会のメンバーからは多くの示唆を与えられた。

一九九二年には、三和良一氏からお誘いを受けて、文部省科学研究費による重点領域研究「戦後日本形成の基礎的研究」（代表・渡邉昭夫氏、一九九二〜九四年度）の研究グループの一つ「戦後経済改革と高度成長」（三和班）に参加させていただくことになった。このプロジェクトは、戦後日本を研究する者が一堂に会する大規模な共同研究であり、時折、開催される合同研究会はじつに華やかで、内容も多彩であった。しかし、おもな研究の場は、三和班と、橋本寿朗氏をリーダーとする「企業構造の戦後的変容」班との合同研究会であった。合同研究会には、戦後経済史・経営史の俊英が集まっていたので、理論、実証の両面で、貴重な知識を吸収することができた。

このように、ほぼ同じ時期に、二つの共同研究に参加できたことは、私にとってはまことに幸いであった。しかし、生来の怠惰のゆえ、ここで得た知識を活かして論文の形にするのには、必要以上に時間をとってしまった。それさえ、原稿執筆の依頼という、「外圧」が働いてようやく実現したのである。

まず、『戦後日本――占領と戦後改革』（岩波書店、一九九五年）の第六巻「戦後改革とその遺産」に、編者の一人である中村政則先生から「高度経済成長への道」という大きなテーマで執筆する機会をいただいた（本書第七章）。ついで、『年報　日本現代史』の編集委員の一人である森武麿氏から、「現代史と民主主義」をテーマとする第二号（一九九六年）に寄稿するように勧められた（本書第一章）。さらに、一九九八年には、土地制度史学会の原朗理事代表、西川純子研究委員長から、学会創立五〇周年大会の第三セッション「戦後改革五〇年」の企画に参加し、柳澤治、河村哲二の両氏とともに同セッションで発表する機会を与えられた（本書第六章）。

上記以外にも、さまざまな場でご教示を受けた方々は数え切れない。この場をお借りして、感謝の意を表したい。また、良好な研究環境を与えて下さった成城大学経済学部、経済研究所の同僚、成城大学の事務職員の方々にも感謝の意を表したい。

最後となったが、本書の出版を斡旋していただいた中村政則先生と、出版を引き受けて下さった吉川弘文館に御礼申し上げたい。私が本を出版したいという希望を述べるや、ただちに私の既発表論文を印刷に廻すという同社の迅速な手配がなければ、本書の出版はさらに二、三年先になったであろう。

三〇〇

二〇〇〇年一〇月一二日

浅井良夫

# 初出一覧

序論　書き下ろし

一　経済改革と戦後民主主義

（原題「戦後改革と民主主義」、『年報　日本現代史』東出版、一九九六年五月）

二　反独占の思想と政策――金融制度改革と銀行分割政策

（原題「占領期の金融制度改革と独占禁止政策」、成城大学『経済研究所年報』第二号、一九八九年三月）

三　社会化構想と国有化・国家管理

（原題「占領期日本における社会化構想と国有化・国家管理」、権上康男・廣田明・大森弘喜編『二〇世紀資本主義の生成―自由化と組織化―』東京大学出版会、一九九六年）

四　ドッジ・ラインの歴史的意義

（『土地制度史学』第一三五号、一九九二年四月）

五　対日援助と経済復興

（原題「ドッジ・ラインと経済復興―マーシャル・プランとの比較検討―」、油井大三郎・中村政則・豊下楢彦編『戦後改革の国際比較―日本・アジア・ヨーロッパ―』三省堂、一九九四年）

六　戦後改革の帰結

（原題「日本の戦後経済改革―非軍事化と民主化―」、『土地制度史学』別冊「二〇世紀資本主義―歴史と方法の再検討―」〈創立五十周年大会報告集〉一九九九年九月）

七　高度成長への道

（中村政則・天川晃・尹健次・五十嵐武士編『戦後日本――占領と戦後改革』第六巻〈戦後改革とその遺産〉岩波書店、一九九五年）

戦後改革と民主主義（オンデマンド版）
—経済復興から高度成長へ—

Digital Publishing

2019年9月1日　発行

著　者　浅井良夫《あさいよしお》
発行者　吉川道郎
発行所　株式会社 吉川弘文館
〒113-0033 東京都文京区本郷7丁目2番8号
TEL 03(3813)9151(代表)
URL http://www.yoshikawa-k.co.jp/

印刷・製本　株式会社 デジタルパブリッシングサービス
URL http://www.d-pub.co.jp/

浅井良夫（1949〜）
ISBN978-4-642-73699-2

著者略歴

一九四九年　横浜市生れ
一九七一年　横浜国立大学経済学部卒業
一九七六年　一橋大学大学院経済学研究科博士課程単位取得
同　　年　成城大学経済学部専任講師
現　　在　成城大学経済学部教授


〔主要著書〕

『安田財閥』（共著）（一九八六年、日本経済新聞社）
『昭和財政史—昭和二十七〜四十八年度—』第一一巻、第一二巻［国際金融・対外関係事項］（共著）（一九九二年、一九九九年、東洋経済新報社）
『金融危機と革新—歴史から現代へ—』（共著）（二〇〇〇年、日本経済評論社）


戦後改革と民主主義
—経済復興から高度成長へ—

二〇〇一年（平成十三）一月十日　第一刷発行

著　者　浅《あさ》井《い》良《よし》夫《お》
発行者　林　英　男
発行所　株式会社　吉川弘文館
郵便番号一一三—〇〇三三
東京都文京区本郷七丁目二番八号
電話〇三—三八一三—九一五一〈代〉
振替口座〇〇一〇〇—五—二四四番
印刷＝理想社・製本＝誠製本
（装幀＝山崎　登）

# 索　引

## 〔人名索引〕

### あ 行



### か 行



### さ 行



### た 行

チャーン(Cherne, Leo M.)…………64, 68, 70, 72
津島寿一…………………………………………59
都留重人……………………30, 31, 248, 277, 283
ディ・ヴィットリオ(Di Vittorio, Giuseppe)…285
東畑精一…………………………………………259
ドゥーマン(Dooman, Eugene)………………55
ドッジ(Dodge, Joseph Morell)…6, 28, 29, 33, 36, 39, 41, 53, 54, 162, 167, 175～178, 182～185, 199, 200, 208, 213, 218, 267～270
苫米地義三………………………………………130
トルーマン(Truman, Harry S.)……33, 166, 200
ドレーパー(Draper, William H.)…89, 90, 164, 169, 206, 213
トレメローニ(Tremelloni, Roberto)………219

## な　行

長崎英造……………………………………39, 273
中山伊知郎…………………39, 240, 259, 277, 278
ナッシュ(Nash, F.C.)…………………………246
西尾末広…………………………………………36
野田岩次郎………………………………………22
ノーマン(Norman, E. Herbert)…………15, 16

## は　行

ハードレー(Hadley, Eleanor M.)…20, 78～82
バーリ(Berle, Adolf A. Jr.)…………………130
原虎一……………………………………………137
ハリマン(Harriman, William Averell)……206
ピーク(Peake, Cyrus H.)……………………81
ビープラット(Beplat, Tristan E.)…87, 88, 106
ビッソン(Bisson, Thomas A.)……4, 17～22, 34, 81, 82, 85, 231
ヒルファーディング(Hilferding, Rudolf)…288
ファイン(Fine, Sherwood M.)…4, 23, 28, 34～39, 70, 163, 168
ファンファーニ(Fanfani, Amintore)………219
フィアリー(Fearey, Robert A.)……………257
フィリップス(Philips, R.E.)…………………88
フーヴァー(Hoover, Herbert C.)……………27
フォレスタル(Forrestal, James V.)…………89
フランクファーター(Frankfurter, Felix)…23, 235
ブランダイス(Brandeis, Louis D.)……23, 235, 236
フリール(Freile, Ormond)……………………94
ヘプラー(Hepler, Chester W.)………………38
帆足計……………………………………140, 142
ホイットニー(Whitney, Courtney)…………81
ボグダン(Bogdan, Norbert A.)…………260, 261
ホフマン(Hoffman, Paul G.)……………207, 219
堀文平……………………………………………39
ポーレー(Pauley, Edwin W.)……257～259, 262
ホーンベック(Hornbeck, Stanley)…………261

## ま　行

マーカット(Marquat, William F.)…23, 35, 86, 91, 95, 96, 105, 172, 179
マーシャル(Marshall, George C.)……………205
増地庸治郎………………………………………130
松尾音次郎………………………………………238
マッカーサー(MacArthur, Douglas)…16, 21, 29, 30, 32, 38, 55, 85～87, 90, 143, 147, 164, 166, 212
マックロイ(McCloy, John J.)……………55, 73
ミーンズ(Means, Gardiner)……………24, 130
三鬼隆……………………………………………137
水谷長三郎………………………………………103
宮沢喜一…………………………………………269
ムラデク(Mladeck, J.V.)……………………222
モーゲンソー(Morgenthau Henry Jr.)……258
モロー(Morrow, Kenneth D.)………………272

## や　行

山田盛太郎……………………………………12, 259
ヤング(Young, Ralph A.)……………………29, 32
吉田茂……………………………………17, 138, 265

## ら　行

リード(Reed, Eugene M.)……………………172
笠信太郎…………………………………………131
ルカウント(LeCount William K.)…93, 95, 97, 106
ローズヴェルト(Roosevelt, Franklin Deleano)……………………………23, 235, 242, 258
ロイヤル(Royall, Kenneth)……………………89
ロビンソン(Robinson, H.J.)…………………88

## わ　行

渡辺武……………………………………97, 106

## 〔事項索引〕

### あ　行



### か　行

## さ　行

## た　行



## な　行

## は　行



## ま　行



## や　行

## ら　行



## わ　行